古典文獻研究輯刊

三九編

潘美月・杜潔祥 主編

第35冊

梅村詩清人注之二
——吳詩集覽（第四冊）

陳 開 林 整理

國家圖書館出版品預行編目資料

梅村詩清人注之二——吳詩集覽（第四冊）／陳開林 整理 --
初版 -- 新北市：花木蘭文化事業有限公司，2024〔民113〕
目 18+198 面；19×26 公分
（古典文獻研究輯刊 三九編；第 35 冊）
ISBN 978-626-344-955-8（精裝）

1.CST：（清）吳偉業 2.CST：清代詩 3.CST：作品集

011.08   113009886

ISBN-978-626-344-955-8

9 786263 449558

古典文獻研究輯刊
三九編　第三五冊　　　　　　ISBN：978-626-344-955-8

梅村詩清人注之二
——吳詩集覽（第四冊）

作　　者　陳開林（整理）
主　　編　潘美月、杜潔祥
總 編 輯　杜潔祥
副總編輯　楊嘉樂
編輯主任　許郁翎
編　　輯　潘玟靜、蔡正宣　美術編輯　陳逸婷
出　　版　花木蘭文化事業有限公司
發 行 人　高小娟
聯絡地址　235 新北市中和區中安街七二號十三樓
　　　　　電話：02-2923-1455／傳真：02-2923-1400
網　　址　http://www.huamulan.tw 信箱 service@huamulans.com
印　　刷　普羅文化出版廣告事業
初　　版　2024 年 9 月
定　　價　三九編 65 冊（精裝）新台幣 175,000 元

梅村詩清人注之二
——吳詩集覽（第四冊）

陳開林 整理

目次

吳詩集覽　卷八下

五言律詩一之下

送王子彥原注：王以孝廉不仕，後因事避吏，將入都。　子彥，見《短歌》。

　　失意獨焉往，自憐歸計非。無家忘別苦，多難愛書稀。白首投知己，青山負布衣。秋風秣陵道，惆悵素心違。無家、多難屬對本杜。「白首投知己」是入都，「青山負布衣」是避吏也。杜詩：「自寄一封書，今已十月後。反畏消息來，寸心亦何有。」第四句用其意。○失意，見《送龔孝升》。　杜詩：「歸來姑自憐。」　無家，見《避亂》。　《詩》：「未堪家多難。」　秋風秣陵，見《馬草行》。　陶詩：「聞多素心人。」

　　　　「青山負布衣」，寫出子彥身份，通首於孝廉不仕四字特見洗髮。

遇舊友

　　已過纔追問，相看是故人。亂離何處見，消息苦難真。拭眼驚魂定，銜杯笑語頻。移家就吾住，白首兩遺民。此詩一氣貫注，直摩盛唐之壘。○周弘正詩：「追問斧柯年。」　相看，見《雁門尚書行》。　杜詩：「亂離知又甚，消息苦難真。」　驚魂定，見《圓圓曲》。　銜杯，見《鴛湖曲》。　《晉書·左思傳》：「移家京師。」　遺民，見《讀西臺記》。

　　　　原評：起語得神，與「乍見翻疑夢」同妙。　按：申涵光曰：「『昔別是何處，相逢皆老夫』，誦之如聞其聲。『乍見翻疑夢，相悲各問年』，語意本此，而真樸

－583－

自然不逮矣。」今按：梅村此詩通首俱有真氣，不止起句工妙。施愚山《淳湖尋邢景之》詩：「四海倦遊後，始知泛愛非。寸心如落木，逢爾復春暉。移榻連蔬圃，烹魚出釣磯。清歡成信宿，不是醉忘歸。」前四語可稱同工也。杜《贈高式顏》詩：「昔別是何處，相逢皆老夫。故人還寂寞，削跡共艱虞。自失論文友，空知賣酒壚。平生飛動意，見爾不能無。」司空文明《雲陽館韓紳宿別》詩：「故人江海別，幾度隔山川。乍見翻疑夢，相悲各問年。孤燈寒照雨，深竹暗浮煙。更有明朝恨，離懷惜共傳。」

偶值

偶值翻成訝，如君不易尋。出門因酒癖，謝客為書淫。久坐傾愁抱，高譚遇賞心。明朝風日暇，餘興約登臨。起二句有飛動之勢，與前篇相似。第三句是出門之時不易尋，第四句是謝客之時不易尋，反寫值字，是正寫偶字也。五六值字正面，結二句值字餘波。○白詩：「共放詩狂同酒癖。」《史記·信陵君傳》：「乃謝客就車。」《晉書·皇甫謐傳》：「耽翫典籍，忘寢與食，時人謂之書淫。」 庾承宣詩：「愁抱望自寬。」 高談，見《哭志衍》。謝靈運《擬鄴中詩序》：「天下良辰、美景、賞心、樂事，四者難並。」 王詩：「襄陽美風日。」 餘興，見《蚤起》。登臨，見《送志衍入蜀》。

座主李太虛師從燕都間道北歸尋以南昌兵變避亂廣陵賦呈八首《撫言》：「有司謂之座主。」梅村《李太虛壽序》：「流離嶮岨，浮海南還，家園烽火，禍亂再作，僅以其身漂泊於江山風月之間。」《江西通志》：「李明睿，天啟二年壬戌進士，南昌人。」《南昌郡乘》：「明睿，字太虛，右庶子，掌右春坊。國朝禮部侍郎。」《史記·淮陰侯傳》：「從間道萆山而望趙軍。」 廣陵，見《閬州行》注。 按：間道北歸，自北而歸也。南昌兵發，蓋指楊廷麟、萬元吉殉節之事。然太虛於順治十五年為禮部左侍郎，管禮部尚書事，兼內翰林、弘文院學士。見所撰《本草綱目序》。則太虛非老於維揚者也。梅村比之蘇武、管寧，蓋在其官禮部以前。

風雪間關路，江山故國天。還家蘇武節，浮海管寧船。妻子驚還在，交朋淚泫然。兩京消息斷，離別蚤經年。此首就間道北歸說。○《詩》：「間關車之舝兮。」 岑參詩：「還家鄉月迴。」 蘇武節，見《讀史雜感》。《三國志·管寧傳》：「字幼安，北海人也。華歆舉寧，寧遂將家屬浮海。」 杜詩：「妻孥怪我在，驚定還拭淚。」 泫然，見《雕橋莊歌》。 按：明有南京、北京，故用兩京字。杜詩：「數州消息斷。」 宋延清詩：「少別已經年。」

其二

白鹿藏書洞，青牛採藥翁。買山從五老，避世棄三公。舊德高詞苑，長編續史通。十年金馬夢，回首暮雲中。此言太虛歸南昌之事。○《一統志》：「白鹿書院在星子縣北廬山五老峰下。唐貞元中，洛陽人李渤與兄涉讀書廬山，嘗畜一白鹿自隨，遂以白鹿名洞。淳熙中，朱子知南康軍，因其遺址重建書院。」藏書，見《歸雲洞》。　《〈後漢書·甘始傳〉注》：「《漢武帝內傳》曰：『封君達，隴西人。常乘青牛，故號青牛道士。聞有病者，識與不識，便以要間竹管中藥與服，或下針，應手皆愈。』」　買山，見《東萊行》。《一統志》：「廬山其最者曰五老峰。」　按：太虛爭南幸時，方官中允，而以三公擬之者，惟其棄三公，是以避世也。　舊德，見《攀清湖·序》。王士熙詩：「詞苑恩波供染翰。」　周子充《玉堂雜記》：「李仁父纂《續通鑑長編》。」又：「《漢書·司馬遷傳》：『王莽時，求封遷後，為史通子。』注：史通，國子爵也。」又：「《唐書·劉子玄傳》：『自以為見用於時而志不遂，乃著《史通》內外四十九篇。』」《李太虛壽序》：「先生攎摭累朝故寔，抄撮成書，凡百卷，欲以成一代之良史。」　金馬，見《贈文園公》注。　唐太宗詩：「回首長安道。」王詩：「千里暮雲平。」

其三

愛酒陶元亮，能詩宗少文。桃花忘世事，明月望湘君。山靜聞鼙鼓，江空見陣雲。不知時漢晉，誰起灌將軍。此首亦言太虛南昌之事，但前篇就著書說，此就棲逸說耳。後四句有聞雞起舞之意，然已引入兵變。○杜詩：「愛酒晉山簡，能詩何水曹。」《晉書·陶潛傳》：「字淵明，或云字深明，名元亮，潯陽柴桑人。」　宗少文，見《六真歌》。　按：三句暗用《桃花源記》「問今是何世」。　賈幼鄰詩：「白雲明月弔湘娥。」《楚辭·湘君》篇：「望夫君兮未來。」　唐子西詩：「山靜似太古。」鼙鼓，見《遇劉雪舫》。　韓詩：「山淨江空水見沙。」《史記·天官書》：「陣雲如立垣。」　《桃花源記》：「乃不知有漢，無論魏晉。」　《史記·魏其武安侯傳》：「灌將軍夫者，潁陰人也。為中郎將，坐法去。家居長安。」

其四

浩劫知難問，秋風天地哀。神宮一柱火，仙灶五丁雷。劍去龍沙改，鐘鳴鼍鼓來。可憐新戰骨，落日獨登臺。此首言南昌兵變。○浩劫，見《九峰草堂歌》。　《一統志》：「妙濟萬壽宮在南昌縣西南廣潤門內，一名鐵柱宮，中有鐵柱，相傳許旌陽所鑄以鎮蛟螭之害。」詳《閔園詩·序》。　又：「吳猛宅在南昌府寧州

南，今為丹霞觀，亦名吳仙里。」駱賓王詩：「石路五丁開。」韓詩：「仙官勅六丁，雷電下取將。」《一統志》：「劍池在南昌府豐城縣西南三十里。相傳晉雷渙得龍泉、太阿二劍處。龍沙在新建縣北。」 又：「緣德，字道濟。住廬山圓通寺。曹翰下江州，率部曲入寺，僧驚走，緣德獨端坐不起。翰怒曰：『獨不聞殺人不轉眼將軍乎？』緣德曰：『汝安知有不怕生死和尚？』翰曰：『眾僧何在？』答曰：『聞鐘則來。』翰擊鐘，而僧不集。緣德自起擊之，僧皆至，因謂曰：『公鳴鐘有殺心耳。』」鼉鼓，見《贈訥生》。 戰骨，見《蟋蟀盆歌》。 《左傳‧僖十五年》：「登臺而履薪焉。」杜詩：「百年多病獨登臺。」

其五

　　彭蠡初無雁，潯陽近有書。干戈愁未定，骨肉苦離居。江渚宵傳柝，山城里出車。終難致李白，臥病在匡廬。此亦言南昌兵變之事，通首俱太虛書中語。干戈未定，是以骨肉離居。五六承三四說下。末二句言太虛不為時人招致也，以臥病謝招致，則故鄉真難居矣。○《書》：「彭蠡既豬，陽鳥攸居。」《注》：「陽鳥，雁也。」《明史‧地理志》：「南昌府東有翻陽湖，即彭蠡也。」 何仲默詩：「近得潯陽江上書，遙思李白更愁予。」 杜詩：「干戈未息苦難居。」 《詩》：「江有渚。」李義山詩：「空聞虎旅傳宵柝。」 庾詩：「山城足迴樓。」《周禮正義》：「鄭康成曰：『賦謂出車徒、給繇役也。』」《後漢書‧刑法志》〔註1〕：「一同百里，提封萬井，兵車百乘。一封三百一十六里，提封上萬井，兵車千乘。」 《唐書‧李白傳》：「安祿山反，轉側宿松、匡廬間。永王璘辟為府僚佐。璘起兵，逃還彭澤。璘敗當誅，郭子儀請解官以贖。有詔長流夜郎。會赦，還潯陽。」《南康軍圖經》：「白性喜名山，以廬阜水石佳處，遂往遊焉。至五老峰，曰：『天下之壯觀也。卜築於此，吾將老焉。』今峰下有書堂舊基。」

　　《丹鉛錄》：「太白生於蜀之昌明縣青蓮鄉。昌明，今之彰明也。讀書於縣南之匡山，杜子美贈詩所謂『匡山讀書處，頭白好歸來』，指此山。今以為匡廬，非也。太白非九江人，何得言歸來乎？」

其六

　　世路長為客，家園況苦兵。酒偏今夜醒，原注：新佞切。笛豈去年聲。一病餘孤枕，千山送獨行。馬當風正緊，捩柁下潯城。此首因兵變而避亂也。○《後漢書‧崔駰傳》：「子苟欲勉我以世路。」杜詩：「年年至日長為客。」 《漢書‧

〔註1〕按：出《漢書》卷二十三《刑法志》。吳翌鳳《吳梅村詩集箋注》已更正。

陳湯傳》：「北邊蕭然苦兵。」　杜詩：「露從今夜白。」　又：「花發去年叢。」　又：「一病緣明主。」李詩：「兀然就孤枕。」　獨行，見《避亂》。《一統志》：「馬當山在九江府彭澤縣東北四十里。」《摭言》：「王勃年十三，遊江左，舟次馬當，遇老叟問曰：『子非王勃乎？來日重九，南昌都督命客作《滕王閣序》，子盍往賦之？』勃曰：『此去南昌七百餘里，今已九月八日矣。』叟曰：『子誠往，吾助清風一席。』勃翌日昧爽已抵南昌。」　捩柁，見《二十五日詩》。《一統志》：「隋平陳，廢柴桑縣，置尋陽縣。大業初，改為湓城。」

其七

　　莫問投何處，輕帆且別家。漫栽彭澤柳，好種廣陵瓜。飲興愁來減，詩懷老自誇。南徐山色近，題語報侯芭。此首是避亂廣陵。三四好句欲仙。末二句梅村得太虛書而以侯芭自比也。○王詩：「欲投人處宿。」杜詩：「哀鳴何所投。」　常建詩：「春帆宜別家。」　《晉書·陶潛傳》：「宅邊有五柳樹，故嘗著《五柳先生傳》。」又：「執事者聞之，以為彭澤令。」　《三國志·步騭傳》：「騭避難江東，與廣陵衛旌同年相善，俱以種瓜自給。」　劉夢得詩：「樓中飲興因明月。」　郝伯常詩：「塞上詩懷尤索莫。」　南徐，見《贈馮訥生》。《漢書·揚雄傳》：「鉅鹿侯芭常從雄居，受其《太玄》、《法言》焉。」

其八

　　海內論知己，天涯復幾人。關山思會面，戎馬涕沾巾。賓客侯嬴老，諸生原憲貧。相看同失路，握手話艱辛。此終前七首之意。《李太虛壽序》：「其之維揚也，與偉業相遇於虎丘。」此八首蓋相遇時所作，故云賦呈，與《閨園詩》之別近十年、興思寄念者不同。○王子安詩：「海內存知己，天涯若比鄰。」　關山，見《琵琶行》。杜詩：「身老時危思會面。」　又：「正思戎馬淚盈巾。」杜必簡詩：「歸思欲沾〔註2〕巾。」　《史記·信陵君傳》：「魏有隱士曰侯嬴，年七十，遂為上客。秦昭王已破趙長平，又進兵圍邯鄲，公子計不獨生而令趙亡，乃請賓客約車騎百餘乘，欲以客往赴秦軍，與趙俱死。侯生曰：『公子勉之矣，老臣不能從。』」　杜詩：「諸生原憲貧。」　《滕王閣序》：「誰悲失路之人。」　《史記·滑稽傳》：「握手無罰。」話艱辛，見《蕭史青門曲》。

　　李太虛《征途》詩：「到家忽不樂，作客反如歸。因識天邊雁，南飛又北飛。」

〔註2〕「沾」，乙本誤作「沽」。

歲暮送穆大苑先往桐廬《一統志》:「桐廬縣在嚴州府東北九十五里。」梅村《贈穆大苑先》詩:「兵火桐江遇故人,釣臺長嘯凌千尺。」正詠其事。

客中貪過歲,又上富春船。燭影欹寒枕,江聲聽夜眠。石高孤岸迴,雪重半帆偏。明日停橈處,山城落木天。首句是歲暮。次句是往桐廬。三四乃倒裝句,猶云「寒枕欹燭影,夜眠聽江聲」也,如杜詩「紅豆啄餘鸚鵡粒,碧梧棲老鳳凰枝」之類。石高、雪重,皆歲暮之景。山城落木,則桐廬與歲暮雙結也。○富春,見《讀西臺記》。　杜詩:「半扉開燭影。」黃文江詩:「旅館移欹枕。」　杜詩:「高枕遠江聲。」　駱賓王詩:「岸迴秋霞落。」　蘇子由詩:「晚日落帆偏。」　陳伯玉詩:「停橈問土風。」　山城,見《呈李太虛》。

其二

臥病才回棹,征軺此再遊。亂山穿鳥道,匹馬向嚴州。遠水浮沙嶼,高楓入郡樓。知君風雨夜,落葉起鄉愁。起句飛動。三四是往桐廬,三句廬,四句寔。五六到桐廬矣,五句在城外,六句入署中。結句回映回棹,意境緲然。　梅村《穆苑先墓誌》:「救庵由睦之桐廬令入為給諫,君為之上嚴灘者三,過京師者再。」此云「又上富春船」、「征軺此再遊」,蓋在苑先再上嚴灘時也。○■■■■■■■〔註3〕元詩:「迴櫂子猷歸。」《史記‧季布傳》:「朱家乘軺車之洛陽。」　孟詩:「亂山殘雪夜。」鳥道,見《閬州行》。　匹馬,見《蕩子行》。《一統志》:「嚴州府在浙江布政司西南二百七十里。」　李季蘭詩:「遠水浮仙棹。」江詩:「京月照沙嶼。」　高楓,見《清風使節圖》。《一統志》:「瀟湘樓在嚴州府治內。」　風雨夜,見《遇劉雪舫》。　《淮南子》:「見一葉之落,知歲之將暮。」

其三

到日欣逢節,招尋有故人。官廚消絳蠟,客舍煖烏薪。鎖印槐廳靜,班春栢酒新。班,集作「頒」。翩翩杜書記,瀟灑得閑身。此首言到桐廬以後之事。送時歲暮,故用鎖印、頒春等字。○王詩:「每逢佳節倍思親。」　招尋,見《題河渚圖》。　《隋書‧酷吏傳》:「庫狄士文為貝州刺史,其子啖官廚餅。」顧應詳詩:「豪華浪說爐炊廚。」按:此用《石崇傳》以爐代薪。　客舍,見《礬清湖》。范致能詩:「誰與幽人煖直身,筠籠衝雪送烏薪。」　賈閬仙詩:「鎖印子規啼。」《唐書‧職官志》:「率以歲終為斷,天下諸州則本司推校,以授勾官連署封印。」梅聖俞詩:「靜

〔註3〕■■■■■■■,稿本、天圖本作「臥病,見《呈李太虛》」。

掃古槐廳。」《〈後漢書·崔駰傳〉注》：「班春，班布春令。」《漢官儀》：「正旦以柏葉酒上壽。」庾詩：「正朝辟惡酒，新年長命杯。柏葉隨銘至，椒花逐頌來。」　翩翩，見《贈吳錦雯》。《唐書·杜牧傳》：「字牧之。為牛僧孺淮南節度府掌書記。」　孔德璋《北山移文》：「瀟灑出塵之想。」閒身，見《虎丘夜集圖》。

其四

知爾貪乘興，沖寒蠟屐忙。鶴翻松磴雪，猿守栗林霜。官醅移山檻，仙碁響石房。嚴光如可作，故態客星狂。此亦到桐廬以後之事。前首客況，此首遊興，正見與故人相得也。衝寒、雪、霜，不脫歲暮意。○《晉書·王徽之傳》：「本乘興而來。」　杜詩：「山意衝寒欲放梅。」蠟屐，見《遊西灣》注。　王元長《與隱士劉虬書》：「豈能鳳舉鶴，翻有心儀群。」李巨山詩：「吐葉依松磴。」　張文昌詩：「秋猿守栗林。」　王元之詩：「官醅綠開瓶。」高季迪詩：「載酒攜山檻。」　碁響，見《蚤起》。薛大拙詩：「平身入石房。」　末二句，見《讀西臺記》。

曉發杜有《曉發公安》詩。

曉發桐廬縣，蒼山插霧中。江村荒店月，野戍凍旗風。衣為裝綿暖，顏因被酒紅。日高騎馬滑，愁殺白頭翁。前半篇寫景，後半篇言情，句句有曉字在內。○儲光羲詩：「雨雪浮蒼山。」陳伯玉詩：「歸帆出霧中。」　江村，見《鑾清湖》。溫飛卿詩：「雞聲茅店月。」　庾詩：「野戍孤煙起。」虞世茂詩：「霜旗凍不翻。」　杜詩：「衣冷欲裝棉。」《史記·高祖紀》：「高祖被酒。」辛德源詩：「衰顏借酒紅。」　白詩：「日高猶睡綠窗中。」杜詩：「只愁騎馬滑。」　岑參詩：「不見沙場愁殺人。」杜詩：「已作白頭翁。」

客路見《送龔孝升》補注。

客路驚心裏，棲遲苦未能。龍移對江塔，雷出定龕僧。原注：武林近事。林黑人譚虎，臺荒吏按鷹。清波門外宿，潮落過西興。此首以驚心裏直貫通篇，故多用可喜可愕之事，見客路之難也。○杜詩：「恨別鳥驚心。」　棲遲，見《贈陸生》。　杜詩：「林黑鳥應棲。」按：譚虎色變，出《大學或問》。　臺荒，見《海戶曲》。《五代史·安重海傳》：「他日按鷹於西郊。」《一統志》：「杭州府城門十，西南曰清波。」　潮落西興，見《贈吳錦雯》。

贈劉虛受

中歲交朋盡，新知得此翁。道因山水合，詩向病愁工。悟物談功進，亡情耳識空。原注：重聽。真長今第一，兄弟擅宗風。起句以交朋之盡襯出新知之樂。三四句正是新知處也，點劉字作結。○王詩：「中歲頻好道。」 新知，見《送龔孝升》。 歐陽永叔《醉翁亭記》：「山水之樂，得之心而寓之酒也。」 又，《梅聖俞詩序》：「非詩之能窮人，殆窮者而後工也。」 何敬祖詩：「悟物思遠託。」《世說》：「支道林初住安東寺中，王長史往與支語，支徐徐謂曰：『身與君別多年，君義言了不長進。』」按：詩反用之。 朱子《詩傳》：「亡之為言忘也。」《晉書·王衍傳》：「聖人忘情。」梁武帝《淨業賦》：「觀耳識之愛聽，亦如飛鳥之歸林。」 《晉書·劉惔傳》：「字真長。桓溫嘗問惔：『第一復誰？』惔曰：『故在我輩。』」 宗風，見《讚佛詩》。

其二

識面已頭白，論心惟草玄。孝標三世史，摩詰一門禪。獨宿高齋晚，微吟細雨天。把君詩在手，相慕十年前。此首見新知樂處。○杜詩：「李邕求識面。」 溫飛卿詩：「論心若合符。」杜詩：「草玄吾豈敢。」《南史·劉峻傳》：「字孝標，本名法武，懷珍從父弟也。」按：傳稱峻梁天監初召入西省，典校棱秘閣，不載其為史也。峻本將門，不載其三世為史也。或以論贊中有「懷珍宗族，文質斌斌，自宋至梁，時移三代」等語而云然與？《唐書·王維傳》：「字摩詰。與縉俱奉佛。」又，《王縉傳》：「字夏卿。本太原祁人，後客河中。少好學，與兄維俱以名聞。縉素奉佛，不茹葷食肉。晚節尤謹。」 《詩》：「獨寐寤宿。」高齋，見《汲古閣歌》。 微吟，見《題河渚圖》。杜詩：「細雨魚兒出。」 又：「把君詩過日。」《詩》：「六轡在手。」

苦雨 《爾雅》：「久雨曰苦雨。」

亂煙孤望裏，雨色到諸峰。野漲餘寒樹，江昏失暝鐘。夜深溪碓近，人語釣船逢。愁聽惟支枕，艱難愧老農。三四明寫，五六暗寫，以苦字作結。○岑參詩：「雨色和人煙。」杜詩：「諸峰羅列似兒孫。」《易林》：「水漲無船。」謝宣遠詩：「稠陰結寒樹。」 白詩：「雲黑雨翛翛，江昏水暗流。」岑參詩：「江鐘聞已暮。」 陸務觀詩：「正看溪碓舂粳滑。」 人語，見《塗松晚發》。釣船，見《東萊行》。 支枕，見《蚤起》。

海溢《南史・梁武帝紀》：「普通元年秋七月已卯，江淮海並溢。」

積氣知難極，驚濤天地奔。龍魚居廢縣，人鬼語荒村。異國帆檣落，新沙島嶼存。橫流如可救，滄海漢東門。此詩紀災異也。魚龍處陸，人鬼相雜，客船不行，淤沙如山，描寫曲盡。結句有望於治水者。〇積氣，見《巫峽》。　李詩：「驚濤洶湧向何處。」杜詩：「積陰帶奔濤。」　木玄虛《海賦》：「吐雲霓，含魚龍。」杜詩：「廢邑狐狸語。」　人鬼，見《贈吳季子》。杜詩：「荒村虎豹爭。」　李少卿《答蘇武書》：「遠託異國。」李公垂詩：「水郭帆檣近斗牛。」　白詩：「煙波半露新沙地。」王子安《滕王閣序》：「窮島嶼之縈回。」　《穀梁傳序》：「孔子觀滄海之橫流。」　《左傳・桓六年》：「漢東之國，隨為大。」《書》：「江漢朝宗于海。」

閬園詩並序

閬園者，李太虛先生所創別墅也。廣廈層軒，迴廊曲榭。門外有修陂百頃，堂前列灌木千章。採文石於西山，導清流於南浦。綠藻被沼，紫柰當窗。芳枳樹籬，修藤作架。白鶴文鵰，飛翺廣囿；駕鵝黃鵠，游泳清池。豈止都蔗為鄉，素馨成幄已哉！此段序閬園之勝，是園內近景。〇別墅，■〔註4〕出《晉書・謝安傳》。　《漢書・王吉傳》：「廣廈之下，細旃之上。」《楚辭》：「高堂邃宇，檻層軒些。」　李尚真詩：「曲榭迴廊繞澗幽。」　《說文》：「修，長也」；「陂，阪也。一曰池也。」百頃，見《避亂》。　《詩》：「集于權木。」千章，見《海戶曲》。　任彥升《秋竹》詩：「入戶掃文石。」《一統志》：「西山在南昌府新建縣西章江門外三十里，道家以為第十二洞天。」　王逸少《蘭亭序》：「又有清流激湍。」《一統志》：「南浦在南昌縣西南廣潤門外。」　《洛神賦》：「灼若芙蕖出綠波。」　吳真節詩：「千年紫柰熟。」謝靈運詩：「眾山亦當窗。」　潘安仁《閑居賦》：「芳枳樹籬。」　陸務觀詩：「壽櫟修藤路欲迷。」《齊民要術》：「葡萄蔓延，性緣，不能自舉，作架以承之。」　《參同契》：「御白鶴，駕龍鱗。」《禽經》：「白鵰似山雞，而色白，行止閑暇。」　王仲宣詩：「迴翔遊廣囿。」　駕鵝，見《玉京彈琴歌》。黃鵠，見《九友歌》。　《詩》：「泳之游之。」《東京賦》：「造舟清池。」　《通雅》：「甘蔗亦曰諸蔗，曰都蔗，曰諸蔗。」《群芳譜》：「素馨，一名那悉茗花，一名野悉蜜花。須屏架扶起。不然，不克自豎。」況經傳惠遠，廚藏金粟之儀；山近麻姑，壇擬玉臺之觀。果名羅漢，花號佛桑。紺室聞鐘，丹泉洗藥。茲為靈境，夫豈塵區。此亦序閬園之勝，是園外遠景。〇《蓮社高賢傳》：「慧遠，姓賈氏，雁門樓煩人。見

〔註4〕■，稿本、天圖本作「字」。

廬山〔註5〕閒曠，可以息心，乃立精舍。及佛陀羅至，師即請出禪教諸經，於是禪戒典出自廬山，幾至百卷。」《維摩經》：「維摩經是金粟如來再來。」《一統志》：「麻姑山在建昌府南城縣西南二十里，相傳麻姑得道於此。」 玉臺觀，見《閬州行》。 朱子《羅漢果》詩：「從遣山僧煮羅漢，未妨分我一杯湯。」 《江寧府志》：「佛桑花自閩中攜至，色絕豔美，紅者瓣如襲紅縐紗，又有淡紅者，有赭黃者，有鵝黃者。開之日，首尾夏秋間，可三月，第不能耐冬耳。」 李詩：「紺殿橫江。」〔註6〕杜詩：「欲覺聞晨鐘。」 曹堯賓詩：「延壽丹泉許細看。」《列仙傳》：「葛洪經贛州興國縣境，見山靈水秀，遂結廬築壇，鑿池洗藥。」 靈境，見《讚佛詩》。 朱子詩：「回駕俯塵區。」而吾師傴仰茂林，從容長薄。千里致程鄉之酒，十年探禹穴之書。叔夜銅鎗，可容一斗；茂先寶劍，足值千金。焚香而明月滿簾，鬥茗而清風入座。張華燈而度曲，指孤嶼以題詩。若將終焉，洵可樂也。此段序太虛在閬園時。〇傴仰，見《遣悶》。《蘭亭序》：「此地有崇山峻嶺，茂林修竹。」《楚辭》：「路貫廬兮左長薄。」 《南史·劉杳傳》：「任昉曰：『酒有千日醉，當是虛言。』杳曰：『桂陽程鄉有千里酒，飲之至家而醉。』」 禹穴，見《謁伯成》。《吳越春秋》：「禹登宛委之山，發石，得金簡玉字之書。山中有一穴，深不見底，謂之禹穴。」《太史公自序》：「上會稽，探禹穴。」 《南齊書·何點傳》：「竟陵王子良遺點嵇叔夜酒杯、徐景山酒鎗以通意。」竇革《酒譜》：「自晉以來，酒器又多雲鎗，故《南史》有銀酒鎗。鎗或作鐺。」 一斗，見《行路難》。 茂先，見《九峰草堂歌》。《豫章記》：「吳末時，有赤氣見於斗牛之間，占者以為吳方興，惟張華以為不然。雷煥謂寶物精在豫章之城，遂以煥為令。至縣掘獄地，得龍泉、太阿二劍。」《名劍記》：「漢昭帝時，茂陵人獻一寶劍，上銘曰：直千金，壽萬歲。」 焚香，見《六真歌·序》。白詩：「滿窗明月滿簾霜。」 陸務觀詩：「青菻雲腴開鬥茗。」《南史·謝譓傳》：「入吾室者，但有清風。」 《古樂府》：「華燈何煌煌。」度曲，見《琵琶行》。 孟詩：「孤嶼共題詩。」杜詩：「孤嶼坐題詩。」 《蘭亭序》：「信可樂也。」不謂平原鹿走，一柱蛟飛。始也子魚已下虞翻之說，既而孝頃邅來周迪之軍。浪激亭湖，兵焚樵舍。馬矢積桓伊之墓，鼓聲震徐孺之臺。將仙人之藥臼車箱，俱移天上；豈帝子之珠簾畫棟，尚出人間。此段序江西兵變，是太虛去閬園之由。〇司馬長卿《上林賦》：「貤丘陵，下平原。」《識小錄》：「陳友諒聚鹿數百於南昌

章江門外，謂之鹿囿。友諒自跨一角，蒼鹿綴瑟珠，為繰絡掛角上。繰金為鞍。群鹿皆飾以錦繡，遨遊江上。明初，駕至南昌，宴於滕王閣，命儒臣韓詩放其鹿於西山。」《南昌郡乘》：「妙濟萬壽宮在廣潤門左。宮左有井，與江水相消長，中有鐵柱，許旌陽所鑄。西山雙嶺前亦有鐵柱，一以鎮蛟螭之害。」《漢官儀》：「開陽門始成，未有名。宿昔有一柱來在樓上，琅琊開陽縣上言，南城門一柱飛去。」陸務觀詩：「蒼崖濺落素蛟飛。」　子魚，見《龍腹竹歌》。《三國志・虞翻傳》：「字仲翔，會稽餘姚人也。」《〈虞翻傳〉注》：「策討黃祖，旋軍，欲過取豫章，特請翻，語曰：『華子魚自有名字，然非吾敵也。加聞其戰具甚少，若不開門讓城，金鼓一震，不得無所傷害，卿便在前，具宣孤意。』翻即奉命辭行，與敵相見。翻既去，歆明旦出城，遣吏迎策。」《陳書・周迪傳》：「迪，臨川南城人也。迪使周敷率眾聚頓臨川故郡，截斷江口，生擒李孝欽、樊猛、余孝頃，送於京師。」　《一統志》：「鄱陽湖，一名宮亭湖。」　又：「樵舍鎮在新建縣西北六十里。」　馬矢，見《汲古閣歌》。《一統志》：「南昌府有桓伊墓。」　又：「徐穉，字孺子。宅在南昌縣南。」《水經注》：「贛水北歷南塘，塘之東有孺子宅。」《南昌郡乘》：「徐孺子舊祠在東湖南小洲上，有孺子宅故址，又名孺子臺。」　《一統志》：「桃源山在靖安縣西北四十里，一名武陵山，上有仙姑壇及及龍鬚藥、白車箱等九洞。」　沈雲卿詩：「漢家城闕疑天上。」　帝子、珠簾、畫棟，用王子安《滕王閣》詩。《南昌郡乘》：「滕王閣在府城西。」　沈明初《通天臺表》：「茂陵玉盌，遂出人間。」雲卿棄藥圃而不歸，少陵辭瀼溪而又往。放舟采石，浪跡雷塘。愛子則痛甚元規，故園則情同王粲。望匡山而不見，指章水以為言。嘿嘿依人，傷心而已。此段序太虛離閭囿時。○《宋史・隱逸傳》：「蘇雲卿，廣漢人。紹興間，來豫章東湖結廬獨居，鄰曲稱曰蘇翁，莫測識也。少與張浚為布衣交，後浚為相，馳書屬豫章帥及漕親造其廬，必為致之。帥、漕乃屏騎從，更服為遊士〔註7〕，入其囿，翁運鋤不顧。進而揖之，延入寶，土銼竹幾，地無纖塵。客起而言曰：『張公令某等致公。』力請共載，辭不可，期以詰朝上謁。旦遣使迎伺，翁已遁矣，竟不知所往。」又，《朱長文傳》：「築室藥圃坊，著書閱古。」按：雲卿有《還張德遠書幣題蔬圃壁間》詩，所謂「莫將富貴污蘇公」者也。梅村《呈太虛》詩有「江諸宵傳柝，山城裏出車。終難致李白，臥病在匡廬」之句。蓋太虛名重勝國，當楊萬南昌兵變，必有招致太虛入幕者，而太虛避地維揚也。　少陵，見《贈杜退之》。瀼溪，見《送志衍入蜀》。　采石，見《讀史雜感》。　戴安道《棲林賦》：「浪跡潁湄。」《一統志》：「雷塘在揚州府甘泉縣北。」張如哉曰：「放舟采石，暗用李白事。浪跡雷塘，

〔註7〕「士」，乙本誤作「上」。

暗用杜牧事。」 愛子，見《送何省齋》。《晉書・庾亮傳》：「字元規。三子：彬、
羲、龢。彬年數歲，雅量過人。蘇峻之亂遇害。」 《三國志・王粲傳》：「字仲宣。」
《登樓賦》：「遭紛濁而遷逝兮，漫逾紀以迄今。情眷眷而懷歸兮，孰憂思之可任。」
匡山，見《贈蒼雪》注。 《一統志》：「章江在南昌府城西。」 依人，見《遇劉雪
舫》。 傷心，見《吾谷行》。於是嵇生授簡，趙子抽毫。重邀大別之云，再
續小園之賦。庶幾峰連北固，不異香爐；潮上邗溝，居然溢口。心乎慰
矣，歎也何如。此段是太虛客居維揚，門下士賦詩慰藉也。○嵇生，見《行路難》。
■〔註8〕謝惠連《雪賦》：「王乃授簡於司馬大夫。」 謝希逸《月賦》：「抽毫進牘，
以命仲宣。」 大別，見《二十五日詩》。 子山有《小園賦》。 北固，見《九友歌》。
樂天《廬山草堂記》：「匡廬奇秀甲天下，山北峰曰香爐峰。」 《明史・地理志》：「江
都東有官河，即古邗溝，今運河也。」 溢口，見《送何省齋》。《陳書・徐陵傳》：「泉
流寶盌，遙憶溢城，峰號香爐，依然廬嶽。」 《詩》：「心乎愛矣。」偉業幸遇龍門，
曾隨兔苑。自灌園於海畔，將負笈於山中。顧茲三逕之荒，已近十年之
別。願依杖屨，共肆登臨。弟子昇陶令之輿，興思彭澤；故吏逐謝公之
屐，寄念東山。爰託五言，因成十律。華林園追陪之宴，而今渺然；浣
花潭話舊之遊，於茲在矣。此段自序作詩。 《後漢書・李膺傳》：「士有被其容
接者，謂之登龍門。」 《文選注》：「梁孝王有兔苑。」 《史記・商君傳》：「灌園
於鄙。」海畔，見《廬州行》。 《北史・何妥傳》：「負笈遊學者，妥皆為講說教授
之。」 三逕〔註9〕，見《遣悶》。 《禮》：「侍坐於君子，君子欠伸，撰杖屨，視
日早暮，侍坐者請出矣。」 登臨，見《送志衍入蜀》。 《晉書・陶潛傳》：「素有腳
疾，向乘藍輿，亦足自反。乃令門生二兒舁之，共至州。」杜詩：「濁酒尋陶令。」 彭
澤，見《鴛湖曲》。 《漢書・尹翁歸傳》：「悉招故吏五六十人。」按：《晉書・謝安傳》：
「幼度等既破堅，有驛書至，安方對客圍棋，了無喜色。既罷，還內，過戶限，心喜
甚，不覺屐齒之折。」而《南史・謝靈運傳》：「常著木屐，上山則去其前齒，下山則
去其後齒。」又，《謝安傳》：「安雖受朝寄，然東山之志始末不渝。」梅村蓋攢簇其事
用之。 《一統志》：「華林園在上元縣北。」追陪，見《讚佛詩》。梁簡文帝《與廣信
侯書》：「每憶華林勝集，亦叨末位。」 趙承祐詩：「獨上江樓思渺然。」 《寰宇記》：
「杜甫宅在成都縣西郭外，地屬犀浦縣，接浣花溪，地名百花潭。」話舊，見《遇劉
雪舫》。

_____

〔註8〕■，天圖本、讀秀本作空格。
〔註9〕「逕」，讀秀本作墨丁。

先生家住處，門泊九江船。彭蠡春來水，匡廬雨後天。芰荷香石浦，粳稻熟湖田。獨坐憑闌久，虛堂且晏眠。此追敘太虛在江右時。○《南史·張融傳》：「武帝問融住在何處。」杜詩：「門泊東吳萬里船。」《綱目集覽》：「秦九江郡，今淮東江西諸郡是。」　彭蠡，見《呈李太虛》。杜詩：「春水船如天上坐。」　匡廬，見《贈蒼雪》。王詩：「空山新雨後。」　芰荷，見《西田詩》。《一統志》：「石頭渚在南昌府新建縣西北。」《水經注》：「贛水西岸有磐石，謂之石頭津步。」按：《齊書·五行志》：「鹽官縣石浦有海魚。」鹽宮故城，今海寧縣治，非此詩之所詠也。　《長楊賦》：「馳騁秔稻之地。」《宋書·孔季恭傳》：「墾起湖田。」　憑欄，見《送何省齋》。　虛堂，見《松鼠》。晏眠，見《永和宮詞》。

其二

有客扶藜過，空山猿鳥知。苔侵蘿徑展，松覆石床碁。楚米炊菰早，吳羹斫膾遲。柴門相送罷，重定牡丹期。此下五首亦追敘太虛在江右時，而此首先言其好客也。○《詩》：「有客有客。」杜詩：「扶藜望清秋。」　猿鳥，見《題河渚圖》。　虞伯施詩：「階前綠苔侵。」蕭子良詩：「蘿逕轉連綿。」　石床，見《疊陽觀》。接：此暗用東坡遊白鶴觀事。詳《園居》。　孟東野詩：「楚倉傾向西吳米。」庾子慎詩：「黑米生菰葉。」　《楚辭》：「和酸若苦，陳吳羹些。」斫膾，見《攀清湖》。　杜詩：「相送柴門月色新。」　白詩：「唐昌玉蕊會，崇敬牡丹期。」

其三

性僻耽書畫，蹉跎遍兩京。提攜詩卷重，笑傲客囊輕。小閣尊彝古，高人池館清。平生無長物，端不負虛名。《觚賸》載太虛就館於外，此首詠之，亦可見其名士風流也。○杜詩：「為人性僻耽佳句。」　蹉跎，見《送何省齋》。兩京，見《呈李太虛》。　《禮》：「長者與之提攜，則兩手奉長者之手。」《詩》：「謔浪笑傲。」小閣，見《西田詩》。尊彝，見《九友歌》。　高人，見《龍腹竹歌》。■〔註10〕池館，見《哭志衍》。　《晉書·王恭傳》：「吾生平無長物。」　《漢書·周黨傳》：「私竊虛名，誇上求高。」

其四

興極歌還哭，狂來醉復醒。床頭傾小榼，壁後臥長瓶。月出呼漁艇，

〔註10〕　■，稿本、天圖本、讀秀本作空格。

花開置幔亭。門前流水急，數點暮山青。《觚賸》載太虛欲圖軟飽，蓋豪於飲者，此詩詠之。○興極，見《林屋洞》。杜詩：「鄰家遞歌哭。」　王詩：「狂來或自歌。」《宋書・樂志》：「願令諸君醉復醒。」　鮑詩：「床頭恒有沽酒錢。」白詩：「行攜小榼出。」　蘇詩：「長瓶分未到。」　方雄飛詩：「溪頭講樹纜漁艇。」《武夷山記》：「武夷君於八月十五日山上置幔亭，化虹橋，通上下，大會鄉人宴飲。」　常建詩：「直到門前溪水流。」　何仲言詩：「天暮遠山青。」

其五

絕壑非人境，丹砂廢井留。移家依鶴砦，穿水遇龍湫。白石心長在，黃金藥可求。何時棄妻子，還伴葛洪遊。此首欲學仙，是不可奈何語也。○首句見《六真歌・序》。　丹砂，見《送周子俶》。《一統志》：「丹井有二。一在南城縣南十五里，乃洪崖丹井。一在麻姑山仙都觀，世傳為葛洪丹井。」　移家，見《遇舊友》。《韻會》：「山居以木柵作砦，或作柴。王輞川詩題《鹿柴》、《木蘭柴》是也。」《一統志》：「龍泉在南昌府治北。」《輿地紀勝》：「晉慧遠結庵於此，無水，以杖刺地，泉湧。既而歲旱，慧遠誦《龍王經》於泉上，俄而龍起，雨乃大足。」《神仙傳》：「白石先生者，中黃丈人弟子也。常煮白石為糧。」《史記・封禪書》：「黃金可成，不死之藥可得。」　棄妻子，見《讚佛詩》注。《晉書・葛洪傳》：「字稚川，丹陽句容人。」

其六

我愛東林好，還家學戴顒。經臺憑怪石，麈尾折青松。書卷維摩論，溪山曹洞宗。欲修居士服，持偈問黃龍。此首欲學佛，是不可奈何語。○《一統志》：「東林寺在九江府德化縣南廬山麓。」　還家，見《呈李太虛》。戴顒，見《文園公》。　《廬山記》：「謝靈運見遠公，肅然心服，乃即寺翻經。」怪石，見《讀史雜感》。　《南史・張機傳》：「後王常幸鍾山開善寺，敕取松枝，手以屬機，曰：『可代麈尾。』」江詩：「青松挺秀萼。」　《翻譯名義集》：「維摩羅詰，秦言淨名。」　《傳燈錄》：「臨濟宗、溈仰宗、曹洞宗、雲門宗、法眼宗為五宗。」　《輟耕錄》：「今人以居士自號者甚多，六經中惟《禮記・玉藻》有曰『居士錦帶』，《注》謂道藝處士也。」《陳書・虞寄傳》：「陳寶應據有閩中，慮禍及己，乃為居士服以拒絕。」　郎君冑詩：「心持半偈萬緣空。」《一統志》：「五代超慧，字誨機。住寧州黃龍寺。初遊嶽麓，遇一僧曰：『東北行，遇洪即止，逢龍可住。』」及至黃龍山，有雙峰庵，馬和尚以法付之而去，後禪侶雲集，黃龍一派被天下。」

其七

倦策登臨減，名山坐臥圖。避人來栗里，投老乞菱湖。舊業存榆柳，新齋待竹梧。亂離知又至，安穩故園無。此下三首皆指太虛問道歸江右以後之事。　起二語倦遊歸矣。三四承上，欲住故園也，然喬木空在而新齋落寞，當亂離之際，故園果可以娛老否，漸引到避亂上。○謝玄暉詩：「疲策倦人世。」　第二句，見《西田詩》注。　《南史‧陶潛傳》：「潛嘗往廬山，王弘令潛故人龐通之齎酒具，於半道栗里要之。」《一統志》：「原曰栗里原，此南康之勝也。」　投老，見《西田詩》。《一統志》：「菱湖在湖州府歸安縣東南。」《隋書‧房彥謙傳》：「家有舊業。」榆柳，見《攀清湖‧序》。　高達夫詩：「獨坐新齋木落時。」蘇詩：「來集竹與梧。」杜詩：「亂離知又甚。」　《晉書‧顧愷之傳》：「行人安穩。」杜詩：「幕下郎官安德無。」

其八

陶令休官去，迎門笑語忙。那知三徑菊，卻怕九秋霜。十具牛誰種，千頭橘未荒。可憐思愛子，付託在滄浪。此首即序中痛甚元規意。○休官，見《送何省齋》。　《歸去來辭》：「稚子候門。」退之《平淮西碑》：「蔡之婦女迎門笑語。」　《南都賦》：「結九秋之增傷。」張如哉曰：「《酉陽雜俎》：『元和初，士人見古屏上婦人歌曰：舞袖弓腰渾忘卻，峨眉空帶力秋霜。』」《晉書‧載記》：「符堅讓王猛子散騎侍郎皮曰：『丞相臨終託卿以十具牛為田。』」　千頭橘，見《送李友梅》。　付託，見《讀史雜詩》。滄浪，見《縹緲峰》。

其九

青史吾徒事，先朝忝從臣。十年搜典冊，萬卷鎖松筠。好友須分局，奇書肯借人。劫灰心力盡，牢落感風塵。此與《呈李太虛》第二首同意。○青史，見《遣悶》。《宋書‧鄧琬傳》：「黃閣是吾徒事耳。」　杜詩：「先朝忝從臣。」《西京雜記》：「高文典冊用相如。」　杜詩：「閉門終日鎖松筠。」　《詩》：「雖無好友，式燕且喜。」《後漢書‧馬融傳》：「曹伍相保，各有分局。」　奇書，見《讀西臺記》。《漢書‧河間獻王傳》：「從民間借書，必為好寫之。」　劫灰，見《避亂》。心力，見《攀清湖》。　牢落風塵，見《遇南廂園叟》。

其十

早買淮陰棹，仍登江上樓。曉來看北固，何處似南州。王謝池臺盡，

齊梁寢樹秋。天涯憂國淚，豈為故鄉流。此首避地江南，與闔閭園別矣。「王謝池塘盡」，言南京已覆。「齊梁寢樹秋」，言園陵已荒。此皆國之憂也。因憂國而下淚，則鄉思有不足言者，而不徒在於一園也。○《大清一統志》：「淮陰故城在淮安府清河縣東南。」　謝靈運有《登池上樓》詩。　北固，見《九友歌》。《後漢書・徐穉傳》：「此必南州高士徐孺子也。」　劉夢得詩：「舊時王謝堂前燕，飛入尋常百姓家。」　杜詩：「梁苑池臺雪欲飛。」　又：「棟宇自齊梁。」《一統志》：「江寧府，東晉都此，宋、齊、梁、陳因之。」杜詩：「寒蟬碧樹秋。」　又■〔註11〕：「向來憂國淚。」　岑參詩：「憑添兩行淚，寄向故園流。」

課女

　　漸長憐渠易，將衰覺子難。晚來燈下立，攜就月中看。弱喜從師慧，貧疑失母寒。亦知談往事，生日在長安。句句入情，詩之妙處只在真也。○杜詩：「驥子最憐渠。」　燈下，見《遣悶》。　盧允言詩：「無人起就月中看。」　朱子《詩傳》：「師，女師也。」陳氏《禮記集說》：「姆，女師也。」　《說苑》：「閔子騫兄弟二人，母死，其父更娶，復有二子。子騫為父御車，失轡，父持其手，衣甚單。父即歸，呼其後母兒，持其手，衣甚厚溫。謂其婦曰：『去無留。』子騫前曰：『母在，一子單。母去，四子寒。』」　《史記・袁盎傳》：「此往事，豈可悔哉？」　杜有《宗武生日》詩題。又，詩：「遙憐小兒女，未解憶長安。」

嘉湖訪同年霍魯齋觀察《浙江通志》：「分巡嘉湖道霍達，字魯齋，陝西人。順治八年任。」《陝西通志》：「崇禎辛未進士霍達，長安人。歷官至尚書。」

　　官舍鶯聲裏，旌旗拂柳堤。湖開山勢斷，塔迴樹痕齊。世路催青鬢，春風到紫泥。還看鮑司隸，驄馬灞橋西。首二句是觀察。三四句寫景。五六流水句，言世路雖催人老而春風獨蒙殊恩行，如鮑司隸之在京國也。◎官舍，見《送施愚山》。劉得仁詩：「御林聞有早鶯聲。」　岑參詩：「柳拂旌旗露未乾。」柳堤，見《鴛湖曲》。　張道濟詩：「山勢遠濤連。」司空文明詩：「河分岡勢斷。」　周利用詩：「塔向三天迴。」王子淵詩：「離離嶺樹齊。」　許仲晦詩：「綠蛾青鬢醉橫塘。」　紫泥，見《九峰草堂歌》。　《後漢書・鮑永傳》：「父宣，哀帝時任司隸校尉。永建武十一年徵為司隸校尉。子昱，中元元年拜司隸校尉。」　驄馬，見《哭志衍》。《一統志》：「霸水在西安府咸寧縣，東霸橋在縣東二十五里。」《史記・封禪書》作「灞」。

〔註11〕「又■」，天圖本作「杜詩」。墨丁，讀秀本作空格。稿本墨丁作空格。

其二

蹤跡知何處，溪山興不孤。閒亭供鳥雀，仙吏得蓴鱸。紅荔涪江樹，青楓笠澤圖。須教趙承旨，煙雨補南湖。此首欲魯齋隨遇而安，蓋素位而行者自無入不得也。前半篇言蹤跡不拘，逸興自在，鳥雀蓴鱸皆興之所適也。夫紅荔、青楓，木〔註12〕溪山中所自有。有紅荔即何異涪江，有青楓即何異笠澤乎！欲倩名手作圖，正見興之高處。○謝靈運詩：「虛館絕諍訟，空庭來鳥雀。」　仙吏，見《簡姜明府》。《一統志》：「蓴菜，烏程縣蘇灣出。鱸魚，太湖出。」　紅荔涪江，見《京江送遠圖》注。　青楓，見《送照如師》。笠澤，見《送何省齋》。　楊仲弘《趙公行狀》：「公諱孟頫，字子昂。延祐〔註13〕丙辰七月進拜翰林學士承旨、榮祿大夫，知制誥。」《元史·趙孟頫傳》：「其畫山水木石花竹人馬尤精緻。」　煙雨南湖，見《鴛湖曲》。

其三

門外銀塘滿，鷗飛入晚衙。公田若下酒，鄉夢杜陵花。水碓筒輸紙，溪船簍貢茶。看雲堪拄笏，幕客莫思家。此首與其二同意。意魯齋蓋不樂居外，故為此以廣之。○梁簡文帝詩：「銀塘瀉清溜。」　白詩：「寒庭放晚衙。」《一統志》：「若溪在湖州府長興縣南，亦作箬。南岸曰上箬，北岸曰下箬。二箬皆村名。村人取下箬水釀酒，醇美。」《南史·陳武帝紀》作「下若」。　杜陵花，見《永和宮詞》。　第五句，見《柬姜明府》注。　《唐書·地理志》：「湖州土貢紫筍茶。」　看雲，見《虎丘圖》。蘇詩：「朝來拄笏看西山。」《清異錄》：「顯德中，岐下幕客入朝。」

其四

羽蓋菰城道，春風行部勞。長公山郡簡，小杜水嬉豪。簫鼓催征騎，琴書壓畫舠。獨憐憔悴客，剪燭話同袍。此首單舉行部之盛。三四用湖州故事，以自己作結。○《獨斷》：「凡乘輿車皆羽蓋。」《一統志》：「楚春申君立菰城縣，秦改為烏程。」　行部，字出《漢書·王尊傳》。　按：長公謂子瞻。子瞻熙寧中徙知湖州。山郡，見《高涼司馬行》。　《唐書·杜牧傳》：「乞為湖州刺史。牧於詩，情致豪邁，人號為小杜，以別杜甫云。」水嬉，即水戲。詳《贈吳園次》「折花貽杜牧」〔註14〕

〔註12〕「木」，天圖本、乙本作「本」，是。
〔註13〕「祐」，底本、稿本、天圖本、讀秀本、乙本均誤作「祐」。
〔註14〕按：「折花貽杜牧」出梅村《贈家園次湖州守五十韻》。

注。　簫鼓，見《圓圓曲》。王子淵詩：「北走長安道，征騎每經過。」《歸去來辭》：「樂琴書以消憂。」《詩》：「誰謂河廣？曾不容刀。」《釋文》：「刀，字書作舠。」　剪燭，見《遇劉雪舫》。《詩》：「與子同袍。」

贈郡守李秀州隆吉《一統志》：「嘉興府，晉天福四年吳越錢氏始奏置秀州。」《嘉興府志》：「知府李國棟，錦州人。順治六年任。」

　　偶值溪山勝，相逢太守賢。邀人看水閣，載酒上菱船。鶴料居官俸，魚租宴客錢。今朝風日好，春草五湖煙。此與李郡守同遊而作，官閒好客，故謂之賢也。○李詩：「皆美太守賢。」　水閣，見《鴛湖曲》。　載酒，見《清風使節圖》。錢仲文詩：「閒卻採菱船。」　曾彥和詩：「寧美一囊供鶴料。」注云：唐幕府官俸謂之鶴料。　《元史・余闕傳》：「令民取湖魚而輸魚租。」　李詩：「今朝風日好。」　春草，見《高涼司馬行》。五湖，見《贈家侍御》。

野望王無功有《野望》詩。

　　京江流自急，客思競何依。白骨新開壘，青山幾合圍。危樓帆雨過，孤塔陣雲歸。日暮悲笳起，寒鴉漠漠飛。此在鎮江而作，野字是景，望字是情也。首句是野，次句是望，領起通篇。三四遠景，五六近景，七八回應，客思情景，渺然無盡。○京江，見《遣悶》。《漢書・溝洫志》：「急流曰湍。」　駱賓王詩：「南冠客思侵。」王無功詩：「徙依欲何依。」　白骨，見《閬州行》。　劉夢得詩：「山圍故國周遭在。」李少卿《答蘇武書》：「親自合圍。」　陰子堅詩：「接路上危樓。」黃元鎮詩：「天際雨帆梁峽出。」　陣雲，見《呈李太虛》。　杜詩：「悲笳四五動。」　于逖詩：「寒鴉噪晚景。」王詩：「漠漠水田飛白鷺。」

其二

　　衰病重聞亂，憂危往事空。殘村秋水外，新鬼月明中。樹出千帆霧，江橫一笛風。誰將數年淚，高處哭塗窮。重聞亂領起通篇。三四近景，五六遠景，七八句回應重聞亂地。○衰病，見《遣悶》。《左傳・文二年》：「吾見新見大，故鬼小。」李後主詞：「不堪回首月明中。」　千帆，見《送遠圖》。陳伯玉詩：「歸帆出霧中。」　杜牧之詩：「落日樓臺一笛風。」　途窮，見《贈李雲田》。按：「高處」二字合用阮籍廣武之歎也。

送張學博孺高之官江北學博，見《閩州行》。《蘇州府志》：「張誼，字孺高。順治七年府學歲貢生。」江北，見《虎丘圖》。

薄宦非傍郡，孤舟幾日程。詩傳沛子弟，禮問魯諸生。水冽官廚釀，城荒射圃耕。北來車馬道，猶喜簡逢迎。首二句破題，三四是江北學博，五六學博齋況，結句回應薄宦，非傍郡也。○《晉書·陶潛傳》：「弱年薄宦，不絜去就之跡。」《史記·高祖紀》：「於是少年豪吏，如蕭、曹、樊噲等，皆為收沛子弟三千人。」又：「高祖還歸，過沛，留置酒沛宮，悉召故人父老子弟縱酒。酒酣，高祖擊筑，自為歌詩。」諸生，見《凌煙閣圖》。按：此句用叔孫習禮事。見《讀史雜詩》。歐陽永叔《醉翁亭記》：「釀泉為酒，泉香而酒冽。」官廚，見《送穆苑先》。荒城，詳《過鄭州》。《禮》：「射於瞿相之圃。」《《漢書·段會宗傳》注》：「師古曰：『迎之於道，隨所到而逢之，故曰逢迎也。』」

冬霽

煙盡生寒日，山雲不入城。船移隔縣雪，屋繞半江晴。照眼庭花動，開顏社酒清。渚田飛雁下，近喜有人耕。此首寫出園居之趣，妙在切題。前半寫景最工，後半言情入妙。○李重規詩：「登城望寒日。」江總持詩：「山雲四面通。」《漢書·廖扶傳》：「未曾入城市。」杜詩：「剪取吳松半江水。」梁武帝詩：「庭中花照眼。」李詩：「開顏酌美酒。」《北史·杜弼傳》：「不敢飲社酒。」岑參詩：「蘆花雜渚田。」《詩》：「鴻雁于飛。」《管子》：「有一人耕而五人食者。」

松化石原注：金陵任白受所藏。《墨客揮犀》：「壺山有柏木一株，長數尺，半化為石，半猶是堅木，蔡君謨見而異焉，因運置私第。余莆陽日親見之。」《錄異記》：「婺州永康縣山亭中有枯松樹，因斷之，誤墮水中，化為石。取未化者試於水，隨亦化焉。其所化者，枝幹及皮與松無異，但堅勁。有未化者數段，相兼留之，以旌異物焉。」《雲林石譜》：「婺州永寧縣松林，一夕大風雨，忽化為石，悉皆斷截，大者三二尺，尚存松脂脈紋，土人運而為坐具。至有小如拳者，亦堪置几案間。」《群芳譜》：「張七澤云：『松化石，松理而石質。』」金陵，見《遇南廂園叟》。

高士無凡好，常思買一峰。如何三徑石，卻本六朝松。老筆應難畫，名山不易逢。穀城相遇處，肯復受秦封。穩勻之作。○高士，見《河渚圖》。一峰，見《宿福源精舍》。三徑，見《遣悶》。王貽上《六朝松石記》：「金陵園林亭榭相望也。六朝園最古，園在瓦官寺東北，其得名以松石。」老筆，見《虎丘夜集圖》。名山，見《汲古閣歌》。《漢書·張良傳》：「良始所見下邳圯上老人與書者，

後十三歲從高帝過濟北，果得穀城山下黃石，取而寶祠之。」《漢官儀》：「秦始皇上封泰山，風雨暴至，休於松下，因封其松為五大夫。」

《東齋記事》：「秦始皇下泰山，風雨暴至，休於樹下，因封其樹為五大夫。初不言其為何樹也。後漢應劭作《漢官儀》，始言為松。五大夫蓋秦爵之第九級，如曹參賜爵七大夫，遷為五大夫是也。後人不解，遂謂松之封大夫者五，故唐人松詩有『不羨五株封』之句，蓋循襲不考之故。」

嘲張南垣老遇雛妓
梅村《張南垣傳》：「南垣名漣，華亭人，徙秀州，又為秀州人。」《嘉興縣志》：「張漣，字南垣。少學畫，得山水趣，因以其意築圃壘石，有黃大癡、梅道人筆意，一時名稱藉甚。」按：以雛代幼小之稱，益始於子美之「眾雛爛熳睡」、魯直之「僧雛手金鑐」也，而子美又本於禰正平《鸚鵡賦》。

莫笑韋郎老，還堪弄玉簫。醉來惟捫腹，興極在垂髫。白石供高枕，青樽出細腰。可憐風雨夜，折取最長條。通首切老字、雛字，謔不傷雅。○杜詩：「同病得韋郎。」《雲谿友議》：「韋皋少游江夏，止於姜使君之館，有小青衣曰玉簫，常令祇侍。後稍長，因而有情。時廉使得韋季父書，發遣歸覲，遂與言約，少則五載，多則七年取玉簫。至八年春，玉簫遂絕食而殞。後韋鎮蜀，聞之，廣修經像，以報夙心。有祖山人者，有少翁之術，令齋戒七日，清夜乃至，謝曰：『承僕射寫經造像之力，旬日便當託生，卻後十三年，再為侍妾，以謝鴻恩。』後韋以隴右之功，鎮蜀不替，東川盧八座送一歌姬，亦以玉簫為號。觀之，乃真姜氏之玉簫也。韋歎曰：『吾乃知存沒之分，一往一來，玉簫之言斯可驗矣。』」捫腹，見《壽龔芝麓》。興極，見《林屋洞》。《桃花源記》：「黃髮垂髫。」《唐詩紀事》：「杜牧遊湖州，閱奇麗，得垂髫者，十餘歲。」白石，見《新都》。《戰國策》：「君始得高枕而臥矣。」《世說》：「孫子荊語王武子當枕石漱流，誤曰漱石枕流。」陳詡詩：「青樽照深夕。」《後漢書·馬廖傳》：「楚王好細腰。」風雨夜，見《遇劉雪舫》。令狐穀士詩：「相將折楊柳，爭取最長條。」別詳《鴛湖閨詠》。

破山興福寺僧鶴如五十
《琴川志》：「循虞山而北過寶慈寺六里，西北入破山興福寺，寺多古蹟，因白龍鬥衡山而去，故曰破山。」《一統志》：「興福寺在常熟縣破山。齊彬州刺史，倪德光捨宅為寺。亦名破山禪院。」

聽法穿雲過，傳經泛海來。花深山徑遠，石破講堂開。潭出高人影，泉流古佛苔。長留千歲鶴，聲繞讀書臺。三四是破山興佛寺，五六說到寺僧，結句點染鶴字。祝毈處妙在有意無意間。○高達夫詩：「聽法還應難。」李有中詩：「穿

雲不覺勞。」　耿湋諱：「傳經韋相後。」《說文》：「泛，浮也。」張見蹟詩：「芳杜雜花深。」　李長吉詩：「石破天驚逗秋雨。」講堂，見《謁剖公》。　古佛，見《歸雲洞》。　宋子虛詩：「洞中養隻千年鶴。」《一統志》：「讀書臺在常熟縣治西。相傳梁昭明太子讀書於此。」

園居

　　傍城營小築，近水插疏籬。岸曲花藏釣，窗高鶴聽棋。移床穿磴遠，喚茗隔溪遲。自領幽居趣，無人到此知。此首與《冬霽》同意。前半於園字為多，後半於居字為多。分合觀之，清言如霏玉屑。○杜詩：「畏人成小築。」　周樸詩：「近水月光低。」杜詩：「疏籬帶晚花。」　曲岸，見《西田詩》。庾詩：「高荷沒釣船。」　《東坡集》：「吾嘗獨遊五老峰，入白〔註15〕鶴觀，松陰滿地，不見一人，古松流水間，惟聞碁聲。」　庾詩：「就水更移床。」楊誠齋詩：「步穿危磴攀蒼藤。」　《群芳譜》：「茶，一名檟，一名蔎，一名茗，一名荈。」賈閬仙詩：「孤村火隔溪。」　《禮》：「幽居而不淫。」　祖詠詩：「蘭若無人到。」

　　自此以前，皆梅村未赴召時詩，梅村非不欲園居者也。

〔註15〕「白」，乙本誤作「自」。

吳詩補注

卷八

遊西灣

鐘寒詳《遇具和尚》補注。**出樹**許文化詩：「雲帆高出樹。」**依僧**李義山詩：「色淺為依僧。」

蚤起

南樓見《送志衍》補注。**餘興**崔知賢《宴王明府山亭詩序》：「餘興方遒。」

瑜芬侍兒

恃稱偏頻進，含嬌託未知梁武帝《樂府》：「恃愛如欲進，含羞未肯前。」

溪橋夜話

見屋《冥通記》：「夢至大衡山，見一草屋。范監云：『此是遊仙之廬。』」**分橋**許文化詩：「水市迴分橋。」**感事**范蔚宗詩：「感事懷長林。」

蒼雪若鏡見訪

詩思見《京江送遠圖》。

送李友梅

程《箋》：「友梅嘗居青浦，見楊式傳《果報聞見錄》。按：《聞見錄》之李友梅是老於青浦者，與詩意不合。蓋姓字偶同耳。」

贈黃州杜退之

許棠，字文化。　孤吟王子安《綿州北亭群公宴序》：「孤今五嶽，長嘯三山。」

園居東許九日

釀房陸務觀詩：「花釀蜜於房。」吾願足符子許由謂堯曰：「君之榮願亦已足矣夫。」

晚泊

溪靜薛大拙詩：「谿靜接仙從。」

題敞上人代笠

愛雪蘇詩：「愛雪長忍凍。」

過南屏訪無生上人

程迓亭曰：「無生名虛舟。南屏興教寺，元末已圮，惟南屏雷峰塔之陰留錫菴者向為白蓮寺。順治丁亥，虛舟即其地建菴，仍曰留錫。」

謂此一公住嚴正文《哭靈一上人》詩：「一公何不住，空有遠公名。」相對話蘇詩：「故應相對話前生。」

簡武康姜明府

父老見《贈家侍御》。○竹稅《元史·尚文傳》：「奏罷懷衛竹稅提舉司。」

夜泊漢口

風高柳子厚詩：「風高榆柳疎。」

送黃子羽之任

此方《金史·李通傳》：「此方比歲民間儲畜尚多。」

讀史雜感

仰大農《漢書·食貨志》：「中國繕道餽糧，遠者三千，近者千餘里，皆仰給大農。」數州杜詩：「數州消息斷。」○孤軍《晉書·載記》：「慕容廆與陶侃箋：『孤軍輕進，不足使勒畏首畏尾。』」○管崇《隋書·王充傳》：「及楊玄感反，吳人朱燮、晉陵人管崇起兵江南以應之，自稱將軍，擁眾十餘萬。」○甬東逃阮紫蘋曰：「前數首皆詠南都事，此則詠越西潰散之事，蓋責方國安、張國維一輩人。」

新霽喜孫令修至同步後園探梅

客興見《送何省齋》補注。雨足韓詩:「昇堂坐階新雨足。」

送王子彥

孝廉詳《維夏北行》。歸計曹業之詩:「我獨無歸計。」

呈座主李太虛師

交朋陶翰詩:「交朋忽先進。」○愛酒蘇詩:「愛酒陶元亮,能詩張志和。」世事《晉書·阮籍傳》:「遺落世事。」神宮《雅樂歌》:「神宮肅肅,天儀穆穆。」家園潘安仁《閑居賦》:「近周家園。」

歲暮送穆苑先往桐廬《詩》:「歲聿其暮。」

客中見《贈穆大》補注。鄉愁岑參詩:「蕩柳掛鄉愁。」

贈劉虛受

交朋見《呈李大虛》補注。高齋韋應物詞:「晚下高齋有情。」十年見《送徐次桓》補注。

閬〔註1〕園詩

為鄉按:如蘇詩「又入春山筍蕨鄉」、李伯紀「不妨更入荔支鄉」之類。成幄陸士衡詩:「密葉成翠幄。」浪激元詩:「激浪誠難泝。」將仙人之藥曰車箱俱移天上《太平廣記》:「許真君名遜,字敬之。以東晉孝武帝太康二年八月一日,於洪州西山,舉家四十二口拔宅上升而去。惟有石函、藥臼各一所,車轂一具,與真君所御錦帳,復自云中墮於故宅。」按:此句翻用南昌故實,言仙人尚不能保其〔註2〕故居也。靖安,在南昌府西北一百六十里。放舟薩天錫詩:「放舟玉鏡潭。」默默《莊子》:「子昏昏默默。」嵇生授簡王丹麓《今世說》:「嵇叔子為李太虛作《閬園影賦》數千言,編珠貫玉,地負海通。」趙子蘇詩:「趙子寄書來。」此借用。○高人見《龍腹竹歌》補注。○客囊邵二泉詩:「客囊衣在縫猶密。」穿水《宋史·曹翰傳》:「穿渠得水。」問黃龍釋曉瑩《羅湖野錄》:「廬山羅漢小南禪師准世系以黃龍,是大父名既同而道望逼亞,故叢林目為小南,尊黃龍為老南。」

〔註1〕「閬」,乙本誤作「聞」。
〔註2〕「其」,乙本作「具」。

嘉湖訪同年霍魯齋觀察

鶯聲劉文房詩：「鶯聲細雨中。」○鷗飛劉文房詩：「江靜覺鷗飛。」鄉夢孫逖詩：「鄉夢北歸難。」溪船李詩：「棹歌溪口船。」

野望

孤塔蘇詩：「只尋孤塔認西東。」憂危往事空《書》：「心之憂危。」《史記·爰盎傳》：「此往事豈可悔哉？」江橫趙承祐詩：「楚江橫在草堂前。」

冬霽

屋繞見《礬清湖》。有人耕《全唐詩話》引唐人詩：「雨後有人耕綠野。」

嘲張南垣老遇雛妓

白石供高枕《古樂府》有《白石郎曲》。錢仲文有《白石枕》詩。

園居

窗高陳去非詩：「聲到竹窗高。」

吳詩集覽　卷九上

黎城靳榮藩介人輯

五言律詩二之上

高郵道中《大清一統志》：「高郵州在揚州府北少東一百二十里。」　以下赴召時途中作。

　　野宿菰蒲晚，荒陂積雨痕。湖長城入岸，塔動樹浮村。漁出沙成路，僧歸月在門。牽船上瓜埭，吹火映籬根。此首是道中晚景，故用野宿起。三四是道中所見。五六將就宿矣。結到野宿，與起處合。○鮑詩：「結茅野中宿。」菰蒲，見《塗松晚發》。　李詩：「馬首迷荒陂。」王詩：「積雨空林煙火遲。」《一統志》：「高郵湖在高郵州西北三里，長闊一百五十里，天長以東之水皆匯此湖，達於運河。」　杜詩：「天闊樹浮秦。」　庾詩：「涸渚通沙路。」　賈閬仙詩：「僧敲月下門。」《南史・張融傳》：「權率小船於岸上住。」《一統志》：「瓜洲壩在江都南瓜洲鎮。」又：「伊婁河在江都縣南二十里，即瓜洲運河也。」《唐書・地理志》：「開元二十六年，以州北隔江，舟行繞瓜步，回遠六十里，乃於京口埭下直趨渡江二十里，開伊婁河二十五里，渡揚子立埭。」　吹火，見《夜泊漢口》。盧允言詩：「流水到籬根。」

其二

　　十里藕塘西，浮圖插碧虛。霜清見江楚，山斷入淮徐。水驛難逢樹，溪橋易換魚。客程愁幾日，已覺久無書。此首亦既宿而追寫道中所見也。結句入情。○《揚州府志》：「蓮塘浦在興化縣東南，接得勝湖，即六十四蕩間，所謂十里蓮塘是也。」按：《宋史・楊沂中傳》：「與劉猊戰於藕塘，大破之。」《一統志》：「藕塘鎮在鳳陽府定遠縣東。」非此詩所指。　浮圖，見《贈蒼雪》。張子壽詩：「華池澹

碧虛。」　皇甫茂政詩：「霜清野翠濃。」《一統志》：「揚州府，戰國屬楚，秦屬九江郡。」　宋延清詩：「崖口眾山斷。」按：淮，淮安府。徐，徐州府。　《唐書·百官志》：「凡三十里有驛，水驛有舟。」《一統志》：「界首驛在高郵州北六十里。」　李文山詩：「無因一向溪橋醉。」　晁以道詩：「歲晚客程遙。」

顧瞻泰悅：「起何末一字本可仄住，不必押韻。若既用平聲，須與本韻相通，或前人已叶入本韻者方可。按：西字可叶支、真、先三韻，不入魚、虞兩韻，梅村偶誤耳。」

其三

曾設經年戍，殘民早不堪。柳營當午道，水柵算丁男。雪滿防旗暗，風傳戰鼓酣。淮張空幕府，樓艦隔江南。此就道中所見而追憶往事也。午道、丁男，不減《金荃集》甲帳、丁年矣。○經年，見《呈李太虛》。　楊廉夫詩：「風物感殘民。」《左傳·桓二年》：「民不堪命。」　盧允言詩：「諸戎拜柳營。」《《史記·楚世家》注》：「一縱一橫為午道。」　《陳書·高祖紀》：「軍至義興，拔其水柵。」丁男，見《松山哀》。　楊炯詩：「雪暗凋旗畫，風多雜鼓聲。」《廣韻》：「防，御也。」　《明史·張士誠傳》：「小子〔註1〕九四。泰州白駒場亭人。陷泰州，據高郵，自稱誠王。元兵潰去，淮東饑。至正十六年二月，陷平江，士誠自高郵來都之。」按：平江路，今蘇州府。幕府，見《遇劉雪舫》。　《南史·王琳傳》：「乃大營樓艦，將圖義舉。」

其四

甓社重來到，人家出遠林。種荷泥補屋，放鴨柳成陰。蝦菜春江酒，煙蓑暮雨砧。曹生留畫水，三十六陂深。原注：高郵有曹生畫水壁，米元章極稱之。其地有三十六陂。　此詠現在之景。三四承第二句說，種荷、放鴨，皆遠林之人家也。五六漸引到自己身上。結句亦己之所見，較第三首慘舒不同矣。○《一統志》：「甓社湖在高郵州西北。」　杜詩：「遠林暑氣薄。」　又：「牽蘿補茅屋。」　陸務觀詩：「雨泥看放鴨。」　蝦菜，見《避亂》。應碩《祝社文》：「有肉如坻，有酒如江。」　鄭守愚詩：「煙簑春釣靜。」　《揚州府志》：「宋曹仁熙，高郵人。善畫水。」米元章《畫史》：「高郵寺壁水，乃仁熙畫，一筆長丈餘，水勢分激，如崩湍有聲，世所寶惜。」　蘇詩：「三十六波春水，白頭想見江南。」《揚州府志》：「高郵州七十二澗之水皆匯於三十六湖，汪洋浩蕩，方二三百里。」

〔註1〕「子」，《明史》卷一百二十三《張士誠傳》作「字」。

清江閘《一統志》:「清江閘在揚州府儀徵縣南三里運河上。」阮紫坪曰:「清江閘在淮安郡治之北二十七里,為運河咽喉,舊屬山陽,今新歸清河縣。若儀徵之閘,其形勢殊不足以當此詠也。且就前後諸詩觀之,梅村是由秦郵而北,則此詩定指今之清江浦閘無疑。」《一統志》:「清江浦在山陽縣西北三十里,舊為沙河,土名烏沙河,自郡城東北入淮。宋轉運使喬維岳開此,直達清口。明永樂初,陳瑄重濬置閘,更名清江浦,為水陸之孔道。」

岸束穿流怒,帆遲幾日程。石高三板浸,鼓急萬夫爭。善事監河吏,愁逢橫海兵。原注:時有事,兩粵兵過海上。我非名利客,歲晚肅宵征。首句形容入妙。三四狀閘之險。五六就過閘者言之,大抵為名利而宵征者也。結句掉轉說,言近而旨遠矣。○杜詩:「峽東滄江起。」　帆遲,詳《補注》。■《戰國策》:「城之不沈者三板。」　徐津詩:「樓上風高笳鼓急。」李詩:「萬夫莫開。」劉夢得詩:「日暮行人爭渡急。」　《後漢書‧任延傳》:「光武戒之曰:『善事上官。』」《莊子》:「莊周家貧,故往貸粟於監河侯。」　橫海,見《茸城行》。　崔顥詩:「借問路傍名利客。」　杜詩:「一臥滄江驚歲晚。」《詩》:「肅肅宵征。」

得廬山願雲師書按:梅村《贈願雲師‧序》:「願雲將遠遊廬嶽,貽書別予。」是在遊廬山以前。此詩則正住廬山時也。後又有《喜願雲自廬山歸》詩。

絕頂誅茅處,蒼崖怪瀑風。書來飛鳥上,僧出亂流中。世事千峰斷,鄉心半偈空。卻將兄弟夢,煙雨問江東。起二句是願雲住廬山。三四從廬山寄書也。第五句跟首二句說。第六句跟三四句說。末二句又翻進一層,言不為世事鄉心寄書,而為兄弟寄書也,醒山得字意。○杜詩:「會當凌絕頂。」誅茅,見《九峰歌‧序》。　蒼崖,見《臨江參軍》。《一統志》:「廬山漢陽峰之水,西流為康王谷之谷簾泉,東流為開先寺之雙瀑。」　鮑詩:「亂流趨大壑。」　千峰,見《西田詩》。　鄉心,見《送何省齋》。《涅槃經》:「佛言我念過去作婆羅門,在雪山中修菩薩行時,天帝釋即下試之,自變其身作羅剎像,住菩薩前,只說半偈。」　杜牧之詩:「南朝四百八十寺,多少樓臺煙雨中。」按:九江府在江西,故云。

過姜給事如農見《東萊行》。按:如農國變後流寓蘇州,自稱宣州老兵。此詩自注:迎母,會有兵變。當在塗中過如農之寓所,而非在蘇州也。次句點明淮海,其在江北可知。又,《東萊行》側重如須,此詩側重如農,各因相值者而然,非有軒輊也。

侍從知名早,蕭條淮海東。思親當道梗,原注:如農迎母會,膠萊有兵亂。哭弟在途窮。原注:如須避地,沒於吳下。骨肉悲歌裏,君臣信史中。翻

翩同榜客，相對作衰翁。首句點明給事。次句開出下文。思親、哭弟，正寫其蕭條也。五六為寫如農作贊。末用自己伴說，回映起句。○侍從，見《東萊行》。《史記·豫讓傳》：「無所知名。」《書》：「淮海惟揚州。」王詩：「每逢佳節倍思親。」《唐書·李靖傳》：「至長安，道梗。」《蘇州府志》：「阮大鋮得志，怨垓兄弟，必欲殺之。埰避至徽州。垓變姓名，逃之寧波，避跡台宕間之竹石山。久之，復俱來吳。垓年四十，先埰卒。」哭途窮，見《行路難》注。杜詩：「弟妹悲歌裏，乾坤醉眼中。」韓致光詩：「莫負美名書信史。」翩翩，見《贈吳錦雯》。按：梅村〔註2〕與如農俱辛未科陳于泰榜進士。《晉書·王導傳》：「何王作楚囚相對？」〔註3〕衰翁，見《贈杜退之》。

遠路蘇子卿詩：「征夫懷遠路。」

遠路猶兵後，寒程況病餘。裝綿妻子線，致藥友人書。晚渡河津馬，晨冰驛舍車。蕭條故園樹，多負向山廬。詩成而拈首二字為題，如杜詩《歷歷》、《能畫》之類。其源出《毛詩》，非專詠遠路也。○閨秀王煒詩：「病餘愁見遠山橫。」裝綿，見《曉發》。《後漢書·楊厚傳》：「有詔太醫致藥。」李楚望詩：「柳拂中橋晚渡津。」陰子堅詩：「長望倚河津。」梁簡文帝詩：「晨冰照彩鸞。」范致能詩：「若比廳前荒驛舍。」杜詩：「故園松桂發。」五太沖《招隱詩》：「經始東山廬，果下自成榛。」

過東平故壘《明史·劉澤清傳》：「封東平伯，駐廬州。」

重鎮銅龍第，雄邊珠虎牌。柳穿驍騎箭，花落美人釵。有客謀亡海，無書勸正淮。將軍留戰骨，狼藉雒陽街。此首與《臨淮老妓行》相似，但彼因遇老妓而作，此因過故壘而作，有不同耳。前半寫其分鎮驕淫，後半寫其反覆取禍。○杜詩：「重鎮還須濟世才。」按：銅龍，見《雒陽行》。如飛廉、白鶴之類，而用之鎮將，俟考。陸韓卿詩：「又點銅龍門。」《唐書·兵志》：「命李德裕立雄邊之軍。」張思廉詩：「吐蕃老帥西南來，虎頭不掛三珠牌。」《戰國策》：「養由基去柳葉百步而射之，百發百中。」《漢書·高帝紀》：「北貉燕人來致梟騎。」《廣韻》：「梟與驍通。」李詩：「蜻弄美人釵。」《晉書·孫恩傳》：「知〔註4〕劉牢之已濟江，曰：『孤不羞走矣。』乃虜男女二十餘萬口〔註5〕，一時逃入海。」又，《伏滔

〔註2〕「村」，乙本誤作「封」。
〔註3〕按：此語早見《世說新語·言語》。
〔註4〕「知」，乙本作空格。
〔註5〕「口」，乙本作空格。

傳》：「以淮南屢叛，著論二篇，名曰《正淮》。」　戰骨，見《蟋蟀盆歌》。　狼藉，見《松鼠》。《後漢書注》：「洛陽二十四街。」《澤清傳》：「揚州告意，命澤清等往援，而澤清已潛謀輸欵矣。大清惡其反覆，磔殺之。」

旅泊書懷 梁元帝詩：「旅泊依村樹。」

已遇江南雪，須防濟北冰。扁舟寒對酒，獨客夜挑燈。流落書千卷，清羸米半升。征車何用急，慚愧是無能。前四句旅泊，後四句書懷。曰已過，曰須防，時猶未至濟北也。○楊士奇詩：「河上交冰未，江南下雪無。」《一統志》：「泰安府，漢初屬濟北國。」　對酒，見《讚佛詩》。　王詩：「獨在異鄉為異客。」挑燈，見《後東皋歌》。　《荊州記》：「小酉山石穴中有書千卷。」　按：羸，應作贏。《說文》：「贏，瘦也。」嚴子羽詩：「藥補清贏疾。」《晉書·宣帝紀》：「『諸葛公食可幾米？』對曰：『三四升。』」　《後漢書·逸民傳·論》：「旌帛蒲車之所徵賁，相望於巖中矣。」

　　黃東崖《贈梅材》詩：「征書鄭重眠殞損。」乃第六句注腳也。

黃河 原注：金龍口決河，從北入海。清江宿遷水勢稍緩，皆起新沙。　《大清會典》：「順治九年，黃河決大王廟。」《一統志》：「宿遷縣在徐州府城東一百里。」

白浪日崔嵬，魚龍亦壯哉。河聲天上改，地脈水中來。潮落神鴉廟，沙平戲馬臺。滄桑今古事，戰鼓不須哀。起二句總寫河決水勢。三四是河從北入海。五六是清江宿遷水緩越沙也。結句拓開一步。○白浪，見《鴛湖曲》。崔嵬，見《行路難》其七。　魚龍，見《觀打冰詞》。宋延清詩：「仙遊實壯哉。」　韋端己詩：「夢逐河聲出禹門。」李詩：「黃河之水天上來。」　《史記·蒙恬傳》：「此其中不能無絕地脈哉！」　潮落，見《贈吳錦雯》。杜詩：「迎櫂舞神鴉。」范致能《吳船錄》：「神女廟前有馴鴉，客舟將來，則迓於數里外。舟過，亦送數里。土人謂之神鴉。」按：神鴉，楚江甘寧廟、洞庭君山、巫峽神女廟並有之，見《筠廊偶筆》。《一統志》：「戲馬臺在徐州府銅山縣南。」　滄桑，見《海戶曲》注。　戰鼓，見《東萊行》。

桃源縣 原注：在黃河南，去淮陽八十里。　《一統志》：「桃源縣在淮安府西一百二十里。」

豈有秦人住，何來浪得名。山中難避地，河上得孤城。桃柳誰曾植，桑麻近可耕。君看問津處，烽火只縱橫。此首借桃源以興感也。○淵明《桃花源記》：「先世避秦時亂，率妻子邑人來此。」　■■■蘇詩：「■■■■■■■莫道長

松浪得名。」〔註6〕 《詩》：「河上乎逍遙。」 《桃花源記》：「忽逢桃花林。」 又：「有良田美池桑竹之屬。」 又：「後遂無問津者。」 烽火，見《閩州行》。

膠州原注：時有兵變。 《一統志》：「膠州在萊州府城南二百二十里。」又：「徐大用，奉天人。以參議道分守萊州。順治十年，膠州總兵官海時行素驕蹇，奉調南征，大用監其軍。時行嗾兵為逆，逼大用同入海，不從，遂遇害。」

將已三年憊，兵須六郡豪。一時緣調遣，平昔濫旌旄。後顧憂輜重，前軍敢遁逃。只今宜早擊，都護莫辭勞。此首以早擊為主。首二句言師已老，兵須練也。三句指時行奉調南征。四句追論其濫充總兵官也。五六言時行率戀輜重，勢難遠竄，引出宜早擊意。結句點醒，直告伐叛者。 前首《桃源縣》，後列《白洋河》，蓋梅村在途而憂膠州之亂者，非其時已到膠州也。○《公羊傳》：「甚矣疲。」 《〈漢書‧地理志〉注》：「六郡，謂隴西、天水、安定、北地、上郡、西河。」梁簡文帝《七勵》：「五陵金穴，六郡豪家。」 《宋史‧理宗紀》：「詔選精銳，赴京調遣。」 旌旄，見《避亂》。 元詩：「後顧前瞻高樹枝。」《史記‧淮陰侯傳》：「從間道絕其輜重。」 杜詩：「前軍落大星。」遁逃，見《松鼠》。 早擊，見《松鼠》。 都護，見《行路難》。岑參詩：「留滯莫辭勞。」

白洋河原注：在淮安西北。膠州叛兵從此過河，時已收縛。 《一統志》：「白洋河在桃源縣西六十里。白洋鎮接宿遷縣界，即潼水之下流也。今涸。」

膠海愁難定，孫恩戰艦多。卻聞挑白馬，此處渡黃河。一戰收豺虎，千軍唱橐駝。淮西兒女笑，溟渤亦安波。前四句追敘膠州之亂，後半喜已收縛。○《一統志》：「膠州有古鎮麻灣、守風灣、唐家灣海口。」 《晉書‧孫恩傳》：「琅邪人。孫秀之族也。世奉五斗米道。眾惑之，就海中資給。恩聚合亡命。」戰艦，見《茸城行》。 《括地志》：「黎陽津，一名白馬津，在滑州白馬縣北三十里。」《一統志》：「白馬故城在衛輝府滑縣東二十里，古黃河東經故胙城縣北，其北岸則新鄉汲縣，又東北至浚縣西南，其南岸則滑縣，北曰黎陽津，南曰白馬津。」 《河防志》：「桃源縣，黃河南岸上自白洋河，接宿遷縣界。」 豺虎，見《哭志衍》。 杜詩：「筆陣獨掃千人軍。」橐駝，見《鐵獅歌》。 《梁書‧曹景宗傳》：「去時兒女悲。」韓《平淮西碑》：「蔡之婦女，迎門笑語。」 《一統志》：「渤海故城在武定府濱州東北。」《字典》：「溟，海也。」劉孝綽詩：「安波似未流。」

〔註6〕此一整句，稿本、天圖本、讀秀本作「楊誠齋《茶詩》：「頭綱別樣建溪春，小壁蒼龍浪得名。」

過古城謁三義廟_{原注：去桃源八十里為石崇鎮，下邳所築，非三國時古城也。土}人以傳訛立廟，傳奇有桃源結義，耳食附會，幾以為真矣。　《一統志》：「古城在桃源縣西北六十里，明置古城巡司。」《晉書・石崇傳》：「字季倫。出為征虜將軍，假節，監徐州諸軍事，鎮下邳。」《一統志》：「下邳故城在徐州府邳州東，西南又有一小城，週三百七十步，晉征虜將軍石崇所築。」《史記・六國年表》：「此與以耳食無異。」又，《袁盎傳・贊》：「雖不好學，亦善傅會。」按：陸士衡《漢功臣頌》作「陑會」。按：《明史・地理志》：「桃源，元曰桃園，洪武初更名。西北有古城巡檢司，東有三義鎮巡檢司。」則其附會舊矣。

　　廟貌高原古，村巫薦白蘋。河山雖兩地，兄弟只三人。舊俗傳香火，殘碑誤鬼神。普天皆漢土，何必史書真。此首以不辨為辨，隨筆戲成也。○諸葛孔明《黃陵廟碑》：「廟貌廢去，使人歎息。」《羽獵賦》：「相與列乎高原之上。」　范致能詩：「村巫橫索錢。」《左傳・隱三年》：「蘋蘩蘊藻之菜，可薦於鬼神。」　杜詩：「舊俗存祠廟，空山泣鬼神。」白詩：「思結空門香火緣。」　殘碑，見《讚佛詩》。　《禮》：「動則左史書之，言則右史書之。」

項王廟_{原注：在宿遷。項王，下相人，即其地也。}

　　救趙非無算，坑秦亦有名。情深存魯沛，氣盛失韓彭。垓下雖難逝，江東劍不成。淒涼思畫錦，遺恨在彭城。此首總括《羽紀》。情深句，人能言之；氣盛句，罕言之者，至失彭則絕無有言之者矣，是特開生面處。○按：救趙，指項王引兵渡河，殺蘇角，虜王離事。非無算，指「趙舉而秦彊，何敝之承」數語也。《史記・項羽紀》：「楚軍夜擊，阬秦卒二十餘萬人新安城南。」　又，《高祖紀》：「乃立季為沛公。」又，《羽紀》：「項羽為魯公。」又：「為高祖，置太公其上，告漢王曰：『今不急下吾，烹太公。』漢王曰：『吾與項羽俱北面受命懷王，曰約為兄弟』云云。項羽因從項伯之諫，釋太公。」《漢書・韓信傳》：「信數以策干項羽，列弗用，信亡楚歸漢。」又，《彭越傳》：「項籍入關，越眾萬餘人無所屬，漢乃使人賜越將軍印。」《羽紀》：「項王軍壁垓下，自為詩曰：『時不利兮騅不逝。』」《史記正義》：「垓下在亳州真源縣東十里。」《一統志・歸德府表》：「鹿邑縣，唐真源縣。」　《羽紀》：「縱江東父老憐而王我，我何面目見之？」又：「去學劍，又不成，項梁怒之。」　又：「富貴不歸故鄉，如衣繡夜行。」　又：「項王自立為西楚霸王，王九郡，都彭城。」杜詩：「遺恨失吞吳。」《一統志》：「彭城故城即今徐州府治。」

過南旺謁分水龍王廟《一統志》：「南旺湖在兗州府汶上縣西南三十五里。分水龍王廟在南旺湖上運河西岸。」

鱗甲往來中，靈奇奪禹功。平分泰山雨，兩使濟河風。岸似黃牛斷，流疑白馬通。始知青海上，不必盡朝東。首句五字寫出靈奇，恰是南旺分水龍王廟也。三四近景。五六遠比。結句翻空入妙，悠然意遠。○杜詩：「石鯨鱗甲動秋風。」 高季迪詩：「靈奇務窮蒐。」陳伯玉詩：「深山尚禹功。」《九辨》：「皇天平分四時兮。」《公羊傳》：「不崇朝而徧雨乎天下者，惟泰山爾。」 《一統志》：「今大清河，即濟水故道，自汶上縣北出，至東平州西安山閘，又西北與運河分流，經東阿、平陰、長清、齊河、歷城而會於濼水，即小清河也。又北經臨邑、惠民、濱州、利津而入於海。」《後赤壁賦》：「斷岸千尺。」黃牛，見《送志衍》。 白馬，見《送徐次桓》。按：黃牛、白馬屬對本杜。 《書》：「海岱惟青州。」 又：「江漢朝宗于海。」按：《一統志》：「汶水自東而來，由分水龍王廟前南北分流入運，所謂分水口也。」此詩末句即南北分流之意。

貼切中有渾成之妙。尤展成亦賦此題，不及吳作矣。〔註7〕

送天台何石湖之官臨晉兼簡蒲州道嚴方公《一統志》：「天台縣在台州府西北九十里。臨晉縣在蒲州府東北七十里河東道，駐蒲州府。」《山西通志》：「分守河東道嚴正矩，湖廣孝感人。進士。順治十年任。」又：「臨晉縣知縣何絃度，台州臨海人。進士。順治十一年任。」《湖廣通志》：「正矩，字方公。崇禎癸未進士。順治初，授嘉興推官。歷戶部左侍郎，致仕。」 自此首以下皆梅村應召入京後作。

山色界諸盤，河流天際看。孤城當古渡，絕岸入王官。社鼓堯祠近，鄉書禹穴難。若逢嚴夫子，為報故人安。前四句是之官時途中所見。五句臨晉。六句天台。七八兼簡方公。○山色，見《畫蘭曲》。《一統志》：「八盤山在蒲州府永濟縣南二十里。」 《山西通志》：「臨晉縣，黃河在縣西三十里。」天際，見《送施愚山》。 王詩：「荒城臨古渡。」 《山西通志》：「王官谷在蒲州府虞鄉縣東南十里。」司空表聖《山居記》：「有谷之名，本以王官廢壘在其側。」 馬臻（字志道）詩：「日午諸村社鼓喧。」《元和志》：「堯廟在平陽府臨汾縣東八里。」 揭曼碩詩：「鄉書迷楚越。」禹穴，見《謁伯成》。 《漢書·司馬相如傳》注》：「師古曰：『嚴忌本姓莊，

〔註7〕（清）尤侗《西堂集·于京集》卷一《南旺分水》（清康熙刻本）：
　　永樂九年，潘叔正築壩東平州戴村，遏汶水無東流，至南旺而中分。
　　此處運河脊，平分汶水中。決排奪禹跡，矗矗顯神功。地割魚龍宅，天旋牛馬風。南船人喜劇，一往看飛蓬。

當時尊尚，號曰夫子。史家避漢明帝諱，故遂為嚴耳。』」按：方公，梅村丙子所取士也，而借用夫子字，蓋此詩本為石湖作地耳。

送紀伯紫往太原 《感舊集補傳》：「紀映鍾，字伯紫，一字伯子，號戇叟，自稱鍾山遺老，江南上元人，移居儀真。」《一統志》：「太原府至京一千二百里。」

　　不識盧從事，能添幕府雄。河穿高闕塞，山壓晉陽宮。霜磧三關樹，秋原萬馬風。相依劉越石，清嘯戍樓中。此伯紫赴晉幕而梅村送之也。中四句寫太原，首尾相應。盧、劉，用太原事。○《晉書·盧諶傳》：「劉琨以諶為主簿，轉從事中郎。」　幕府，見《讀西臺記》。　《水經》：「河水東逕高闕南。」《注》：「陰山下有長城。長城之際，連山刺天，其山中斷，望若闕然，故有高闕之名也。」《一統志》：「黃河在吳喇忒旗南五十里，又東流，折而南，又東南流入歸化城土默特界。」《史記·匈奴傳》：「趙武靈王自代并陰山至高闕為塞。」《綱目質實》：「高闕塞在大同府城西北四百二十里。」　《一統志》：「嬰山在太原縣西北三里。蒙山在太原縣西北五里。晉陽宮在太原縣北。」按：《一統志》：「自澤潞以北，達於大同東境，皆太行山。」梅村此句仍指太行山，非指嬰蒙也。《魏書·地形志》：「武定初，齊獻武王置晉陽宮。」《元和志》：「晉陽宮在并州城內。」《唐書·地理志》：「晉陽宮在北都之西北。」　劉蘊靈詩：「蒹葭霜蹟雁初回。」《明統志》：「倒馬、紫荊、偏頭為三關。」按：倒馬關在廣昌縣南七十里。紫荊關在易州西。偏頭關即偏關縣，屬山西寧武府。　李重規詩：「總轡臨秋原。」萬馬，見《雁門尚書行》。　《晉書·劉琨傳》：「字越石。在晉陽，嘗為胡騎所圍數重，城中窘迫無計，琨乃乘月登樓清嘯，賊聞之，皆淒然長歎。中夜奏胡笳，賊又流涕歔欷。向曉復吹之，賊並棄圍而走。」梁元帝詩：「江槎擁戍樓。」

其二

　　羨殺狂書記，翩翩負令名。軍知長揖貴，客傲敝裘輕。酒肆傳呼醉，毬場倒屣迎。須看雁門守，不及洛陽生。此寫其賓主相得，句句跟狂字說下。○《後漢書·禰衡傳》：「衡為作書記。」　翩翩，見《哭志衍》注。《禮》：「將為善思，貽父母令名。」　《漢書·汲黯傳》：「夫以大將軍有揖客，反不重耶？」　《呂氏春秋》：「巫馬期短褐衣敝裘，而往觀化於單父。」　酒肆，見《凌煙閣圖》。傳呼，見《彈琴歌》。　毬場，見《哭志衍》。《三國志·王粲傳》：「中郎將蔡邕聞粲在門，倒屣迎之。」《後漢書·王符傳》：「度遼將軍皇甫規解官歸安定，鄉人有貨得雁門太守者，亦去職還家，書刺謁規，規臥不迎。既入而問：『卿前在郡，食雁美乎？』有頃，又白王符在門，規素聞符名，乃驚遽而起，衣不及帶，屣履出迎，援符手而還，與同坐，

極歡。時人為之語曰：『徒見二千石，不如一縫掖。』言書生道義之為貴也。」按：《符傳》安定臨涇人，而詩用洛陽。潘皆山曰：「疑借賈誼以比紀也。」

其三

客舍同三子，春風去住愁。原注：三子，韓聖秋、胡彥遠及伯紫也。時彥遠已先行。那知為此別，五月又并州。榆莢催征騎，榴花落御溝。知君分手意，端不為封侯。首句言與三子同舍。次句彥遠先行也。三四伯紫又往太原矣。五六言春已欲去，夏方成行。大遲遲而後別者，非汲汲於名利也，寫出伯紫身份。○客舍，見《攀清湖》。《感舊集補傳》：「韓詩，字聖秋，號固菴，陝西涇陽籍，三原人。官兵部職方司郎中。」 杜詩：「去住損春心。」 《周禮》：「正北曰并州。」 《四民月令》：「二月，榆莢成。」征騎，見《訪霍魯齋》。 韓詩：「五月榴花照眼明。」御溝，見《青門曲》。 沈休文詩：「分手易前期。」 《史記·衛將軍傳》：「官至封侯。」

其四

佐府偏多暇，從容岸幘時。詩成千騎待，檄就百城知。從獵貪呼妓，行邊快賭棋。歸將出塞曲，唱與五陵兒。此詩與第二首相似。然第二首承「依劉越石」來，意注居停。此首承分手意來，意注伯紫，且預囑歸興也。○《南史·謝靈運傳》：「以韻語序義慶州府僚佐。」謝玄暉詩：「國小暇日多。」 《晉書·謝奕傳》：「岸幘笑詠。」 《古羅敷行》：「東方千餘騎。」按：千騎待，暗用「日試萬言，倚馬可待」語。 《梁書·樂藹傳》：「可以為百城表矣。」 從獵，見《讚佛詩》。劉辰翁詞：「曾錦鞍呼妓，金屋藏嬌。」 《宋史·范育傳》：「詔育行邊。」賭棋，見《送沈繹堂》注。 《晉書·樂志》：「《出塞》、《入塞曲》，李延年造。」 五陵兒，見《銀泉山》。

送友人往真定《一統志》：「正定府在京師西南六百一十里。」

五月常山去，滹沱雨過清。賣漿無舊隱，挾瑟有新聲。曳履叢臺客，投戈熊耳兵。如逢趙公子，須重魯連生。起句記時與地。三四懷古。五六言人好客而時已清，引起結句，俱貼正定說。○常山，見《雕橋莊歌》。滹沱，見《讀西臺記》。《史記·信陵君傳》：「公子聞趙有處士毛公藏於博徒，薛公藏於賣漿家。」《古樂府·相逢行》：「作使邯鄲倡。」又：「挾瑟上高堂。」新聲，見《琵琶行·序》。《唐書·馬周傳》：「鳴玉曳履。」《一統志》：「叢臺在廣平府邯鄲縣城東北。」《後漢書·樊準傳》：「投戈講藝，息馬論道。」又，《劉盆子傳》：「樊崇乃將盆子肉袒降。積甲宜陽城西，與熊耳山齊。」按：宜陽，今屬河南府，疑借用。 《史記·魯連傳》：「吾始

以君為天下之賢公子也，吾乃今然後知君非天下之賢公子也。」又：「新垣衍起，再拜謝曰：『始以先生為庸人，吾乃今日知先生為天下之士也。』」

送純祜兄浙中藩幕純祜，見《贈■穆大苑先》注。

　　散吏仍為客，輕帆好過家。但逢新種柳，莫話久看花。黃閣交須舊，青山道未賒。獨嗟兄弟遠，辛苦〔註8〕滯京華。純〔註9〕祜後〔註10〕官確山，此時尚在京需次，故曰散吏，曰為客。過家，指往〔註11〕浙幕言。■〔註12〕時世多輕前輩，故囑以莫於新知前矜老宿也。又慰之曰：京僚尚有舊交，不至途窮，惟兄弟相別為可念耳。辛苦字有含蓄，可抵得《送何省齋》一篇。○《後漢書・胡廣傳》：「隨輩入郡為散吏。」　杜詩：「輕帆好去便。」　柳子厚詩：「種柳柳江邊。」　看花，見《琵琶行》。　白詩：「黃閣交夔龍。」　王詩：「瑤臺道路賒。」　辛苦，見《遇劉雪舫》。京華，見《贈陸生》。

其二

　　一第添憔悴，似君遭遇稀。杜門先業廢，乞祿壯心違，歌管移山棹，湖光上客衣。浪遊裝苟足，叩我故園扉。前四句是未赴浙以前之事，後四句既赴浙以後之事。結句〔註13〕預約其歸也。○《唐書・元結傳》：「一第溷子爾。」　遭遇，見《讀西臺記》。　《史記・商君傳》：「公子虔杜門不出。」《國語》：「亦能纂修其身，以承先業。」《晉陽秋》：「羅友以家貧乞祿。」杜詩：「白首壯心違。」　鮑詩：「歌管為誰清。」按：山棹謂傍山之舟。　湖光，見《福源精舍》。韋端己詩：「莫遣楊花上客衣。」　杜詩：「真成浪出遊。」　虞炎詩：「方掩故園扉。」

其三

　　亦有湖山興，棲遲減宦情。官非遷吏傲，客豈故侯輕。粉壁僧僚畫，煙堤妓舫聲。從容趨府罷，斗酒聽流鶯。此寫純祜遊興。三四是散吏為客，後半首是湖山興也。○退之《滕王閣記》：「而人自得於湖山千里之外。」　《晉書・阮裕傳》：「吾少無宦情。」　胡曾《謝賜錢啟》：「悉用豎儒，皆除遷吏。」郭景純詩：「漆

〔註 8〕「苦」，讀秀本作墨丁。
〔註 9〕「華。純」，讀秀本作墨丁。
〔註10〕「後」，讀秀本作墨丁。
〔註11〕「指往」，讀秀本作墨丁。
〔註12〕「■」，稿本、天圖本、讀秀本作「但」。
〔註13〕句，乙本誤作「句」。

園有傲吏。」 故侯，見《讀史雜詩》。劉孝綽詩：「浮光亂粉壁。」陸務觀詩：「屋窄似僧僚。」 韋端己詩：「依舊煙籠十里堤。」高季迪詩：「湖中妓舫歌歌聲。」《古羅敷行》：「盈盈公府步，冉冉府中趨。」《高士〔註14〕傳》：「戴顒春日攜雙柑斗酒，人問何之，答曰：『往聽黃鸝聲。』」流鶯，見《鴛湖曲》。

其四

忽忽思陳事，全家客剡中。江山連暮雨，身世隔殘虹。高館燃官燭，清猿叫曉風。一竿秋色裏，蹤跡愧漁翁。此寫浙幕客況。末句勸歸，與其二同意。○《漢書·梁孝王傳》：「意忽忽不樂。」《蘭亭詩序》：「以為陳跡。」《一統志》：「剡縣故城在紹興府嵊縣西南。」 杜必簡詩：「日氣抱殘虹。」 高館，見《玉京墓》。李詩：「官燭未曾燃。」 王詩：「石上聞清猿。」唐明皇詩：「雞聲逐曉風。」 岑參詩：「辜負一魚竿。」 漁翁，見《題代笠》。

曹秋岳龔芝麓分韻贈趙友沂得江州書三首曹、龔並見七言古。 白詩：

「素壁聯題分韻句。」趙友沂，詳《哭趙友沂》。梅村七律有《送友沂下第南歸》一首，與此蓋一時作也。其一云「浪跡愁偏劇」，其二云「不須身貴早」，其三云「不遇卻難留」，意可見矣。

策馬高原去，煙鴻仰視雙。疏鐘穿落木，殘日動寒江。浪跡愁偏劇，孤懷俠未降。舊交相見罷，沽酒話南窗。此預寫友沂歸去之事。策馬高原，初入歸途，仰視雙鴻，亦高飛冥冥之物也。三四寫景。五六寫情。結句預言南中舊交相見，正是寫京中舊交相送也，用意深一步。○高原，見《過古城》。 唐太宗詩：「迷路飛煙鴻。」《後漢書·馬援傳》：「仰視飛鳶。」 王詩：「秋雨聞疏鐘。」落木，見《送何省齋》。 陳季常詩：「籬落映殘日。」杜詩：「寒江動碧虛。」 浪跡，見《楚兩生行·序》。陸務觀詩：「餞歲愁雖劇。」 孟東野詩：「孤懷吐明月。」韓詩：「劉生俠氣老不除。」《史記·吳世家》：「季札使於鄭，與子產如舊交。」《歸去來辭》：「倚南窗以寄傲。」

其二

誰識三公子，蕭條下澤車。門高輕仕宦，才大狎樵漁。黃葉窮幽興，青山出異書。不須身貴早，千騎上頭居。此首作慰藉之詞。起二句言不遇而歸。三四即「孤懷俠未降」意。五六寫歸去之樂。結句醒出，仍回應三公子也。○《晉

書・高密王泰傳》：「不識者不知其王公也。」《漢書・杜延年傳》：「延年三公子。」《後漢書・馬援傳》：「乘下澤車。」《注》：「行澤者欲短轂，短轂則利。」　門高，見《贈文園公》。《史記・平準書》：「市井之子孫不得仕宦為吏。」　杜詩：「何處狎樵漁。」《易林》：「隕其黃葉。」杜詩：「平生為幽興。」　異書，見《汲古閣歌》中郎注。　杜詩：「身貴不足論。」　《古詩》：「東方千餘騎，夫婿居上頭。」

其三

已歸仍是客，不遇卻難留。更作異鄉別，倍添游子愁。風霜違北土，兵甲阻西州。一雁低飛急，關河萬里秋。此首筆勢飛騰，無一平衍語。言進退兩難之際，在京話別，倍添友沂之愁也。五句是不遇難留。六句是已歸仍客。結句則異鄉之別，游子之愁，蒼茫無盡。○《史記・李將軍傳》：「惜乎子不遇時。」　庾詩：「誰言舊國人，到在他鄉別。」　游子，見《送何省齋》。　風霜，見《遣悶》其二。《左傳・昭四年》：「冀之北土，馬之所生。」　《一統志》：「西州城在江寧府上元縣。西晉揚州刺史治所。」　子山《哀江南賦》：「蘇武之一雁空飛。」

友沂生於長沙，隨父洞門寄籍江都，故此云「違北土」、「阻西州」。七律云「最是淮南遇搖落」，《哭友沂》云「太息賈生歸未得，湘花湘草夕陽邊」也。洞門官至工部尚書，故用三公子耳。

病中別孚令弟梅村《壽錢臣扆序》：「吾季弟孚令。」

昨歲衝寒別，蕭條北固樓。關山重落木，風雪又歸舟。地僻城鴉亂，天長塞雁愁。客程良不易，何日到揚州。昨歲赴召，孚令於嶺江送別，正衝寒木落時也。鎮江在江南，揚州在江北，故《江樓別孚令》詩云：「雲山兩岸傷心裏，明日扁舟聽曉風。」特孚令未到揚州。及其來省京邸，再見木落，而孚令又欲歸矣。城鴉、塞雁，如助別恨，長途遙遙，何日到去歲送別之地乎？纏綿悱惻，情見乎辭。○衝寒，見《送穆大苑先》。　北固，見《闐圍・序》。　落木，見《送何省齋》注。　劉文房詩：「風雪夜歸人。」謝玄暉詩：「天際識歸舟。」　地僻，見《躋清湖》。王詩：「城鴉拂曙煙。」　《老子》：「天長地久。」李後主詞：「塞雁高飛人未還。」晁補之詩：「歲晚客程遙。」　岑參詩：「何時到雍州。」

其二

秋盡霜鐘急，歸帆畏改風。家貧殘雪裏，門閉亂山中。客睡愁難熟，鄉書喜漸通。長年沽市酒，宿火夜推篷。梅村作詩，每用透過一層兩層法。如

此詩預寫孚令歸舟情事，已透過一層矣。殘雪亂山，又是孚令在舟中預思家裏，則透過兩層也。惟其有此思量，是以難睡而愁。又因近鄉而喜，則當令舟子沽飲以消長夜也。歸帆推篷，首尾相應。○霜鐘，見《退谷歌》。　歸帆，見《山水圖歌》。　杜必簡詩：「梅花落處疑殘雪。」　亂山，見《穆苑先往桐廬》。　杜詩：「客睡何曾著。」　鄉書，見《送何石湖》。　長年，見《送周子俶》。　韋應物詩：「空林無宿火。」沈通理詩：「風雨夜推篷。」

其三

十日長安住，何曾把酒尊。病憐兄彊飯，窮代女營婚。別我還歸去，憐渠始出門。往來幾半載，辛苦不須論。孚令到京，為日無多。適逢兄病，代為營嫁，何嘗有把酒之樂乎？況值言歸，而以初作客之人往來半載，其辛苦更何如者！意俱真摯。○把酒，見《東萊行》。《歸去來辭》：「有酒盈尊。」《史記‧外戚世家》：「行矣，彊飯勉之。」《南史‧孝義傳》：「吳翼之母丁氏。同里陳襄孤單無親戚，丁收養之。及長，為營婚娶。」　陶有《歸去來辭》。　憐渠，見《課女》。　辛苦，見《遇劉雪舫》。

其四

消息憑誰寄，羈愁祇自哀。逾時游子信，到日老人開。久病吾猶在，長途汝卻回。白頭驚起問，新喜出京來。此首從老父說，言孚令歸後方得確聞也。○杜詩：「死去憑誰報。」　陳子良詩：「故鄉千里外，何以慰羈愁。」　游子，見《送何省齋》。　劉夢得詩：「不為老人開。」　杜詩：「亂後嗟吾在。」　又：「不必取長途。」　元詩：「垂死病中驚坐起。」　杜詩：「失喜問京華。」

其五

早達成何濟，遭時信趀歡。集作「眇歡」。客遊三月病，世路一生難。憂患中年集，形容老輩看。相逢俱壯盛，五十未為官。此首就自己說，言老病交迫，翻用五十服政語。○《南史‧張纘傳》：「時人以為早達。」　遭時，見《避亂》。張平子《東京賦》：「慘則趀於歡。」　魏文帝詩：「有似客遊。」　世路，見《呈李太虛》。《世說》：「謝太傅語王右軍曰：『中年傷於哀樂，與親友別，輒作數日惡。』」　杜詩：「江上形容吾獨老。」老輩，見《題志衍畫》。　曹孟德《樂府》：「壯盛智慧，殊不再來。」

其六

此意無人識，惟應父子知。老猶經世亂，健反覺兒衰。萬事愁何益，浮名悔已遲。北來三十口，盡室更依誰。疾痛慘怛，未嘗不呼父母也。三四代父立言，更為真摯。觀前首之早達何濟，此首之浮名自悔，愈知「五十未為官」是欣羨他人，非為孚令作不遇賦也。○白詩：「此意人不知。」　杜詩：「世亂遭飄蕩。」《神仙傳》：「漢武遣使者行河東，忽見城西有一女子笞一老翁。使者怪問之，曰：『此翁乃妾子也。昔吾舅氏伯山甫以神藥教妾，妾教子服之，不肯，今遂衰老，行不及妾。』」　李詩：「歸隱謝浮名。」　北來，見《遇南廂園叟》。杜詩：「南京三十口。」　盡室，見《送何省齋》。

其七

似我真成誤，歸從汝仲兄。教兒勤識字，事母學躬耕。州郡羞干請，門庭簡送迎。古人親在日，絕意在虛名。此示孚令而兼示仲弟也。三四以下，兩弟俱在內。絕意虛名，是閱歷語。○杜詩：「滯字用心苦。」　躬耕，見《汲古閣歌》。　馮敬通《自論》：「復羇旅於州郡。」《宋史·陳自強傳》：「仕進干請，必諧價而後予。」《史記·李斯傳》：「門庭車騎以千數。」《晉書·皇甫謐傳》：「吾送迎不出門。」　親在，見《遣悶》。　虛名，見《送何省齋》。

其八

老母營齋誦，家貧只此心。飯僧餘白氎，裝佛少黃金。骨肉情難盡，關山思不禁。楞嚴經讀罷，無語淚痕深。此專就母氏說。○《陳書·王元規傳》：「策室屏居，以禪誦為事。」　李文山有《飯僧詩》。《梁書·高昌國傳》：「草實如繭，繭中絲如細纑，名為白疊子，國人多取織以為布。」杜詩：「光明白氎巾。」《後漢書·天竺國傳》：「明帝夢金人長丈餘，頭有光明，以問群臣，或曰西方有神，名曰佛，其形丈六而黃金色。」梅村《壽于太大人序》：「吾母朱淑人精心事佛，嘗於鄧尉山中創搆傑閣，虔奉一大藏教。而余之貧，至使吾母伊蒲之供出於損衣節食之所存。」《宋史·藝文志》：「《首楞嚴經》十卷。」　杜必簡詩：「淚痕銷夜燭。」

其九

寡妹無家苦，拋離又一年。老親頻念此，別語倍潸然。性弱孤難立，門衰產易捐。猶留兄弟在，中外幾人憐。此專就寡妹說，而以老親立言，厚望諸兄弟也。想見梅村篤於同氣。○無家，見《避亂》。　高達夫詩：「霜鬢明朝又

一年。」　《詩》：「潛焉出涕。」　劉勰《新論》：「風之體虛，水之性弱。」　《南史‧王華傳》：「華，宋世貴盛，以門衰提攜從弟琨，恩若同生。」　《世說》：「謝胡兒作《何堪傳》，不識堪何似人，諮謝公。謝公答曰：『堪，烈之子，阮千里姨弟兄，潘安仁中外。安仁詩所謂『子親伊姑，我父惟舅』。」

其十

　　稚子稱奇俊，迎門笑語忙。挽須憐尚幼，摩頂喜堪狂。小輩推能慧，新年料已長。吾家三萬卷，付託在兒郎。此專就教子說，翫其語意，非■〔註15〕指梅村■〔註16〕子也。○《歸去來辭》：「稚子候門。」《北史‧儒林傳》：「於是超擢奇俊，厚賞諸儒。」　退之《平淮西碑》：「迎門笑語。」　杜詩：「問事競挽須，誰能即嗔喝。」　《南史‧徐陵傳》：「陵年數歲，寶誌摩其頂曰：『天上石麒麟也。』」杜詩：「漫捲詩書喜欲狂。」《晉書‧謝安傳》：「小兒輩遂已破敵。」　杜詩：「鶯入新年語。」韓詩：「鄴侯家多書，插架三萬軸。」　付託，見《讀史雜詩》。兒郎，見《詠山茶花》。

再寄三弟 按：再寄者在孚令出京後也。

　　拙宦真無計，歸謀數口資。海田人戰後，山稻雨來時。官稅催應早，鄉租送易遲。荷鋤西舍叟，憐我問歸期。《歸去來兮》：「田〔註17〕將蕪，胡不歸？」是此詩注腳。五六應字、易字最用意。○潘安仁《閑居賦序》：「岳嘗讀《汲黯傳》至司馬安四至九卿，而良史書之，以巧宦之目，未嘗不慨然廢書而歎曰：『嗟乎！巧誠有之，拙亦宜然。』」無計，見《後東皋歌》。　耿湋詩：「海〔註18〕田秋熟早。」■■〔註19〕按：此即《蘆州行》海畔老田之意，非指麻姑東海田也。　山稻，字出《史記‧大宛傳》。　陶詩：「帶月荷鋤歸。」西舍，見《直溪吏》。　李詩：「長安如夢裏，何日是歸期。」

　　　　江南奏銷之案，梅村亦受其累，故催租之苦屢形吟詠。此云「官稅催應早，鄉租送易遲」，急公恤佃，兩得之矣。與其七「州郡羞干請，門庭簡送迎」俱長者之言。

〔註15〕■，稿本、天圖本、讀秀本作「專」。
〔註16〕■，稿本、天圖本、讀秀本作「諸」。
〔註17〕田，乙本誤作「相」。
〔註18〕「海」，乙本誤作「悔」。
〔註19〕■■，稿本、天圖本、讀秀本作「湖水」。按：耿湋《贈嚴維》：「海田秋熟早，湖水夜漁深。」「湖水」屬下句。《贈嚴維》為五言律詩，此處誤引。

其二

五畝山園勝，春來客喚茶。籬荒謀補竹，溪冷課栽花。石迸牆根動，松攲屋腳斜。東莊租苟足，修葺好歸家。《歸去來兮》：「園將蕪，胡不歸？」是此詩注腳。○杜詩：「山園細路高。」　周子《詠八哥》詩：「客來可喚僕傳茶。」　張如哉曰：「杜《課伐木》〔註20〕詩序：『我有藩籬，是缺是補。載伐篠簜，伊杖支持。』」　溪冷，見《溪橋夜話》。元詩：「何事栽花誤世人。」　袁伯長詩：「石迸根骿胕。」杜詩：「牆根菊花好。」　溫飛卿詩：「松攲墮復搖。」　杜臆：「崔氏草堂在東山，可稱東莊，則輞川固可稱為西莊矣。」《南史·宋武帝紀》：「詔以來歲，修葺庠序。」

《別孚令》十首止敘骨肉，不及家事，即識字躬耕亦非求田問舍語也。此兩首，似手一首求田，一首問舍，梅村胸中何以有此？然首篇「憐我問歸期」，次篇「修葺好歸家」，已為點睛。蓋梅村宦興甚薄，歸思甚切，正與求田問舍一輩人相反，即看作農圃為樂，亦屬皮相詩人矣。

再送王元照元照，見《九友歌》。張如哉曰：「七信絕有《送王元照還山詩》八首，與此同時作。此詩在後，故曰再送，非兩次送別也。」

行止頻難定，裝輕忽戒塗。望人離樹立，征棹入雲呼。野色平沙雁，朝光斷岸蘆。此中蕭瑟意，非爾不能圖。元照不羈之士，故以飛動之筆送之。結句點染善畫意。○王無功詩：「單舟戒輕裝。」《宋書·宗寶傳》：「未及戒塗。」　按：望人，指送行者以舟行之速，故離樹而望也。　李巨山詩：「征棹三春暮。」杜〔註21〕詩：「稚子入雲呼。」　賈閬仙詩：「過橋分野色。」按：琴曲有《平沙落雁》。　杜詩：「朝光入甕牖。」《後赤壁賦》：「斷岸千尺。」　陶詩：「此中有真意。」《史記·田儋傳》：「無不善畫者莫能圖，何哉？」王介甫詩：「佳哉子能圖。」

送孫令修遊真定令修、正定皆已見。

窮達非吾事，霜林萬象凋。北風吹大道，別酒置河橋。急雪回征雁，低雲壓怒雕。曾為燕趙客，寥落在今朝。三四雄健，餘亦相稱。令修曾為長垣令，故七句及之。○《法書要錄》：「羊欣師資大令，撼若嚴霜之林。」萬象，見《礬清湖》。　吳叔庠詩：「悲銜別時酒。」庾詩：「河橋獨舉觴。」　杜詩：「急雪舞回風。」褚希明詩：「風嚴征雁遠。」　庾詩：「陰雲斂向低。」米元章詩：「不勝雄

〔註20〕「木」，乙本誤作「水」。
〔註21〕「杜」，乙本誤作「村」。

狐逐怒鵰。」 錢仲文詩：「燕趙悲歌士。」《長垣縣志》：「知縣孫以敬，崇禎十七年任。」 寥落，見《楚兩生行》。

吳詩集覽　卷九下

五言律詩二之下

送周子儌張青琱往河南學使者幕《國朝詩別裁集》：「張宸，字青琱，江南華
亭人。官部郎。汪鈍翁序青琱詩，謂其長於臺閣體，梅村先生推許之。」按：梅村有
《送張編修督學河南》詞，此詩張壯武即其人也。詳卷二十下。

　　不第仍難去，棲遲幕府遊。幾人推記室，自古在中州。置酒龍門夜，
論文虎觀秋。得依張壯武，揮塵盡風流。此首已盡題面，又六首之破題也。
○《唐書·選舉志》：「登第者加一階，其不第則習業如初。」　幕府，見《讀西臺
記》。　《魏志·王粲傳》：「太祖並以陳琳、阮瑀為司空軍謀祭酒，管記室。」《史記·
天官書》：「衡殷中州河、濟之間。」　元和顧學潮小韓曰：「龍門用錢思公事。」《聞
見錄》：「謝希深、歐陽永叔官洛陽時，同遊嵩山，自潁陽歸，暮抵龍門香山，雪作，
忽於煙藹中有策馬渡伊水來者，既至，乃錢相送廚傳歌妓至，吏傳公言：『山行良勞，
當少留龍門賞雪，府事簡，無遽歸也。』」《一統志》：「闕塞山在洛陽縣南，一名伊闕
山，亦名龍門山。」　《後漢書·章帝紀》：「詔諸儒會白虎觀，講議五經同異。」《晉
書·張華傳》：「進封壯武郡公。」《居易錄》：「今青州府諸城東二十里有壯武城，是其
地也。」按：《一統志》：「壯武故城在萊州府即墨縣西。」與《史記正義》合。　歐陽
永叔詩：「玉塵間揮白日長。」

　　　三四用十字句法，其源出於《毛詩》「我不敢傚，我友自逸」。

其二

少室多奇士，君尋到幾峰。山深惟杖策，雲盡卻聞鐘。文字真詮近，鬚眉道氣濃。相貽書一卷，歸敕葛陂龍。原注：子儼好道。 學使者職在校士，故欲子儼、青琱得奇士而賞異書也。然中四何不言訪士而言尋山，尋山又即是訪士，俱跟首句少室說下。起結互映，極風雨離合之奇。○少室，見《王石谷畫》。《漢書‧司馬遷傳》：「自守奇士。」 杖策，見《又詠古》。 羊士諤詩：「霽色朝雲盡。」聞鐘，見《閬園‧序》。 文字，見《二十五日詩》。權載之詩：「心冥即真詮。」 《莊子》：「水靜則明獨鬚眉。」李義山詩：「許掾全家道氣濃。」 陶詩：「冥報以相貽。」書一卷，見《贈吳錦雯》。 葛陂龍，見《龍腹竹歌》。

其三

二陸來江左，三張入雒中。賦誇梁苑雪，歌起鄴颺風。傖父休輕笑，吳儂雅自雄。短衣頻貰酒，射獵過城東。此舉中州故事以贊子儼、青琱。○《晉書‧陸機傳》：「太康末，與弟雲俱入洛。張華曰：『伐吳之役，利獲二俊。』」 又：「張載，字孟陽。協，字景陽。亢，字季陽。時人謂『二陸入洛，三張減價』。」 梁苑，見《雪中遇獵》。謝惠連《雪賦》：「梁王不說，遊於兔園。」 《一統志》：「三臺在臨漳縣西南鄴城內西北隅。」 傖父，見《廿〔註1〕五日詩》。 蘇詩：「語音猶是帶吳儂。」李嘉祐詩：「論兵氣自雄。」 短衣，見《和西田韻》。貰酒，見《海戶曲》。 高達夫詩：「往來射獵西山頭。」

其四

誰失中原計，經過廢壘高。秋風向廣武，夜雨宿成皋。此地關河險，曾傳將士勞。當時軍祭酒，何不用吾曹。此就中州而感慨懷古，於餞送詩中別開生面。用「經過」、「祭酒」縮歸周、張甲裏。 三四向字、宿字承經過說下，廣武、成皋承廢壘說下。忽轉云廣武、成皋，可謂險矣。而將士徒勞，豈非幕府無人，以致中原失計乎？首尾又歸注周、張，與泛然詠古者不同。○《大戴禮》：「是以應無失計。」中原，見《贈蒼雪》。 杜詩：「幽棲地僻經過少。」廢壘，見《過南廂園叟》。 《史記‧項羽紀》注：「於滎陽築兩城相對，曰廣武。」《一統志》：「河陰縣廣武山下即楚漢戰處。」 又：「成皋故城在汜水縣西北。」《左傳‧隱元年》：「制，嚴邑也。」莊二十一年：「鄭伯定王室，王與之武公之略，自虎牢以東。」《一統志》：「今汜水

〔註1〕「廿」，乙本誤作「甘」。

縣城即故關城，唐時移也。」　崔顥詩：「河山北枕秦關險。」　錢仲文詩：「黎庶翻慚將士勞。」　軍祭酒，見其一注。《〈後漢書·百官志〉注》：「官祭酒皆一位之元長者也。古禮，賓客得主人饌，則老者一人舉酒，以祭於地。」　吾曹，見《避亂》。

三四語自然入妙，不由雕飾，此詩品也。

其五

極目銅駝陌，宮牆噪晚鴉。北邙空有骨，南渡更無家。青史憐如意，蒼生遇永嘉。傷心譚往事，愁見雒陽花。此首淋漓盡致，而以極目譚往收入周、張甲裏，是詩律細處。○極目，見《蕩子失意行》。陸士衡《洛陽記》：「銅駝街在洛陽宮南金馬門外。」　劉夢得詩：「飛入宮牆不見人。」噪晚鴉，見《青門曲》。《一統志》：「北邙山在洛陽縣北。」■見〔註2〕《洛陽行》。　南渡，見《玉京彈琴歌》。　青史，見《遣悶》。如意，見《洛陽行》。《書》：「光天之下，至於海隅蒼生。」《通鑑》：「晉懷帝，諱熾，字豐度，武帝第二十五子也。永嘉元年春正月癸丑，大赦改元。」　范彥昇詩：「洛陽城東西，長作經時別。昔去雪如花，今來花似雪。」

按：第三句五句福王常洵，第四句六句福世子由崧也。

其六

河流天地盡，白日待銷沉。不謂斯文喪，終存萬古心。典墳留太學，鐘鼓起華林。清雒安瀾後，遺編定可尋。歸到典學，是六首結語也。○王詩：「江流天地外。」《楚辭》：「費白日些。」。銷沉，見《葺城行》。《宋史·陳亮傳》：「開拓萬古之心胸。」《左傳·昭十二年》：「是能讀三墳五典。」《後漢書·蔡邕傳》：「奏求正定六經文字，靈帝許之，邕乃自書冊於碑，使工鐫刻，立太學門外。」《詩》：「於論鼓鍾。」《一統志》「華林園在故洛陽城中。晉太始四年，幸華林園，與羣臣宴射賦詩。」　潘安仁《籍田賦》：「清雒濁渠，引流激水。」《一統志》：「洛水出陝西商州，流入河南盧氏縣境，至鞏縣入大河。」《四子講德論》：「天下安瀾，比屋可封。」高達夫詩：「禹穴訪遺編。」

阮紫坪曰：「崇禎季年，汴河之決，中州文獻盡付洪波，斯文喪蓋指此，故以尋遺編結之。」

送湘陰沉旭輪讁判深州 《一統志》：「湘陰縣在長沙府北一百二十里。深州在京師西南六百一十二里。」《蘇州府志》：「沈以曦旭輪，臨湘人。順治二年任長洲縣知縣。

三年陞本府推官。」《深州志》:「沈以曦,岳州府臨湘縣人。前庚辰進士。順治十一年,由蘇州府推官謫任深州州判,陞博興縣知縣。」按:旭輪,梅村丙子所取士也。湘陰,當作臨湘。

讁宦經年待,蹉跎忝此州。猶然領從事,未得比諸侯。旅食沾微祿,官塗託浪遊。卻嫌持手板,廳壁姓名留。前四句有騰躍之勢,在加出經年待一層,後四句自如破竹矣。○杜詩:「讁宦兩悠然。」經年,見《呈李太虛》。 蹉跎,見《送何省齋》。 王詩:「若見州從事,無嫌手板迎。」 王子安詩:「昌亭旅食年。」杜詩:「何日沾微祿。」 《隋書·劉炫傳》:「由是官途不遂。」浪遊,見《送純祜》。 《〈周禮·天官·司書〉疏》:「古有簡策以記事。若在君前,以笏記事。後代用簿。簿,今手板。」 獨孤至之《江州刺史廳壁記》:「秦以後,國化為郡,史官廢職,簡牘之制寢滅,記事者但用名氏歲月書於公堂,而《春秋》、《檮杌》存乎屋壁,其來舊矣。」

其二

月出瀟湘水,思家正渺然。不知西去信,可上北來船。故舊憐除目,妻孥笑俸錢。免教烽火隔,飄泊楚江邊。三四用十字句,亦不肯作平衍語。○瀟湘,見《歸雲洞》。 思家,見《訪霍魯齋》。趙承祐詩:「獨上江樓思渺然。」 雍國鈞詩:「西去經過欲一聞。」 北來,見《別孚令》。 姚合詩:「一日看除目。」 子瞻表:「妻孥之所竊笑。」退之《進學解》:「月費俸錢。」 烽火,見《閬州行》。 飄泊,見《避亂》其二。李詩:「天門中斷楚江開。」

其三

此亦堪為政,無因笑傲輕。爾能高治行,世止薄科名。煙井流移復,春苗斥鹵耕。古來稱一尉,何必尚專城。此首為旭輪作慰勉之詞。○退之《柳子厚墓誌》:「子厚得柳州,既至,歎曰:『是豈不足為政耶?』」 笑傲,見《閬園詩》。 《漢書·趙廣漢傳》:「以治行尤異,遷京輔都尉,守京兆尹。」 王元之詩:「御前曾取好科名。」 煙井,見《二十五日詩》。流移,見《松山哀》。 杜詩:「隨意點春苗。」《說文》:「鹵,鹹地。東方謂之斥,西方謂之鹵。」 《舊唐書·員半千傳》:「授武陟尉,發倉粟以給饑人,懷州刺史郭齊宗大驚,因而按之。時黃門侍郎薛元超為河北道存撫使,謂齊宗曰:『公百姓不能救之,而使惠歸一尉,豈不愧也!』」 專城,見《攀清湖》。

其四

豈不貪高臥，其如世路非。故園先業在，多難幾時歸。遇事愁官長，逢人羨布衣。君看洞庭雁，日夜向南飛。此首為旭輪作招隱也，無一平衍之筆。○高臥，見《退谷歌》。　世路，見《呈李太虛》。　先業，見《送純祜》。　多難，見《送王子彥》。　杜詩：「醉則騎馬歸，頗遭官長罵。」《一統志》：「洞庭湖在岳州府巴陵縣西南。」張正言詩：「南入洞庭隨雁去。」　《秋興賦》：「雁飄飄而南飛。」

送王子彥歸南 前送子彥，自注云：王以孝廉不仕，因事避吏，將入都。此云子彥已謁選得官，需次未授。蓋前詩自故里送子彥，此詩於都門送子彥，故有「憂患妨高臥，衰遲累遠行」語也。至子彥為增城令，又在此詩以後。國初按籍詮選，不必其人在部也。《湖廣通志》載此詩作《送畢十臣還蘄水》，非。

得失歸時輩，如君總不然。共知三徑志，早定十年前。身業先疇廢，家風素德傳。蕭條書一卷，重上故鄉船。子彥未授官而歸，故多慰藉之詞。三四亦十字句法也。○《後漢書·竇章傳》：「收進時輩，甚得名譽。」　高達夫詩：「此翁殊不然。」　三徑，見《遣悶》。《後漢書·班固傳》：「農服先疇之畎畝。」　家風，見《送杜弢武》。《晉書·王承傳》：「素德清規，足傳於汗簡矣。」

其二

一第雖無意，名場技有餘。解頤匡鼎說，運腕率更書。材已遭時棄，官猶辱詔除。白頭才一命，需次復何如。原注：子彥已謁選得官，需次未授。　前半寫子彥才品，後半惜其需次。○一第，見《送純祜》。《南唐書·韓熙載傳》：「以鄉早奮名場。」　《漢書·匡衡傳》：「字稚圭，東海承人也。諸儒為之語曰：『無說《詩》，匡鼎來。匡說《詩》，解人頤。』」服虔曰：「鼎猶言當也。」張晏曰：「衡少時字鼎。」《續書譜》：「不可以指運筆，以腕運筆。」《唐書·歐陽詢傳》：「字信本，潭州臨湘人。初倣王羲之書，後險勁過之。貞觀初，歷太子率更令。」《後漢書·馬融傳》：「謂融羞薄詔除。」　《史記·孔子世家》：「一命而僂。」　朱子《答方耕道書》：「今茲需次，暫得閒日。」

其三

錯受塵途誤，棲棲蚤半生。中年存舊業，雅志畢躬耕。憂患妨高臥，衰遲累遠行。與君嗟失路，不獨為無成。後半篇以自己伴說，情文俱妙。○荀仲豫《申鑒》云：「衣裳服者不昧於塵途，愛也。」　朱喬年詩：「我亦惜花

癡半生。」　中年，見《別孚令》。舊業，見《閏園》詩。　雅志，見《贈雪航》。躬耕，見《汲古閣歌》。　高臥，見《退谷歌》。　衰遲，見《贈願雲師》。《漢書·揚雄傳》：「當塗者升青雲，失路者委溝壑。」　《易》：「無成有終。」

其四

客裏逢中表，登臨酒一杯。好將身計拙，留使後人材。燈火鄉園近，風塵笑語開。相攜孫入抱，解喚阿翁來。原注：子彥近得孫，余之外孫也。　此首敘親戚之情話，結更入妙。○中表，見《贈文園公》。　登臨，見《送志衍》。嵇叔夜《絕交書》：「濁酒一杯，彈琴一曲。」　身計，見《送沈繹堂》。　材，闕疑。　《禮》：「君子抱孫不抱子。」《爾雅》：「女子子為外孫。」　《周書·陸騰傳》：「阿翁真得好壻。」程迓亭曰：「子彥子天植即公壻。」

代州代州，見《雁門尚書行》。按：梅村未至代州，蓋遙賦之也。

萬里無征戍，三關卻晏然。河來非漢境，雪積自堯年。將老空屯臥，《篋衍集》作「老將」。僧高絕漠還。中原偏戰鬥，此地不為邊。三四工鍊。○翔延年詩：「憔悴征戍勤。」　三關，見《送紀伯紫》。晏然，見《攀清湖·序》。《一統志》：「黃河在太原府興縣西。」按：代州屬太原府，雍正二年升為直隸州。梅村作詩時，仍隸太原。司空表聖詩：「黃河卻勝天河水，萬里縈紆入漢家。」　《一統志》：「五臺山在代州五臺縣，東南為靈麒峰，今名菩薩頂。東麓有萬年冰，九夏不消。桃李生冰隙。」《梁書》：「《白紵歌》：『舜日堯年歡無極。』」　老將，見《遇南廂園叟》。蘇子由詩：「兵散有空屯。」　《一統志》：「金蘇陀室利，中印度那蘭陀寺僧，慕清涼文殊住處，與弟子七人航海而來，隕者三，還者三，惟蘇陀室利六載始達台山，時年八十五矣。」李正己詩：「塵尾坐僧高。」《漢書·衛青傳》：「軍絕幕。」《注》：「幕，漫也。」程大昌《北邊備對》：「幕者，漠也，言沙磧廣莫，望之漠漠然也。」《國語》：「戰鬥直為壯，曲為老。」　《文獻通考》：「代州三面臨邊，最為險要。」

送穆苑先南還此在京而送苑先也。

遍欲商身計，相逢話始真。幸留殘歲伴，忍作獨歸人。年逼愁中老，家安夢裏貧。與君謀共隱，為報故園春。梅村與苑先同學至契，故不作泛泛送別語。「遍欲商身計」，逢人即相商也，驪括得《送何省齋》「盛言推名位」，又責以宜退。兩段「相逢話始真」，則歸重苑先矣。而相逢字已逗出送字意。三四幸其留，怨其去也。五六將自己與苑先合說，從「殘歲伴」、「獨歸人」轉出。七句點明共隱，

是真身計也。八句有送字意在內。○身計，見《送沈繹堂》。　羅昭諫詩：「只此留殘歲。」　王詩：「萬里一歸人。」　杜詩：「何得愁中卻盡生。」　張子壽詩：「所思如夢裏。」　杜詩：「更起為君謀。」姚居雲詩：「其隱事應閒。」　按：末句兼用儲光羲「借問故園隱君子」、陸敬風「聊贈一枝春」意。

其二

　　驟見疑還喜，堪當我半歸。路從今日近，信果向來稀。同事交方散，殘編道已非。老親看慰甚，坐久更沾衣。起句入神，驟見即就老親說。○司空文明詩：「乍見翻疑夢。」　《古詩》：「遠望可以當歸。」　殘編，見《贈雪舫》。　老親，見《別孚令》。　王詩：「坐久落花多。」　沾衣，見《圓圓曲》。

其三

　　舍弟今年別，臨分恰杪秋。苦將前日淚，重向故人流。海國愁安枕，鄉田喜薄收。相期裁數紙，春雨便歸舟。從別孚令起，亦能入情。○杜詩：「舍弟棲卑邑。」　《九辨》：「靚杪秋之遙夜兮。」　杜詩：「叢菊兩開他日淚。」　《一統志》：「太倉州境俱東濱海。」《漢書·英布傳》：「陛下安枕而臥矣。」　范致能詩：「去年薄收飯不足。」　杜詩：「老妻書數紙，應悉未歸情。」　春雨，見《送胡彥遠》。謝玄暉詩：「天際識歸舟。」

其四

　　庭樹書來長，空階落葉黃。酒乘今夜月，夢繞一林霜。客過探松塢，童饑偃石床。因君謝猿鶴，開我北山堂。結到謀共隱，與首篇相應，四首只如一首。○《古詩》：「庭中有奇樹。」　何仲言詩：「夜雨滴空階。」《詩》：「桑之落矣，其黃而隕。」　今夜月，見《謁剖公》。　韋應物詩：「洞庭須待滿林霜。」　杜牧之詩：「晚酒眠松塢。」　林寬詩：「饑童尚挈行。」石床，見《曇陽觀》。　孔德璋《北山移文》：「蕙帳空兮夜鶴怨，山人去兮晚猿驚。」　《木蘭詩》：「開我東閣門。」

送何蓉庵出守贛州何蓉庵，見《送何省齋》。《贛州府志》：「知府何應璜，字宗玉，桐城人。官生。順治十三年任。」顏延年詩：「一麾乃出守。」《一統志》：「贛州府在江西布政同西南一千二百里。」

　　想見征途便，還家正早秋。江聲連賜第，帆影上浮丘。兒女貪成長，親朋感去留。無將故鄉夢，不及石城頭。此言因出守而便道過家也。司空文明

詩:「無將故人酒,不及石尤風。」結句仿之。○征途,見《送黃子明》。 還家,見
《呈李太虛》。 江聲,見《歲幕送苑先》。《晉書·賀循傳》:「賜第一區。」 帆影,
見《過聞果師》。郭景純詩:「左挹浮丘袖。」 杜詩:「兒女忽成行。」成長,見《遣
悶》。 親朋,見《塗松晚發》。《歸去來辭》:「曷不委心任去留?」 石城頭,見《哭
志衍》。

其二

郡閣登臨迥,江湖已解兵。百灘爭二水,一嶺背孤城。石落蛟還鬥,
天晴雁自橫。新來賢太守,官柳戰場生。此首切定贛州。○《一統志》:「八境
臺在贛州府東北城上。」《贛州府志》:「宣明樓在鬱孤臺左,宋嘉定丁丑建於甕城。」
按:贛有奎文閣,在舊府學內,藏宋高宗御書者。詩意似用八境臺耳。登臨,見《海
戶曲》。 沈雲卿詩:「頻年不解兵。」 《陳書·高祖紀》:「南康贛石舊有二十四灘。」
《贛州府志》:「舊傳有二十四灘。」又云:「下十八灘,又有六六灘之名,蓋合上十八
而計之為六六三十六也。然亦無定數。一灘之中,又有數名,不可勝指。」《明史·地
理志》:「贛南有崆峒山,章、貢二水夾山左右,經城之東西。貢水一名東江,自福建
長汀縣流入府界。章水一名西江,自湖賢宜章縣流入府界。至城北合流,為贛江。」
《一統志》:「賀蘭山在贛州府治西南隅,舊名文筆山,頂即鬱孤臺。其左綿亙為白家
嶺。」 石落,見《天王寺》。杜詩:「蛟龍鬥不開。」 《淮南子》:「天清地定。」趙
承祐詩:「殘星幾點雁橫塞。」 太守賢,見《贈李秀州》。 官柳,詳《贈蘇崑生》。
戰場,見《蟋蟀盆歌》。

按:《一統志》:彭期生官湖西兵備道,與楊廷麟、萬元吉同守贛州。城破,
縊死。所謂「江湖已解兵」也。順治五年,提督金聲桓、副將王得仁反攻圍贛州,
「石落蛟還鬥」應指此。金震出,江陵人。順治三年,分守嶺北道,時大兵甫定
贛州,居民十無一二。震出加意撫綏。劉武元,遼東人。順治四年,巡撫南贛,
殘黎漸次安集。張鳳儀,遼東人。順治四年,分巡嶺北。金聲桓圍贛,與巡撫劉
武元、總兵胡有陞揭力守禦,一郡獲全。「天清雁自橫」應指此。

其三

三載為郎久,棲遲共一貧。師恩衰境負,友道客途真。世德推醇謹,
鄉心入隱淪。蕭條何水部,未肯受風塵。此首從世講生情,不脫送字意。○
《史記·馮唐傳》:「父老何自為郎。」杜詩:「蘊藉為郎久。」 王少伯詩:「不負信
陵恩。」師,見《送何省齋》。 李詩:「友道孰云喪。」 《詩》:「世德作求。」《史

記‧衛縮傳》：「醇謹無他。」　鄉心，見《送何省齋》。杜詩：「行歌非隱淪。」　水部，見《雕橋莊歌》。　《世說》：「王戎云：『太尉自是風塵外物。』」

其四

弱息憐還幼，扶持有大家。高門雖宦跡，遠嫁況天涯。小字裁魚素，長亭響鹿車。白頭雙淚在，相送日將斜。此首就息女說，入情故妙。○《南史‧周盤龍傳》：「王成買曰：『小人弱息，當得一子。』」按：詩意猶云弱女也。　《古詩》：「汝是大家子。」　高門，見《彈琴歌》。李于鱗詩：「天涯宦跡左遷多。」　《漢書‧張禹傳》：「愛女甚於男，遠嫁為張掖太守蕭咸妻，不勝父子私情。」天涯，見《送何省齋》。　小字，見《永和宮詞》。《古詩》：「呼兒烹鯉魚，中有尺素書。」《白帖》：「十里一長亭，五里一短亭。」鹿車，見《遣悶》。按：此兼用《後漢書‧列女傳》桓少君事。張承吉詩：「雙淚落君前。」　錢仲文詩：「前路日將斜。」

猿《本草綱目》：「小而尾短者，猴也。似猴而多髯者，豦也。似猴而大者，玃也。大而尾長赤目者，禺也。小而尾長仰鼻者，狖也。似狖而大者，果然也。似狖而小者，蒙頌也。似狖而善躍越者，獑鬍也。似猴而長臂者，猨也。似猨而金尾者，狨也。似猨而大，能食猨猴者，獨也。」

得食驚心裏，逢人屢顧中。側身探老樹，長臂引秋風。傲弄忘形便，羈棲抵掌工。忽如思父子，回叫故山空。此首詠物，形客入妙。前四句更為傳神妙品。○杜詩：「恨別鳥驚心。」　《詩》：「屢顧爾僕。」　側身，見《送何省齋》。老樹，見《雕橋莊歌》。　《爾雅翼》：「猿所以壽者，以長臂好引其氣也。」　《漢書‧東方朔傳》：「皆傲弄無所為屈。」《莊子》：「故養志者忘形。」　羈棲，見《送杜弢武》。《戰國策》：「抵掌而前。」　《吳都賦》：「猿父哀吟，獝子長嘯。」　應德璉詩：「日幕歸故山。」

橐駝橐駝，見《鐵獅歌》。

獨任三軍苦，安西萬里行。鑄銅疑鶴頸，和角廢驢鳴。山負祁連重，泉知鄯善清。可憐終後載，汗血擅功名。雅令之作，首尾相應。○《山海經》：「陽光之山，其獸多橐駝，善行流沙中，日三百里，負千斤。」　杜詩：「安西都護胡青驄。」又：「萬里可橫行。」　《洛陽記》：「漢鑄銅駝二枚，在宮西四會道頭，夾路相對。」張道濟詩：「鶴頸抽長柄。」　按：李洞有「移軍駝駄角」之句。然詩意似與鳴角之聲相和耳。俟考。《世說》：「王仲宣好驢鳴。」　祁連，見《楚南生行》。《一統

志》：「祁連山在甘州府張掖縣西南。」《前漢書·西域傳》：「鄯善國本名樓蘭王，民隨畜牧逐水草，有驢馬，多橐駝。」《博物志》：「燉煌西渡流沙千餘里，中無水，皆乘橐駝，知水脈，遇其處，停不肯行，以足踏地，人於踏處掘之，得水。」《一統志》：「鄯善國在沙州衛西。」《詩》：「命彼後車，謂之載之。」 汗血，見《行路難》。

象

神象何年至，傳聞自戰場。齒能齊玉德，性不受金創。白足跏趺坐，黃門拜舞行。越人歸駕馭，未許鼻亭狂。工巧之作，首尾亦能相應。○象戰，見《題洗象圖》。戰場，見《送何蓉菴》。《詩》：「元龜象齒。」《禮》：「昔君子比德於玉焉。」《埤雅》：「服馴巨象，以小斧刃斲之，其金瘡見星月即合。」白足，見《訪文學博》。跏趺坐，見《謝蒼雪》注。《初學記》：「《晉諸公贊》：『晉時，南越致馴象於皋澤中養之，黃門鼓吹數十人令越人騎之。每正朝大會，皆入充庭。』」《萬歲書》：「咸康六年，臨邑王獻象一，知跪拜。」 杜詩：「駕馭必英雄。」 柳子厚《道州毀鼻亭神記》：「鼻亭神，象祠也。」按：首句神象字亦借用此。黃魯直《鸕鷀》詩：「鸕鷀應是鼻亭公。」《山堂肆考》：「象封有庳，故云庳亭公。」

牛

瑩角偏轅快，奔蹄伏軛窮。賣刀耕隴上，執靮犒軍中。遊刃庖丁技，扶犁田父功。君王思繭栗，座右置豳風。原注：時頒戒殺牛文。 工鍊之作。○劉孝威《青牛畫贊》：「朗陵瑩角，介葛瞻聲。」《晉書·石崇傳》：「牛本不遲，良由御者逐不及，反制之，可聽蹁轅則駛矣。」按：偏應作蹁。《字典》：「蹁讀若偏。」 魏文帝《與曹洪書》：「田單騁奔牛之詭。」《古詩》：「牽牛不負軛。」《漢書·龔遂傳》：「令賣劍買牛，賣刀買犢。」又，《陳勝傳》：「輟耕之壟上。」《禮》：「凡獻牛者執靮。」《左傳·僖三十三年》：「鄭商人弦高以乘韋先牛十二犒師。」《莊子》：「庖丁為文惠君解牛。恢恢乎其於遊刃必有餘地矣。」 陸務觀詩：「投老慣扶犁。」《漢書·項籍傳》：「問一田父。」《禮》：「祭天地之牛角繭栗。」《後漢書·趙憙傳》：「更始笑曰：『繭栗犢豈能負重致遠乎？』」《注》：「犢角如繭栗，言小〔註3〕也。」 豳風，見《宮扇》。

蒲萄蒲萄，見《海戶曲》。

百斛明珠富，清陰翠幕張。曉懸愁欲墜，露滴愛先嘗。色映金盤果，

〔註3〕「小」，乙本誤作「卜」。

香流玉碗漿。不勞蔥嶺使，常得進君王。三四入妙。○張文昌詩：「西江估客珠百斛。」　陳伯玉《餞齊少府序》：「參差池樹，亂山水之清陰。」梁簡文帝詩：「林芳翠幕懸。」　王介甫《梅花》詩：「須嬋黃金危欲墜。」　《本草綱目》引魏文帝詔曰：「蒲桃當夏末涉秋，尚有餘暑，醉酒宿醒，掩露而食。」　《南史‧劉穆之傳》：「令廚人以金盤貯檳榔一斛以進之。」　李詩：「玉碗盛來琥珀光。」　《漢書‧西域傳》：「西則限以蔥嶺，而張騫始開西域之跡。」又，《大宛國傳》：「漢使採蒲陶、目宿種歸，天子以天馬多，又外國使來眾，益種蒲陶、目宿，離宮館旁極望焉。」

石榴 石榴，見《宮扇》。

五月華林晏，榴花入眼來。百株當戶牖，萬火照樓臺。絳帳垂羅袖，紅房出粉腮。江南逢巧笑，齲齒向人開。原注：江南石榴多裂，北方獨否。　工整之作。○華林，見《海戶曲》注。　韓詩：「五月榴花照眼明。」　百株，見《攀清湖》。祖詠詩：「南山當戶牖。」　王光庭詩：「旌旗〔註4〕萬火紅。」柳子厚詩：「海榴開似火。」白詩：「燈火下樓臺。」　絳帳，見《贈馮訥生》。潘正叔《石榴賦》：「擢纖手兮舒皓腕，羅袖靡兮流芳散。」　《北史‧魏收傳》：「石榴房中多子。」方雄飛詩：「葉墮殷殷膩粉頤。」　《〈後漢書‧梁冀傳〉注》：「齲齒笑者若齒痛。」《唐韻》：「齲音踽。」　《蜀都賦》：「石榴競裂。」

蘋婆 《群芳譜》：「柰，一名頻婆，樹與葉皆似林檎而稍大。」頻果，見《海戶曲》。

漢苑收名果，如君滿玉盤。幾年沙海使，移入上林看。對酒花仍豔，經霜實未殘。茂陵消渴甚，飽食勝加餐。三四、七八最用意，當於言外得之。○張道濟詩：「漢苑佳遊地。」《西京襍記》：「初修上林苑，群臣遠方各獻名果異樹。」　玉盤，見《海戶曲》。　王仲寶詩：「轉葉度沙海。」　《西京襍記》：「上林苑紫柰大如升，核紫花青，其汁如漆，著衣不可浣，名脂衣柰。此皆異種也。」　對酒，見《讚佛詩》。　杜詩：「老樹飽經霜。」　《史記‧司馬相如傳》：「常有消渴疾。既病免，家居茂陵。」　《古詩》：「努力加餐飯。」

文官果 《群芳譜》：「文官果仁如馬檳榔。」

近世誰來尚，何因擅此名。小心冰骨細，虛體綠袍輕。味以經嘗淡，香從入手清。時珍誇眾口，殼核大縱橫。用側筆起，不肯沾煞句下。○蘇詩：

〔註4〕旌，乙本誤作「㫛」。

「茗飲出近世。」　何因，見《遇劉雪舫》。白詩：「詞賦擅名來已久。」　嵇叔夜《絕交書》：「以促中小心之性。」楊大年詩：「謫仙冰〔註5〕骨照人清。」　白詩：「燈下紅裙間綠袍。」《客難》：「大味必淡。」　楊誠齋詩：「入手知價重。」　王浚詩：「蘭羞備時珍。」蘇詩：「酸醶不堪調眾口，使君風味好攢眉。」　《詩》：「殽核維旅。」縱橫，見《哭志衍》。

冰

清濁看都淨，長安喚買冰。見來消易待，欲問價偏增。潔自盤中顯，涼因酒後勝。若求調燮理，坐上去青蠅。用事脫化，不露痕跡，結更入妙。○唐太宗詩：「清濁必能澄。」　李長吉詩：「買冰防夏蠅。」　《天寶遺事》：「或勸進士張彖謁楊國忠，曰：『見之富貴可立圖。』彖曰：『君輩倚楊右相如泰山，吾以為冰山耳。若皎日既出，得無失所望乎？』」　《唐書·陸贄傳》：「增價以市所無。」　《拾遺記》：「董偃常以玉精為盤，貯水於膝前，玉精與冰同其潔澈。」　《報孫會宗書》：「酒後耳熱。」　王介甫詩：「中實費調燮。」　《詩傳》：「厲王信讒，大夫憂之，賦《青蠅》。」

南苑春蒐應制南苑，見《海戶曲》注。《左傳·隱五年》：「春蒐。」師古《漢書注》：「天子之命制書。」應制，見《吾谷行》。

詔閱期門旅，鐃歌起上林。風雲開步伍，草木壯登臨。天子三驅禮，將軍百戰心。割鮮親宴罷，告語主恩深。此首層次分明，與七律五七言絕句之同題者皆一時作也。○期門，見《殿上行》。　《古今樂錄》：「漢鼓吹鐃歌十八曲。」上林，見《海戶曲》。　《牧誓》：「不愆於六步七步，乃止齊焉。」《大全》：「呂氏曰：『大司馬之法，伍兩卒旅，各有其長使齊之者，使其步伍之長各自止其止，齊其齊也。』」登臨，見《送志衍》。　《易疏》：「三驅之禮，三面者人驅禽也。」《本義》：「天子不合圍，故開一面之網，用三驅也。」　劉文房詩：「當時百戰心。」　割鮮，見《海戶曲》。主恩深，見《壽冀芝麓》。

送田髯淵孝廉南還梅村《田髯淵詩序》：「田子名茂遇，髯淵其字，松江之華亭人。」沈歸愚師曰：「髯淵，順治丁酉舉人。」

客路論投分，三年便已深。每尋蕭寺約，共話故園心。遠水明浮棹，疏村響急砧。灞亭橋畔柳，恰為兩人陰。前半寫交情，後半寫送字。○潘安仁

詩：「投分寄石友。」　蕭寺，見《楚兩生・序》。　遠水，見《送穆苑先》。　杜詩：
「白帝城高急暮砧。」《一統志》：「霸橋在西安府咸寧縣東二十五里，唐人以送別者
多於此，因亦謂之銷魂橋。」柳陰，見《西田詩》其三。

其二

　　窮老無相識，如君得數過。祇貪懷抱盡，其奈別離多。晝靜堪攤卷，
江寬足放歌。勝遊佳絕處，回首隔關河。此與前首略同，但前首後半是初送髥
淵時，此首後半詠髥淵南歸後耳。○窮老，見《遇南廂園叟》。《左傳・襄二十九年》：
「吳公子札聘於鄭，見子產，如舊相識。」　杜詩：「可憐懷抱向人盡。」　王之渙詩：
「應為別離多。」　王子安《九成宮頌》：「煙閨夜謐，雲房晝靜。」杜詩：「攤書解滿
床。」　杜詩：「白首放歌須縱酒。」　白詩：「勝遊從此始。」蘇詩：「環城三十里，
處處皆佳絕。」

其三

　　拂袖非長策，蹉跎為老親。還家仍在客，不仕卻依人。勝識酬知己，
奇懷答鬼神。鏡湖千丈月，莫染雒陽塵。此首言髥淵為客之由。末句見古道
交。○拂袖，見《後東皋歌》。長策，見《松鼠》。　蹉跎，見《送何省齋》。老親，見
《別孚令》。　還家，見《呈李太虛》。　依人，見《遇劉雪舫》。《漢書・景帝紀》：
「朕既不敏，弗能勝識。」　奇懷，見《初春夜坐》。按：答鬼神，疑用賈生事。杜詩：
「但覺高歌有鬼神。」《復齋漫錄》：「會稽鑑湖，避廟諱改為鏡湖。」《輿地志》云：
「王逸少云：『山陰路上行，如在鏡中游。』名縫始是耳。」《一統志》：「在山陰縣南
三里。」吳叔庠詩：「水中千丈月。」　雒陽塵，見《雒陽行》。

其四

　　浪跡存吾道，風流獨有君。群公雖走幣，狂客自論文。樽酒堪呼月，
雙峰看出雲。可憐滄海上，宋玉正參軍。此言髥淵文酒之興。末句宋玉，蓋髥
淵之友。○浪跡，見《楚兩生行・序》。杜詩：「用拙存吾道。」　文通《報袁叔明書》：
「雖五侯交書，群公走幣，僕亦在南山之南矣。」　杜詩：「四明有狂客。」《唐書・
劉迪傳》：「文部始揄才，終授位。」　蘇子卿詩：「我〔註6〕有一樽酒。」范致能詩：
「臺前呼月海光浮。」　《一統志》：「橫雲山在婁縣西北。」《松江府志》：「又東為小

〔註 6〕「我」，乙本誤作「成」。

橫山，與橫雲接隴而中介一水。」按：婁縣與華亭俱附郭。雙峰，應指此。《易》：「山川出雲。」 應德璉詩：「晨夜赴滄海。」 宋玉，見《宮扇》。參軍，見《臨江參軍》。

偶見

挾彈打文鵝，翻身馬注坡。輕鞭過易水，大雪滿滹沱。錦帽垂青鼠，銀罌出紫駝。少時從出塞，十五便橫戈。此與七古之《雪中遇獵》應一時作。〇挾彈，見《殿上行》。 杜詩：「翻身向天仰射雲。」蘇子由云：「少陵《哀江頭》詞氣如百金戰馬，注坡驀澗，如履平地。」 易水，見《琵琶行》。 滹沱，見《遇劉雪舫》。 《北史·于闐國傳》：「其王練錦州，金鼠冠。」又，《室韋傳》：「室韋國在勿吉北千里，人以捕貂為業。多貂及青鼠。」 杜詩：「翠管銀罌下九霄。」又：「紫駝之峰出翠釜。」 出塞，見《送杜弢武》。 杜詩：「或從十五北防河。」又：「雜虜橫戈數。」

送詹司理之官濟南 原注：詹，楚人，余所得士。 《湖廣通志》：「崇禎九年丙子鄉試第二名詹謹之，黃岡人。推官。」又：「謹之，字仲庸。濟南推官。」《史記·循吏傳》：「李離者，晉文公之理也。」《正義》曰：「理，獄官也。」按：司理，推官，亦作「司李」。《一統志》：「濟南府，山東布政司治所，至京師八百里。」

匹馬指營丘，風清肅爽鳩。齊言盈萬戶，楚客長諸侯。梅發江關信，松高日觀秋。故人慚鮑叔，相送話東遊。三四最工。後半寫送字。〇匹馬，見《蕩子行》。《漢書·地理志》：「臨淄名營丘，故《齊詩》曰：『子之營兮。』」 《左傳·昭十七年》：「郯子曰：『爽鳩氏，司寇也。』」 《漢書·高五王傳》：「諸民能齊言者皆予齊。《戰國策》：「蘇秦說齊宣王曰：『臨淄之中七萬戶。』」 楚客，見《楚兩生行》。按：「楚客長諸侯」，暗用《史記》「當時楚兵冠諸侯」語也。儲光羲詩：「今之太守古諸侯。」 陸敬風詩：「折花逢驛使，寄與隴頭人。江南無所有，聊贈一枝春。」王詩：「已見寒梅發。」江關，見《贈陸生》。 《一統志》：「泰山在泰安府北五里，東山名曰觀。日觀者，雞一鳴時，見日始欲。出小天門，有秦五大夫松。」《史記·管晏傳》：「吾始困時，嘗與鮑叔賈，分財，利多自與，鮑叔不以我為貪，知我貧也。」杜詩：「多慚鮑叔知。」 東遊，見《夜宿阜昌》。

幼女

抱去才周晬，應難記別時。信來偏早慧，似解識京師。書到遲回問，人前含吐詞。可憐汝母病，臨絕話相思。親切有味，首尾相應。〇《說文》：

「晬，週年也。」《類篇》：「子生一歲也。」　《古詩》：「但感別經時。」　《北史‧王紘傳》：「侯景奇其早慧。」　《公羊傳》：「京師者何？眾大也。」　杜詩：「書到汝為人。」孟詩：「林下莫遲回。」　《洛神賦》：「含詞未吐。」　《古詩》：「上言長相思。」
張如哉曰：「一句對三句，二句對四句，是扇對格。又一三五七句尾皆用去聲字，而晬、慧字同韻，問、病字同聲，蓋故作狡獪也。」

送程太史翼蒼謫姑蘇學博梅村《程翼蒼詩序》：「新安程翼蒼館丈以道尊於吾吳，為士子師。」顧茂倫《驪珠集》：「程邑，字幼洪，號翼蒼，上元人。」《蘇州府志》：「翼蒼，江寧人。順治壬辰進士。選庶吉士。十三年，出為蘇州教授，陞國子助教。」《書》：「太史、尹伯，庶常吉士。」姑蘇，見《攀清湖》。學博，見《閬州行》。

道重何妨謫，官輕卻便歸。程門晴雪迥，吳市暮山微。舊俗絃歌在，前賢文字非。即今崇政殿，寥落侍臣衣。此詩之妙，在於切題。題內無一字放過也。○《唐書‧張說傳》：「宴集賢院。故事，官重者先飲。說曰：『吾問儒以道相高，不以官閥為先。』」　《宋史‧道學傳》：「楊時〔註7〕，字中立，南劍將樂人。見程頤於洛陽。頤偶瞑坐，時與游酢侍立不去，頤既覺，則門外雪深一尺矣。」杜詩：「晴雪落長松。」　《越絕書》：「吳市者，春申君所造，闕兩城以為市，在湖里。」林君復詩：「竹煙橫點海山微。」　舊俗，見《新都》。　前賢，見《讀西臺記》。文字，見《廿〔註8〕五日詩》。　《宋史‧道學傳》：「程子，字正叔。召為秘書省校書郎。既入，見擢崇政殿說書。」　寥落，見《楚兩生行》。宋延清詩：「花落侍臣衣。」

送郭宮贊次庵謫宦山西《山西通志》：「陽和兵備道郭一鶚，河南洛陽人。進士。順治十三年任。」《河南府志》：「順治己丑進士郭一鶚，廣東布政使。」按：宮僚外轉，故云謫宦。謫宦，見《送何省齋》。

薄宦知何恨，秋風刷羽毛。因沾太行雪，憶賜未央袍。問俗壺關老，籌邊馬邑豪。爭傳郭有道，名姓壓詞曹。此與前首同妙。從謫宦起。三句山西。四句宮贊。五六謫宦山西。結句是郭宮贊也，與前首送字俱暗寫。○薄宦，見《送張孺高》。杜詩：「何恨倚山。」　梁元帝《懷舊賦序》：「長安郡公為其延譽，扶風長者刷其羽毛。」　曹孟德詩：「北上太行山。」又：「雪落何霏霏。」　張如哉曰：「王少伯詩：『未央前殿月輪高，廉外春寒賜錦袍。』此借用。」　《禮》：「入國而問俗。」《漢書‧戾太子傳》：「壺關三老茂上書。」師古曰：「壺關，上黨之縣也。」荀悅《漢紀》

〔註7〕「時」，乙本誤作「持」。
〔註8〕廿，乙本誤作「甘」。

云：「令狐茂。」《唐書‧李德裕傳》：「建籌邊樓。」馬邑豪，見《送馬訥生》。《後漢書‧郭太傳》：「蔡邕謂涿郡盧植曰：『吾為碑銘多矣，皆有慙德，惟郭有道無愧色耳。』」《唐詩紀事》：「杜審言謂宋之問、武平一曰：『吾在，久壓公等。』」高達夫詩：「星使出詞曹。」

送純祜兄之官碻山　純祜、碻山，見《贈穆大苑先》。

五十猶卑宦，棲棲在此行。官從鵝炙貴，客向馬蹄輕。風俗高持論，山川喜罷兵。清時人物重，縣小足知名。　起結送純祜之官中。四句就碻山說。○高達夫詩：「末宦從周防。」《左傳‧僖五年》：「在此行也。」《南史‧庾悅傳》：「劉毅家在京口酷貧，曰：『身今年未得子鵝，豈能以殘炙見惠。』」　王詩：「雪盡馬蹄輕。」《後漢書‧許劭傳》：「好共覈論鄉黨人物，每月輒更其品題，故汝南俗有月旦評焉。」《漢書‧儒林傳》：「董仲舒能持論。」《史記‧魯連傳》：「秦必喜罷兵去。」　李少卿《答蘇武書》：「策名清時。」《漢書‧薛宣傳》：「粟邑縣小，僻在山中。」知名，見《遇姜給事》。

其二

絕有明湖勝，青山屬蔡州。曾為釣臺客，今作朗陵侯。定訪袁安臥，須從叔度遊。政閒人吏散，廳壁掃丹丘。　從碻山起。三四是純祜之碻山也。五六引古。結到之官。○李詩：「明湖落天鏡。」《一統志》：「汝寧府，周為蔡及房、沈、道、栢諸國地。漢置汝南郡。隋大業二年，改為蔡州。」　張如哉曰：「釣臺客，指為浙中藩幕也。」《一統志》：「朗陵故城在碻山縣西南三十五里。」《後漢書‧袁安傳》：「字邵公，汝南汝陽人也。」《注》：「大雪積地丈餘，洛陽令出案行，見人家皆除雪。至袁安門，獨無行路。除雪入戶，見安僵臥。」　又，《黃憲傳》：「字叔度，汝南慎陽人也。穎川荀淑至慎陽，遇憲於逆旅，與語，移日不能去。」　李頎詩：「為政心閒物自閒。」人吏，見《送何省齋》。　廳壁，見《送沈旭輪》。《楚辭》：「仍羽人於丹丘兮，留不死之舊鄉。」

其三

懸瓠城西路，關山雪夜刀。至今勞戰伐，何日剪蓬蒿。地瘠軍租少，官輕客將豪。相逢蔡父老，閒說漢功曹。　引古映合時事，非泛填汝寧志者。後半歸到之官。○《一統志》：「古懸瓠城即今汝寧府治，本漢上蔡縣地。晉時謂之懸瓠城。」《唐書‧李愬傳》：「討吳元濟，從事鄭澥見裴度，告師期。夜半至懸瓠城，雪

甚，城旁皆鵞鴨〔註9〕池，愬令擊之，以亂軍聲。黎明，雪止，愬入駐元濟外宅。蔡吏驚曰：『城陷矣！』　戰伐，見《觀通天帖》。　蓬蒿，見《雁門尚書行》。　《國語》：「瘠土之民思善。」陳伯玉詩：「空懷老臣策，未獲趙軍租。」《五代史・後蜀世家》：「安重誨復以客省使李嚴為監軍。及嚴至，知祥置酒召嚴，因責之，目客將王彥銖執嚴下。」　父老，見《贈雪航》。　元詩：「閒坐說玄宗。」《後漢書・袁安傳》：「初為縣功曹。」又，《范滂傳》：「太守宗資先聞其名，請署功曹。」又，《許劭傳》：「初為郡功曹。」按：安、滂、劭皆汝南人也。

《一統志》：「許應鯤，襄城人。順治十年知汝陽縣。是冬，大兵征楚，牧馬汝寧。勢且入，城內百姓驚恐。應鯤往力爭，以受侮，自經，兵將亦遂拔營去。」按：「至今勞戰伐」，「官輕客將豪」，應指此。而梅村《贈穆大苑先》詩：「傷心憔悴朗陵侯，征蹄奔命無朝暮。身親芻秣養驊騮，供頓三軍尚嗔怒。赤日黃埃伏道旁，鞭梢拂面將誰訴。」應亦指牧馬汝寧時事也。　《水經注》：「汝水東經懸瓠城北。」《元和志》：「汝水屈曲，形若垂瓠，故城取名焉。」按：《後漢書・方術傳》：「費長房者，汝南人也。市中有老翁賣藥，懸一壺於肆頭。及市罷，輒跳入壺中。」此事在晉以前，疑瓠字乃壺字之訛耳。汝水如瓠，何云懸乎？

其四

落日龍陂望，西風動黍禾。歸人淮右近，名士汝南多。河上孤城迴，天中萬馬過。一官凋瘵後，兄弟意如何。從確山時事說到之官。結句點明兄字。○龍陂，見《龍腹竹歌》。　耿湋詩：「秋風動禾黍。」　歸人，見《送穆苑先》。《一統志》：「淮水自南陽府桐柏縣流入汝寧府，經信陽州北，又東經正陽縣南、羅山縣北，又東入光州息縣界。」韓有《平淮西碑》。杜詩：「濟南名士多。」《唐書・藝文志》：「《汝南先賢傳》五卷。」　《詩》：「河上乎翶翔。」《一統志》：「溱水源出南陽府桐柏山，流入確山縣境，一名沙河。流至汝陽縣東南，入汝水。」　《一統志》：「天中山在汝陽縣北三里。」萬馬，見《雁門尚書行》。　一官，見《哭志衍》。木玄虛《海賦》：「為凋為瘵。」　杜詩：「君子意如何。」

〔註9〕鵞，《新唐書》卷一百五十四《李愬傳》作「鷔」。

吳詩補注

卷九

高郵道中

雨痕杜詩：「白帝城西過雨痕。」僧歸趙承祐詩：「百花深處一僧歸。」○逢樹楊誠齋詩：「入逕惟逢樹。」久無書見《送何省齋》補注。殘民諸葛孔明《伐魏詔》：「弔其殘民。」風傳戰鼓酺庾詩：「寒風戰鼓鳴。」種荷姚合詩：「庭前看種荷。」成陰杜牧之詩：「綠葉成陰子滿枝。」

清江闉

帆遲王介甫詩：「長江接天帆到遲。」

得廬山願雲師書

世事見《呈李太虛》補注。兄弟夢元詩：「夢君兄弟曲江頭。」

過姜給事如農

相對作衰翁盧允言詩：「相對兩衰翁。」

遠路

兵後鄭守愚詩：「秣陵兵役後。」

過東平故壘張如哉曰：「孫廷銓《南征紀略》：『劉澤清建牙淮城。』」按：此故壘當在淮安。若廬州，非梅村所過之地也。劉夢得詩：「故壘蕭蕭蘆荻秋。」

　　銅龍張如哉曰：「《南征紀略》云：『劉澤清大興土木，造宇淮安，極其壯麗，僭擬王居。』則銅龍第正言其僭擬也。」**雒陽街**《漢書‧陳湯傳》：「斬郅支首及名王以下，宜懸頭槀街。」師古曰：「崔浩以為槀當為橐。橐街即銅駝街也。此說失之。銅駝街在雒陽。」張如哉曰：「按：此結句是用崔說。」

黃河

　　沙平褚希明詩：「沙平寒水落。」

桃源縣

　　何來《唐書‧元稹傳》：「適從何來。」

白洋河

　　唱橐駝《唐書‧五行志》：「神龍以後民謠曰：『山南烏鵲窠，山北金駱駝。』山南，唐也。烏鵲窠者，人居寡也。金駱駝者，虜獲而重載也。」

項王廟

　　情深《禮》：「情深而文明。」**氣盛**《史記‧義縱傳》：「然縱氣盛，弗為禮。」

過南旺謁分水龍王廟

　　岸斷明遠《蕪城賦》：「崒若斷岸。」

送紀伯紫往太原

　　佐府《唐書‧李鄘傳》：「表佐其府。」

送友人往真定

　　舊隱耿韋詩：「青山違舊隱。」

送純祜兄浙中藩幕

　　秋色謝玄暉詩：「芸黃共秋色。」

病中別孚令弟程《箋》:「孚令,名偉光,太倉州庠生。」

塞雁杜詩:「塞雁一行鳴。」秋盡詳《即事》其九。穉子張如哉曰:「梅村五十後方有三子,此俱就從子說。」

分韻贈趙友沂

才大見《哭志衍》。低飛吳子華詩:「粉重低飛蝶。」

再寄三弟

籬荒謀補竹王仲初詩:「依山補竹籬。」張如哉曰:「杜有《舍弟占歸草堂檢校》詩:『東林竹影薄,臘月更須栽。』」

再送王元照

平沙雁《宣和畫譜》:「宋廸畫瀟湘八景,有平沙落雁。」

送周子儼張青琱往河南學使者幕

敕《〈爾雅·釋詁〉注》:「敕者,相約敕也,亦為勞苦。」○城東迺賢詩:「先生載酒出城東。」○有骨杜詩:「窮愁但有骨。」

送王子彥南歸

技有餘翻用「技止此」意。白頭纔一命岑參詩:「三十始一命。」

送穆苑先南還

道已非《家語》:「吾道非邪?」

送何蓉菴出守贛州

客途陸務觀詩:「最是客途愁絕處。」

橐駝

李洞,字才江。

牛

座右崔子玉有《座右銘》。

蒲萄

色映李義山詩：「色映琅玕中。」香流邢子才《并州寺碑》：「香雨時流。」

送田髴淵孝廉南還

故園心杜詩：「孤舟一繫故園心。」遠水明浮棹李季蘭詩：「遠水浮仙棹。」
○作客杜詩：「作客信乾坤。」鏡湖月李詩：「一夜飛度鏡湖月。」

幼女

周晬《東京夢華錄》：「生子百日置會，謂之百晬。至來年生日，謂之周晬。」

送郭次菴讁宦山西

太行雪孟東野詩：「忽然太行雪。」

吳詩集覽　卷十上

黎城靳榮藩介人輯

五言律詩三之上

過中峰禮蒼公塔《蒼雪塔銘》：「塔在中峰寺後二百步。」　自此首以下皆梅村南歸後作。

　　下馬支公塔，經聲萬壑松。影留吟處石，智出定時鐘。尚記山中約，誰傳海外逢。平生詩力健，翹足在何峰。首句點完題面。前半就塔前之物而讚歎之。五六寫出交情。萬壑、何峰，起結相應。○崔曙詩：「支公已寂滅，塔影山上古。」經聲，見《謁剖公》。李詩：「如聽萬壑松。」岑勳《多寶塔碑》：「兼造自身石影，跪而戴之。」　方雄飛詩：「獵者聞疏磬，知師人定回。」　《甘澤謠》：「圓觀者，大曆末洛陽惠林寺僧。李諫議源與圓觀為忘年交。一旦約遊蜀州，抵青城、峨眉，訪道求藥。圓觀欲遊長安，出斜谷。李公欲上荊州、三峽，曰：『吾已絕世事，豈取途兩京？』圓觀曰：『此行固不由人。』請出三峽而去，遂自荊江上峽，行次南浦，維舟山下，見婦人數人，錦襠負麗罌而汲。圓觀望見，泣下曰：『某不欲至此，恐見其婦人也。』李公驚問，圓觀曰：『其中孕婦姓王者，是某託身之所。逾三載，尚未娩懷，以某未來之故也。今既見矣，即命有所歸。釋氏所謂循環也。請假以符咒，遣其速生。少駐行舟，葬某山下。浴兒三日，公當臨訪。若相顧一笑，即某認公也。更後十二年，中秋月夜，杭州天竺寺外與公相見。』」按：第五句暗用此事。圓觀或作圓澤。　《傳燈錄》：「二十八祖達摩自天竺國泛海見梁帝，不契，潛上嵩山少林寺，面壁九年，端居而逝，葬熊耳山。魏宋雲奉使西域回，遇師於蔥嶺，見手攜雙履，翩翩而逝。雲問，師曰：『西

天去。」按：第六句暗用此事。　鄭守愚詩：「暮年詩力在。」《明詩綜》：「讀徹有《南來堂稿》。」　《傳燈錄》：「長須禪師參石頭，石頭乃翹一足，師便為禮拜。」

《漁洋詩話》：「近日釋子詩，以滇南蒼雪為第一。如『一夜花開湖上路，半春家在雪中山』、『亂流落葉聲兼下，聽徹寒扉不上關』，皆警句。其弟子秋皋亦有句云：『鳥啼殘雪樹，人語夕陽山。』」

其二

　　明月心常湛，寒泉性不枯。鳥啼香積散，花落影堂孤。道在寧來去，名高定有無。淒涼看筆冢，遺墨滿江湖。起二句是來是有。三四句是去是無。五六句雙承作轉，而側重來有一邊。結句作合，正見其道在名高，去亦是來，無亦是有也，極力推重蒼雪。○李頎詩：「清池皓月照禪心。」《增韻》：「湛，澄也，澹也。」　《詩》：「爰有寒泉。」左太沖《吳都賦》：「碕岸為之不枯。」　《維摩經》：「維摩居士遣八菩薩往眾香國禮佛，言願得世尊所食之餘，於是香積如來以眾香缽盛飯與之。」　雍國鈞詩：「影堂斜掩一燈深。」　鳩摩羅什《十喻詩》：「若能映斯照，萬象無來去。」　名高，見《坐奇懷室》。李詩：「今日逢支遁，高談出有無。」《國史補》：「長沙懷素好草書，自言得草聖三昧。棄筆堆積埋於山下，號曰筆冢。」　楊仲弘《謝疊山遺墨》詩：「辭氣凜然遺墨在，再三尋繹淚雙零。」

其三

　　慧業誰能繼，宗風絕可哀。昔人存馬癖，近代薄詩才。鹿走譚經苑，鴉飛說法臺。空懸竹如意，落日講堂開。此承前首說下，言遺墨雖在，而繼起無人。蓋畜馬者多而講詩者少，故鹿走鴉飛，而講堂寂寞也。○《南史·謝靈運傳》：「得道應須慧業。」　宗風，見《讚佛詩》。《晉書·杜預傳》：「預常稱王濟有馬癖。」《世說》：「支遁好養馬，曰：『貧道重其神駿。』」按：梅村蓋合用之。　《池北偶談》：「南來蒼雪法師貫穿教典，尤以詩名。」　按：鹿走，借用麋鹿遊蘇臺語。王詩：「揚子談經處。」　嚴正文詩：「寒鴉飛盡水悠悠。」說法，見《讚佛詩》。《太平廣記》：「明皇幸功德院，忽苦背癢，羅公遠折竹枝，化七寶如意以進。」講堂，見《謁剖公》。

其四

　　故國流沙近，黃金窣堵坡。胡僧眉拄地，梵夾口懸河。傳法青蓮湧，還家白馬馱。他年乘願到，應認舊山河。原注：蒼公，滇人。　此詩就蒼公故里說煙波無限。○流沙，見《龍腹竹歌》。　《翻譯名義》：「窣堵坡，亦云墳，又名

塔。」　李《贈胡僧詩序》：「有胡僧不知幾百歲，眉長數寸。」《神仙傳》：「孔元方飲酒，作一令，以杖拄地，以一手持杯倒飲。」　胡身之《通鑑注》：「梵夾，貝葉經也。以板夾之，謂之梵夾。」《晉書・郭象傳》：「王衍每云：『聽象語，如懸河瀉水而不竭。』」《宋史・王安石傳》：「時號韓絳為傳法沙門。」《晉書・佛圖澄傳》：「取缽盛水，燒香呪之。須臾，缽中生青蓮花。」　《漢明帝內紀》：「佛久滅度，遂鈔聖教六十萬五千言，以白馬馱還。」　王夏卿《大證禪寺碑》：「或宿植德本，乘願復來；或意生人間，用宏開示。」　《楚辭》：「若有人兮山之阿。」

過王庵看梅感興

練川城南三十里為王庵，學憲王先生著書地也。有梅萬株，不減鄧尉。余以春日過其廢圃，學憲所著數種，其版籍尚存。《一統志》：「練和塘在太倉州嘉定縣南。自縣治中分，東曰東練祁，西曰西練祁。」《姑蘇志》：「練和塘又名練川。」　《嘉定縣志》：「王圻，字元翰，上海籍。嘉靖癸丑進士。湖廣提學僉事。終陝西布政司參議。王園中有歲寒亭，是其著書處。」　《靜志居詩話》：「洪州拜分陝之命，即請告終養。既歸松江之濱，種梅萬樹，目曰梅花源。仰屋著書，門閾皆安硯席。」　《一統志》：「鄧尉山多樹梅花，一望如雪。行數十里，香風不絕。」　蘇詩：「荒涼廢圃秋。」　《遼史・太祖紀》：「咸入版籍。」

地僻幽人賞，名高拙宦居。客來唯老樹，花發為殘書。斜日空林鳥，微風曲沼魚。平生貪著述，零落意何如。地僻、名高，俱指王庵。幽人、拙宦，俱指學憲。第三句是看梅，唯字用意。第四句從梅花繳到著書，為字用意。然庵中風日魚鳥雖尚如故，而學憲已不可見，著述零落，可為興感也。通首呼應皆靈，無一閒字。○地僻，見《攀清湖》。■幽人，見《西田》詩其四。　名高，見《禮蒼公塔》。拙宦，見《再寄三弟》。　《易》：「有不速之客三人來。」老樹，見《雕橋莊歌》。　花發，見《贈馮訥生》。薛大拙詩：「就未吹落讀殘書。」　陰子堅詩：「翠林將日斜。」儲光羲詩：「清氣在空林。」　杜詩：「微風燕子斜。」《洛陽伽藍記》：「斜風入牖，曲沼環堂。」　著述，見《送周子俶》。程迓亭曰：「學憲著述，以《續文獻通考》為第一。」

祁文友（字蘭尚）《過王園看花》：「千株紅紫鬥芳妍，春到頻添酒債錢。任是打門官吏急，公家不稅種花田。」

獨往王庵看梅沈雨公攜尊道值余已遄返賦此為笑 羅業之詩：「攜尊座外花空老。」

屢負尋山約，偶然來此間。多君攜酒至，愧我放船還。雙屐成孤往，

千林就一閒。誰知種花叟，鎮日不開關。　前四句完題面。雙屐，指雨公。千林，指王庵梅樹也。結有別趣。○《史記・項羽紀》：「又惡負約。」尋山，見《贈文園公》。《後漢書・劉昆傳》：「偶然耳。」　杜彥之詩：「山翁時挈酒相尋。」　放船，見《鴛湖曲》。　雙屐，見《高涼司馬行》。《歸去來辭》：「懷良辰以孤往。」　蘇詞：「異材秀出千林表。」　陸務觀詩：「微雨種花天。」　鎮日，見《觀王石谷畫》。白詩：「竹林多處不開關。」

送致言上人《明詩綜》：「宏句，字致言，歙人。雪嶠弟子。」

　　獨下千峰去，蒼溪出樹腰。雲生穿磴屐，月滿過江瓢。一飯從村寺，前身夢石橋。經行無定著，惆悵故山遙。起結相應，通首工整。○蒼溪，見《閬州行》。此借用。杜詩：「斜暉轉樹腰。」　雲生，見《送照如師》。穿燈，見《園居》。　《古詩》：「三五明月滿。」蘇詩：「大瓢貯月歸春甕。」　一飯，見《送杜于皇》。李有中詩：「卻憐村寺僧相引。」　前身，見《圓圓曲》。謝靈運《山居賦》：「凌石橋之莓苔。」　楊炯《盂蘭盆賦》：「山中禪定，樹下經行。」張懿孫詩：「浮客了無定。」　故山，見《猿》。

過韓蘄王墓《宋史・韓世忠傳》：「字良臣，延安人。孝宗朝追封蘄王。」《一統志》：「韓世忠墓在吳縣靈巖山西。」

　　訪古思天塹，江聲戰鼓中。全家知轉鬥，健婦笑臨戎。汗馬歸諸將，疲驢念兩宮。凄涼岳少保，宿草起秋風。用「訪古」二字起，即與讀世忠傳而作者不同。末句「宿草」映合「墓」字，是詩律細處。前四句蘄王戰功，後四句蘄王心事。○杜詩：「平臺訪古遊。」天塹，見《避亂》。　《世忠傳》：「上元節就秀州，張燈高會，忽引兵趨鎮江。及金兵至，則世忠已屯焦山寺。兀朮遣使通問，約日大戰，許之。梁夫人親執桴鼓，金兵終不得渡。世忠與二酋相持四十八日，兀朮窮蹙，求會語，祈請甚哀。」《鶴林玉露》：「蘄王夫人，京口娼也。嘗五更入府，伺候賀朔，忽於廊柱下見一虎蹲臥，鼻息駒駒，驚駭走出。已而人至者眾，復往視之，乃一卒。因蹴之起，問其姓名，密告其母，邀之至家，具酒食，資以金帛，結為夫婦。」江聲，見《歲暮送苑先》。戰鼓，見《東萊行》。　《史記・淮陰侯傳》：「楚人起彭城，轉鬥逐北，至於滎陽。」　《古詩》：「健婦當門戶。」唐太宗詩：「臨戎八陣張。」　《史記・晉世家》：「矢石之難，汗馬之勞。」諸將，見《讀史雜感》。《世忠傳》：「成閔、解元、王勝、王權、劉寶、岳超起行伍，秉將旄，皆其部曲云。」　疲驢，出《史記・日者傳》。《世忠傳》：「紹興十一年十月，罷為醴泉觀使，奉朝請。自此杜門謝客，絕口不言兵。

時跨驢攜酒，從一二奚童，縱遊西湖以自樂。」按：兩宮，謂徽、欽也。《世忠傳》：
「與兀朮會語，亦有『還我兩宮，復我疆土』等語。」　《宋史·岳飛傳》：「字鵬舉，
湯陰人。紹興五年，加檢校少保，進封公。」　按：岳以十一年死，韓以二十一年薨，
故有宿草之歎。宿草，見《贈文園公》。杜牧之詩：「五陵無樹起秋風。」《世忠傳·論》：
「暮年退居行都口，不言兵，部曲舊將不與相見，蓋懲岳飛之事也。」《輟耕錄》：「岳
武穆王飛墓在杭棲霞嶺下。」

其二

行在倉黃日，提兵過故鄉。傳聞同父老，流涕說君王。石馬心猶壯，
雲臺跡已荒。一抔堪漬酒，殘日下平岡。前半首蘄王事蹟，後半首切墓說。○
蔡伯喈《獨斷》：「天子自謂曰行在所，猶言今雖在京師，行所至耳。巡狩天下，所至
處皆為宮。」倉黃，見《礬清湖序》。　提兵，見《臨江參軍》。　《公羊傳》：「所傳聞
異辭。」父老，見《贈家侍御》。　《唐書·秦瓊傳》：「太宗詔有司琢石為人馬立墓前，
以旌戰功。」杜詩：「落日心猶壯。」　雲臺，見《又詠古》注。　一抔，見《鴛湖曲》
注。劉孝標《廣絕交論》：「門罕漬酒之彥。」　趙承祐詩：「偏傷白日殘。」沈休文
詩：「平岡走寒兔。」

　　　按：世忠，延安人。此詩故鄉俟考。　張如哉曰：「『行在倉皇日』，謂建炎
三年，高宗由鎮江幸錢塘，苗、劉謀反，逼使避位也。『提兵過故鄉』，謂世忠由
海道赴行在，趨秀州勤王之師也。『傳聞』二句，謂世忠得張浚書，大慟，至平
江，舉酒酹神，誓不與賊共天，士卒皆奮也。『故鄉』，即指行在所也。時世忠妻
子為苗傅所質，朱勝非紿傅白太后，遣慰世忠召梁氏，俾迓世忠，速其勤王。梁
氏疾驅一日夜，會世忠於秀州。君父妻子所在，故可言故鄉也。高宗復辟，苗、
劉就擒，是由世忠之力戰，帝手書忠勇二字揭旗以賜。事具本傳。詩特寫得激昂
盡致。」

其三

詔起祁連冢，豐碑有賜亭。掛弓關塞月，埋劍羽林星。百戰黃龍艦，
三江白石銘。趙家金碗出，山鬼哭冬青。此下二首切定過墓，以冬青行對照，
與第一首同妙。○祁連冢，見《楚兩生行》。　豐碑，見《讀西臺記》。《吳中勝紀》：
「韓蘄王墓旁立石，嵾數仞，石如之，御書『中興定國，佐命元勳』之碑。」　杜詩：
「天山早掛弓。」《漢書·賈山傳》：「築長城以為關塞。」李詩：「邊月隨弓影。」　《刀

劍錄》：「孝武帝以太元元年於華山頂埋一劍，銘曰神劍。」羽林，見《雒陽行》。張如哉曰：「羽林本星名。應劭曰：『天有羽林，大將軍之星也。』」　百戰，見《送杜弢武》。《隋書‧楊素傳》：「造大艦，名曰五牙，容戰士八百人。次曰黃龍，置兵百人。陳將戚欣以青龍百餘艘守狼尾灘，素親率黃龍數千，銜枚而下，悉擄其眾。」　三江，見《林屋洞》。【按：白石銘，伐石為銘，如《燕然山銘》之類。本事缺。■■■■■■■■■】〔註1〕　趙家，見《讀西臺記》注。杜詩：「空餘金椀出。」　山鬼、冬青，見《行路難》。《遂昌雜錄》：「宋太學生東嘉林景曦有《夢中作》十首，其一絕曰：『一壞未築珠宮土，雙匣親傳竺國經。只有春風知此意，年年杜宇哭冬青。』」潘皆山曰：「冬青句正指楊璉真珈發宋諸陵事，但《遂昌雜錄》所載此詩，據《輟畊錄》羅鄭兩傳，一以為唐玨玉潛之作，一以為林德陽景曦之作，彼此互異。而謝皋羽亦有《冬青引》，大抵皆痛諸陵暴骨之慘耳。」

其四

丘壟今蕪沒，江山竟寂寥。松風吹北固，碑雨洗南朝。細路牛羊上，荒岡草木凋。肯容樵豎擾，遺恨在金焦。松風、碑雨，俱指墓說，而造語工妙，不可思議。結句知人論世，仍不脫墓字意。○陶詩：「徘徊丘壟間。」《南史‧梁元帝紀》：「庭草蕪沒，令鞭去之。」　寂寥，見《山水圖歌》。　北固，見《九友歌》。　溫飛卿詩：「猶有南朝舊碑在。」　杜詩：「石古細路行人稀。」　杜牧之詩：「秋盡江南草未凋。」　歐陽永叔《祭石曼卿文》：「惟見樵夫牧豎歌吟而上下。」　遺恨，見《項王廟》。金焦，見《贈蒼雪》。

　　《輿地紀勝》：「龍王廟在北固山。韓世忠遣兵伏廟中，以襲兀朮。即此。」按：《世忠傳》：「世忠軍已先屯焦山寺，謂敵至必登金山廟，觀我虛實，乃遣兵百人伏廟中，百人伏岸滸，約聞鼓聲，岸兵先入，廟兵合擊之。金人果五騎闖入，廟兵喜，先鼓而出，僅得二人，逸其三。中有絳袍玉帶既墜而復馳者，詰之，乃兀朮也。」向令廟兵如計而行，則兀朮就擒，金人膽落矣。此則靳王之遺恨與？又按：北固在北，金山在西北，焦山在東，雖相距不甚遠，然三山也。《宋史》謂伏兵金山廟，而《輿地紀勝》謂在北固山龍王廟，其說頗異。梅村此詩蓋從《宋史》。

〔註1〕【】內文字，稿本、天圖本作「《水經注》：『漢廣野君酈食其廟有兩石人對倚，北石人胸前銘雲門亭長』」。

宿沈文長山館山館，見《蟋蟀盆歌》。

　　一徑草堂偏，湖光四壁天。焙茶松灶火，浴繭竹籬泉。玉鼠仙人洞，銀鱸釣客船。前村呼種樹，偶語石橋邊。工雅之作，似少陵《過何將軍山林》諸首。○韓詩：「一徑向池斜。」《北山移文》：「草堂之靈。」　湖光，見《宿福源精舍》。四壁，見《送周子俶》。　白詩：「夜火焙茶香。」　《禮》：「蠶於蠶室奉種，浴於川。」又：「奉繭以示於君。」白詩：「趁暖泥茶竈，防寒夾竹籬。」　太白詩序：「荊州玉泉寺山洞白蝙蝠大如鴉，名仙鼠，千歲後體白如雪。」高季迪詩：「煙霞閉深洞，絕壁飛玉鼠。」　張汝弼詩：「紫蟹銀鱸不論價。」　前村，見《避亂》。漢文帝詔曰：「吾詔書數下，歲勸民種樹。」　偶語，出《史記·秦始皇紀》。《正義》：「偶，對也。」石橋，見《送致言》。

其二

　　遇山思便住，此地信堪留。謀食因溪硨，齋心在石樓。漁舟帆六面，橘井樹千頭。長共鴟夷子，翩然結伴遊。與前首同妙。○《佛國記》：「欲去便去，欲住便住。」　按：《登樓賦》：「雖信美而非吾土兮，曾何足以少留。」第二句反用之。　溪硨，見《苦雨》。　《莊子》：「回曰：『敢問心齋？』仲尼曰：『惟道集虛。虛者，心齋也。』」【馬虞臣詩：「僧語■石樓■■。」】〔註2〕　漁舟，見《蘆洲行》。趙閱道詩：「晴雲六面披。」按：此本「帆隨湘轉，望衡九面」而翻新用之。　《桂陽列仙傳》：「蘇耽，漢時人。事母以孝聞。一旦啟母曰：『耽當仙去。今年疫癘，取庭前井水橘葉救之，可得無恙。賣此水，過於供養也。』」千頭，見《送李友梅》。　鴟夷，見《送何省齋》。　張茂先《鷦鷯賦》：「翩翩然有以自樂也。」江總持詩：「霜雁多情恒結伴。」

福源寺原注：去毛公壇三里為攢雲嶺，有福源泉寺，以泉名。羅漢松係梁朝舊物。《吳郡志》：「毛公壇，漢劉根得道處也。根既仙，身生綠毛，人或見之，故名毛公。今有石壇在觀旁，猶漢物也。」《蘇州府志》：「毛公壇下曰毛公泉，即毛公煉丹井也。」又：「梁朝松在洞庭西山福源寺。」

　　千尺攢雲嶺，金銀佛寺開。鹿仙吹笛過，龍女換珠來。泉繞譚經苑，松依說法臺。蕭梁留古樹，風雨不凡材。前半首詠寺，後半首懷古。○攢雲嶺，見《福源精舍》注。　杜詩：「金銀佛寺開。」洪覺範曰：「佛地有金色世界、銀

色世界。」 顧逋翁《虎丘藏經碑》:「覺華長者得定光如來授記,鹿仙長者得釋迦如來授記。」 梅聖俞詩:「龍女廟中來幸稀。」《南都賦》:「游女弄珠於漢皋之曲。」按:葛稚川《神仙傳》:「劉根自言如華陽山,見一人乘白鹿車,從者十餘人,左右玉女四人。再拜稽首,神人乃以神方五篇見授。」鹿仙、龍女應指此。至柳毅井,在洞庭東山,而福源寺在西山,不必以龍女為洞庭君女也。或曰:華陽橘社不在西山,詩或以之作襯。然洞庭君女自與劉根無涉,不如專指《神仙傳》耳。 泉繞,見《贈蒼雪》。譚經苑、說法臺,見《蒼公塔》。 蕭梁,見《遇南廂園叟》。《易林》:「有鳥飛來,集於古樹。」 杜詩:「金眸玉爪不凡材。」

　　　　鹿走譚經苑,鴉飛說法臺,是悲涼語。移作泉繞松依,便是懷古語,措詞入妙。

包山寺贈古如和尚《蘇州府志》:「包山禪寺在吳縣西南一百二十里。」《曝書亭集》:「包山之寺,相傳建自梁大同年。」

　　古木包山寺,蒼然曉氣平。石毛仙蛻冷,原注:近毛公壇。雲影佛衣輕。咒鉢蛟人聽,彈棋鶴子驚。相逢茶早熟,匡坐說無生。前半包山寺,後半贈古如,極起承轉合之妙。○王詩:「古木無人徑。」 蒼然,見《西田詩》其四。李重規詩:「川長曉氣高。」 《雲笈七籤》:「夫尸解者,尸形之化也,本真之鍊蛻也。」 司空表聖詩:「雲影帶耕人。」《傳燈錄》:「初,達摩奉佛衣來,得道者付以為真印。至大鑑,乃置其衣而無傳焉。」《晉書·僧陟傳》:「苻堅使之咒龍請雨,俄而龍下鉢中,天輒大雨。」張來儀詩:「咒水龍歸鉢。」按:《淮南子》:「一淵不兩鮫。」疑鮫與蛟通。《述異起》:「南海中有鮫人,水居如魚。」《淮南子》:「瓠巴鼓瑟而鱏魚聽之。」 《典論》:「予於他戲少所喜,唯彈碁略盡其妙。」《易》:「鳴鶴在陰,其子和之。」蘇詩:「谷鳥驚碁響。」茶熟,見《虎丘圖》。 《韓詩外傳》:「原憲匡坐而絃歌。」無生,見《讚佛詩》。

過圻村《蘇州府志》:「圻村在吳縣三十七都。」

　　萬壑響鳴蟬,湖光樹杪懸。雲鬟神女廟,雪乳隱君泉。山籠櫻桃重,溪船菱芡鮮。相攜從此住,松老不知年。前半圻村舊跡,後半圻村情事。○《晉書·顧愷之傳》:「千巖競秀,萬壑爭流。」杜詩:「森木亂鳴蟬。」 湖光、樹杪,見《宿福源精舍》。 雲鬟,見《讚佛詩》。羅昭諫詩:「神女廟前云有心。」《蘇州府志》:「縹緲之東山勢分為二:其一邐迤而北,為石馬,為鴻鶴,山有神女洞,亦名神姑山。」 蘇詩:「晨瓶得雪乳。」儲光羲詩:「借問故園隱君子。」李本寧

《大秘山房集‧遊洞庭記》：「石磨山下取道圻村，得烏砂泉，泉在井中，大柳蔭之，距湖高遠，皆可丈許。每汲，必有烏砂沉盞底。」按：《蘇州府志》：「龍山下曰烏砂泉。」徐聖堦曰：「黃公泉即夏黃公隱處。」則隱君應指黃公也。　櫻桃，見《青門曲》。　菱芡，見《礬清湖序》。　王詩：「種松皆作老龍鱗。」《左傳‧襄三十年》：「不知紀年。」

湖中懷友《蘇州府志》：「太湖在府西南三十餘里。」

　　渺渺晴波晚，青青芳草時。遠帆看似定，獨樹去何遲。花落劉根廟，《蘇州府志》作「花發」。雲生柳毅祠。香蓴正可擷，欲寄起相思。前半湖中，後半懷友。三四工妙，已有懷字在內。○謝玄暉詩：「渺渺青煙移。」陸魯望詩：「海門蒼翠出晴波。」《古詩》：「青青河畔草。」庚子慎詩：「遠帆似凌空。」陶詩：「獨樹眾乃奇。」劉根、柳毅，見《二十五日詩》。杜詩：「香聞錦帶羹。」注：蓴，一名錦帶。《集韻》：「擷，捋取也。」《古詩》：「上言長相思。」按：此句暗用張翰思蓴羹事。

七夕即事陶詩：「即事多所欣。」

　　羽扇西王母，雲軿薛夜來。針神天上落，槎客日邊回。鵲渚星橋迥，羊車水殿開。祇今漢武帝，新起集靈臺。四首俱用七夕故事而參以新意，與《清涼山讚佛詩》參看。○元詩：「手持鳳羽扇。」《武帝內傳》：「到七月七日夜二更之後，忽見西南如白雲起，鬱然直來，逕趨宮庭。半食頃，王母至也。」雲軿，見《宮扇》。《拾遺記》：「文帝所愛美人，姓薛，名靈芸。改靈芸之名曰夜來，帝以文車十乘迎之。夜來妙於針工，宮中號為針神也。」孫逖詩：「美人天上落。」《博物志》：「近有人居海渚者，年年八月有浮槎，去來不失期。人有奇志，乘槎而去。十餘月，至一處，有城郭狀。宮中有織婦。見一丈夫牽牛渚次飲之，因問此是何處，答曰：『訪嚴君平則知之。』因還至蜀，問君平，曰：『某年某月，有星犯牽牛宿。』計其年月，正是此人到天河時也。」《晉書‧明帝紀》：「不聞人從日邊來。」《淮南子》：「烏鵲填河成橋而渡織女。」按：鵲尾渚在廬江府舒城縣。此借用。王子安《七夕賦》：「褰羽飾於星橋。」羊車，見《讚佛詩》。水殿，見《宮扇》。《三輔黃圖》：「集靈臺在華陰縣界，漢武帝造。」《一統志》：「集靈宮在華陰縣西北。」按：《漢武內傳》作延靈臺。而《元和郡國志》：「開元十一年，初置溫泉宮。天寶六載，改為華清宮。又造長生殿，名為集靈臺」，則集靈臺唐亦有之。集云未詳。

其二

今夜天孫錦，重將聘雒神。黃金裝鈿合，寶馬立文茵。刻石昆明水，停梭結綺春。沉香亭畔語，不數戚夫人。天孫錦，見《詠山茶花》。《洛神賦》：「臣聞河洛之神，名曰宓妃。」鈿合，見《永和宮詞》。《史記・李斯傳》：「中廄之寶馬，臣得賜之。」《詩》：「文茵暢轂，駕我騏馬。」《注》：「文茵，虎皮也。」曹毗《志怪》：「昆明池作二石人，東西相望，象牽牛織女。」《長安志》：「昆明池在長安縣西二千里。」邢子才《七夕詩》：「秋期忽云至，停梭理容色。」結綺，見《彈琴歌》白詩：「七月七日長生殿，夜半無人私語時。」陳鴻《長恨歌傳》：「昔天寶十年，侍輦避暑驪山宮。秋七月，牽牛織女相見之夕，因仰天感牛女事，密相誓心，願世世為夫婦。言畢，執手各嗚咽。此獨君王知之耳。」按：《說郛》載《元盧子志》：「明皇朝夕思惟，形神憔悴。有道士以少君術求見，上極其寵，待冀得復見，即死不憾。於是太真在帳中，見上，泣曰：『天下之主不能庇一弱女，何面顏復見妾乎？沉香亭下月中之誓何在也？』」與《長恨歌傳》小異。此詩沉香亭畔似用《元盧子志》，而先之以黃金鈿合，蓋合用之耳。按：《西京雜記》：「戚夫人侍兒賈佩蘭說在宮內時，七月七日，臨百子池，作《于闐樂》」云云。此云「不數戚夫人」，蓋言楊妃死後，猶有海外仙山一段佳話也。

其三

仙醞陳瓜果，天衣曝綺羅。高臺吹玉笛，複道入銀河。曼倩詼諧笑，延年婉轉歌。江南新樂府，齊唱夜如何。宋延清詩：「時菊芳仙醞。」《荊楚歲時記》：「陳瓜果於庭中以乞巧。」《集仙錄》：「謝自然在靜室，有仙人將天衣來迎，即乘麒麟昇天。」《西京雜記》：「太液池西有漢武帝曝衣樓。七月七日，宮女出後衣曝之。」鮑詩：「玲瓏綺羅中。」王詩：「相送臨高臺。」李詩：「黃鶴樓中吹玉笛。」《史記・叔孫通傳》注：「複道，閣道也。」銀河，見《青門曲》。曼倩詼諧，見《贊讚佛詩》。延年，見《哭志衍》。江總持有《婉轉歌》。《漢書・禮樂志》：「武帝定郊祀之禮，乃立樂府。」《詩》：「夜如何其。」

其四

花萼高樓迥，岐王共輦遊。淮南丹未熟，嶺樹先秋。詔罷驪山宴，恩深漢渚。愁傷心長枕，被無意候牽牛。《唐書・讓皇帝傳》：「光天后，以隆慶舊邸為興慶宮，於宮西南置樓，其西署曰花萼相輝之樓。」岐王，見《琵琶行》。

《梁書‧漢孝王傳》：「入則侍帝同輦，出則同車遊獵上林中。」《漢書‧淮南王安傳》：「《中篇》八卷，言神仙黃白之術。」吳哲詩：「退屑淮王丹。」《列仙傳》：「王子喬者，周靈王太子晉也。告桓良曰：『告我家，七月七日待我緱氏山巔。』至時，果乘白鶴駐山頭。」《一統志》：「驪山在西安府臨潼縣東南。」梁簡文帝詩：「漢渚水初綠。」《通鑑》：「唐玄宗初即位，為長枕大被，與兄弟同寢。」張如哉曰：「杜《牽牛織女》詩：『神光竟難候。』候字本此。」

大根菜按：《本草綱目》引《爾雅》：「葖，蘆萉。」孫炎《注》云：「紫花菘也。俗呼溫菘，似蕪菁。大根俗名雹葖，一名蘆菔是也。」予數詢之南人，咸云大根菜，俗名大頭菜，色赤，或砌以石，或栽於水，可為盆盎之玩。蓋蘆菔，擘藍之別種。

幾葉青青古，穿泥弗染痕。誰人愛高潔，留汝歷涼溫。輪囷形難老，芳辛味獨存。古來磐石重，不必取深根。陳嵩伯詩：「幾葉別黃茅。」青青，見《湖中懷友》。周子《愛蓮說》：「出淤泥而不染。」駱賓王詩：「無人信高潔。」鮑詩：「心思歷涼溫。」輪囷，見《龍腹竹歌》。《詩》：「永錫難老。」蘇詩：「金盤玉指破芳辛。」司馬長卿《大人賦》：「超無友而獨存。」《漢書‧文帝紀》：「犬牙相制，所謂磐石之宗也。」《莊子》：「深根固蒂。」

趵突泉曾子固《齊州二堂記》：「泰山之北與齊之東南諸谷之水，西北匯於黑水之灣，又西北匯於柏崖之灣，而至於渴馬之崖。蓋水之來也眾，其北折而西也，悍疾尤甚。及至於崖下，則泊然而止。而自崖以北至於歷城之西，蓋五十里而有泉湧出，高或致數尺，其旁之人名之曰趵突之泉。」

似瀑懸何處，飛來絕壑風。伏流根窈渺，跳沫拂虛空。石破奔泉上，雲埋廢井通。錯疑人力巧，天地桔槔中。前四句狀趵突之奇，後四句作贊。○《集韻》：「瀑，飛泉懸水也。」范致能詩：「醉中得句若飛來。」絕壑，見《閬苑》詩。杜詩：「伏流何處入。」元裕之詩：「窈渺朱弦寂寞心。」《江賦》：「拊拂瀑沫。」虛空，見《林屋洞》。石破，見《壽鶴如》。杜詩：「奔泉濺水珠。」張文昌詩：「城闕濕雲埋。」廢井，見《閬園》詩。《莊子》：「且子獨不見夫桔槔者乎？」

其二

不信乘空起，憑闌直濺衣。池平難作勢，石隱定藏機。曲水金人立，凌波玉女歸。神魚鱗甲動，咫尺白雲飛。前四句是寫，後四句比擬，俱與前首不復。○王詩：「萬里若乘空。」憑闌，見《閬園》詩。蘇詩：「一笑杯翻水濺

裙。」 儲光羲詩：「分出小池平。」《晉書·王敦傳》：「因作勢而起。」 李公垂《大光天師碑銘》：「發諭開蒙，藏機匿聖。」《蘭亭序》：「引以為流觴曲水。」張如哉曰：「《晉書·束皙傳》：『武帝問：三日曲水何義？束曰：秦昭王以三日置酒於河，見金人捧水心劍，曰：令君制有西夏。乃霸諸侯。』因此也。」《洛神賦》：「凌波微步。」《漢武內傳》：「帝間居華殿，忽見一女子曰：『我墉宮玉女王子登也。』」 曹詩：「河伯獻神魚。」鱗甲，見《分水龍王廟》。 咫尺，見《送何省齋》。漢武帝《秋風辭》：「秋風起兮白雲飛。」

贈新泰令楊仲延其地為羊叔子故里

《一統志》：「新泰縣在泰安府東南一百五十里。羊流店在新泰縣西北六十里，以羊祜故里為名，俗訛為楊柳店。」叔子，見《東萊行》。梅村《楊仲延詩序》：「南和楊仲延為新泰令。越四年，擢守江南之和州。」《泰安府志》：「楊繼芳，字仲延，南和人。順治間由選貢知新泰。」

置邑徂徠下，雙槐夾訟堂。殘民弓作社，遺碣石為莊。野蘭齊紈美，春泉魯酒香。歸來羊太傅，不用泣襄陽。起二句點明新泰令，三四覽古，五六即事，結句離即入妙。○《一統志》：「徂徠山在泰安府東南四十里。」 韓詩：「夾道疏槐出老根。」崔峒詩：「訟堂寂寂對煙霞。」 殘民，見《高郵道中》。《西域記》：「一畝為一弓。」《泰安府志》：「羊祜城為祜封邑。城西有村，曰羊社。」 徐原一《新泰》詩：「古碣獨尋羊太傅。」程迓亭曰：「其地今名崔家莊，有石碣。」《風俗通》：「旅谷彌望，野蘭被山。」齊紈，見《宮扇》。 庾詩：「春泉下玉溜。」《莊子》：「魯酒薄而邯鄲圍。」《晉書·羊祜傳》：「贈侍中、太傅。」 按：泣襄陽，亦暗用祜傳「每風景必造峴山，慨然太息」語也。張如哉曰：「泣襄陽用墮淚碑事。」

靈巖觀設戒

《一統志》：「靈巖山在吳縣西。昔吳王置離宮於此。有琴臺、館娃宮、西施洞、響屧廊、吳王井遺跡。」《梁書·中天竺國傳》：「常修淨戒，式導不及。」

湖山留霸跡，花鳥供經臺。不信黃池會，今看白社開。枯潭龍洗出，妙塔雁歸來。此地關興廢，須資法將才。首句靈巖，次句設戒，三四分承，五六側重設戒，結句回映，合寫全題。○孟詩：「江山留勝蹟。」《聖主得賢臣頌》：「索人求士者必樹霸跡。」 花鳥，見《永和宮詞》。《廬山記》：「謝靈運即寺中觀翻《涅槃經》，為臺，植白蓮池中，名曰翻經臺。」《左傳·哀十三年》：「公會單平公、晉定公、吳夫差於黃池。」 白社，見《贈願雲師》。《法言》：「浮滄海而知江河之惡沱也，況枯澤乎！《蘇州府志》：「西施洞右有牛眠石，前為出洞龍貓兒石，東西為二劃船塢，蓋吳王渚水以戲龍舟之所。」 妙塔，見《九峰歌》。《蘇州府志》：「靈巖山

其中平坦處為靈巖寺，有塔曰靈巖塔。」王詩：「歸雁來時數寄書。」　黃魯直詩：「不負法昌老禪將。」

遙別故友

絕域重分路，知君萬里餘。馬頭辭主淚，雁足覆巢書。草沒還家夢，霜飛過磧車。齊諧他日事，應記北溟魚。起二句是遙別。三四補寫遙別之由。五六言其難還，反偪出結句意。結則祝友賜環也。○絕域，見《行路難》。《南史·裴子野傳》：「分路揚鑣。」　岑參詩：「東去長安萬里餘。」　李詩：「雲傍馬頭生。」《漢書·蘇武傳》：「天子射上林中，得雁，足有繫帛書。」《後漢書·孔融傳》：「安有巢毀而卵不破乎？」　草沒，見《夜宿阜昌》。令狐谷士詩：「總有還家夢。」《禽經》：「霜飛則霜，露瀁則露。」岑參詩：「過磧覺天低。」　齊諧，見《二十五日》詩。《莊子》：「北溟有魚，其名為鯤。」

其二

雪深難見日，海盡再逢關。野鼠多同穴，神魚似斷山。只應呼草地，都不類人間。勉謝從行者，他年有個還。前半是出塞時所見，後半是出塞時所思，故與前首不復。○黃魯直詩：「十月山行冰雪深。」《後漢書·袁紹傳》：「曠若開雲見日。」　孟詩：「海盡邊雲靜。」　《漢書·地理志》：「隴西郡首陽縣。《禹貢》：『鳥鼠同穴。』山在西南，渭水所出。」《一統志》：「在臨洮府渭源縣西。」　神魚，見《釣泉》。魚似山，見《送吳季子》。　張昱《小王孫》詩：「新分草地綠遊獵。」《紫薇詩話》：「章子厚夢中詩云云，殆不類人間世也。」　李少卿《答蘇武書》：「幸謝故人，勉事聖君。」　有個，見《白燕吟》。

> 梅村《贈吳季子》詩：「送吏淚不止，流人復何倚。彼尚愁不歸，我行走已矣。」與此詩結句異曲同工。

秋夜不寐韋應物詩：「懷君屬秋夜。」

秋多入眾音，不寐夜沉沉。浩劫安危計，浮生久暫心。鄰雞殘夢斷，窗雨一燈深。薄冷披衣起，晨烏已滿林。起二句點完題面，三四是不寐之由，五六是不寐時之所聞所見，然皆有夜字在內。結用晨字，正是醒出夜字也。○蘇頌詩：「蒼茫孤亭上，歷亂多秋音。」　李詩：「月寒天清夜沉沉。」　浩劫，見《九峰堂歌》。　浮生，見《二十五日》詩。　杜詩：「遮莫鄰雞下五更。」蘇詩：「馬上續殘夢。」　韋端己詩：「夜窗風雨急，松外一庵燈。」　王子敬有《薄冷帖》。魏

文帝詩：「輾轉不能寐，披衣起徬徨。」　陸務觀詩：「忽已晨烏遷。」杜詩：「昏鴉已滿林。」

喜願雲師從廬山歸併序〔註3〕

願師住雲居十年而歸，出其匡廬詩，道五老、石門、九奇、三疊諸勝，飛泉怪瀑，不可思議，而尤以御碑亭雲海為第一觀，竟似住鏡光、白銀二種世界，不知滄桑浮塵為何等事矣。願公贈予五十初度詩，其落句曰：「半百定將前諾踐，敢期對坐聽松聲。」蓋責予前約。會時方喪亂，衰病無家，顧以高堂垂白，不能隨師以去也，乃為此詩答之。

按：梅村《贈願雲師序》：「將遠遊廬嶽，遺書別予。」今喜其自廬嶽歸也。　五老，見《呈李太盧》。《一統志》：「廬山最著者，石門澗在山之北面，又三疊泉在廬山五老峰後。」《集韻》：「瀑，飛泉懸水也。」《法苑珠林》：「佛變化無量三昧力不可思議。」　《一統志》：「白鹿升仙臺在廬山天池寺。明洪武二十二年，御製《周顛仙傳》，建碑亭於臺上。」李詩：「寥廓雲海遠。」　杜牧之詩：「上吞巴漢控瀟湘，怒似連山淨鏡光。」《史記・封禪書》：「蓬萊、方丈、瀛洲，此三神山也，皆以黃金白銀為宮闕。」　岑參詩：「登臨出世界。」滄桑，見《海戶曲》注。《楚辭》：「皇覽揆予於初度兮。」　《贈願雲師》有「故人叩松關，十年踐前諾」之語。　高堂，見《攀清湖》。鮑詩：「垂白對講書。」

勝絕觀心處，天風萬壑聲。石門千鏡入，雲海一身輕。出世悲時事，忘情念友生。亂離兄弟恨，辜負十年盟。前半首願雲住雲居之事，後半首言己之不能赴約也。○勝絕，見《巫峽》。戴景屏詩：「隱凡自觀心。」　天風，見《彈琴歌》。萬壑，見《禮蒼公塔》。　陳去非詩：「起照千丈鏡。」　杜詩：「身輕一鳥過。」　出世，見《贈願雲序》。　忘情，見《贈劉虛受》注。《詩》：「不如友生。」

贈錢受明 梅村《壽錢臣扆序》：「吾季弟孚令以女女臣扆之子受明。」

獨喜營時譽，疏通邁等倫。地從諸父重，性似外家貧。裘馬無他好，詩書別有神。古來傳孝謹，非必守前人。此示受明以保家之主也。疏通、孝謹事相反而意相照應。中四句虛實相生，用意周匝。○時譽，見《送杜于皇》。　疏通，見《哭志衍》。杜詩：「尊榮邁等倫。」　《詩》：「以速諸父。」按：「諸父指臣扆兄曼

〔註3〕四庫本《梅村集》此前尚有《七夕感事》：「南飛烏鵲夜，北顧鸛鵝軍。圍壁鉦傳火，巢車劍拄云。江從嚴鼓斷，風向祭牙分。眼見孫曹事，他年著異聞。」

修，詳《贈錢臣辰》。　外家，見《遇劉雪舫》。　范彥龍詩：「裘馬悉輕肥。」　杜詩：「下筆如有神。」　《史記·萬石君傳》：「石奮長子建、次子甲、次子乙、次子慶皆以馴行孝謹，官至二千石。」按：《鎮洋縣志》所載臣辰，蓋跅弛之流，故梅村以孝謹勗之也。

受明得子東賀

　　長因故人子，往事憶流連。曾忝充閭會，俄逢拜袞年。諸甥今甫爾，入抱卻依然。吾老猶堪待，公卿隻眼前。從故人子生情，通首皆有真味。○杜詩：「乃吾故人子。」　《晉書·賈充傳》：「父逵，晚始生充，言後當有充閭之慶，故以為名字焉。」　《南史·彭城王義康傳》：「袁淑嘗詣義康，問其年，答曰：『鄧仲華拜袞之歲。』」《後漢書·鄧禹傳》：「禹字仲華。」　諸甥，見《遇劉雪舫》。　《詩》：「亦既抱子。」蘇詩：「無災無害到公卿。」

宿徐元歎落木庵 原注：元歎棄家，住故鄣山中。亂後，歸天池丙舍。落木庵，竟陵譚友夏所題也。　沈歸愚師曰：「徐波，字元歎，江南吳縣人。」《一統志》：「故鄣故城在湖州府安吉州西北。青山在安吉州東北，一名均山，以有梁吳均故宅，故名。均《與施從事書》云：『故鄣縣東有青山，絕壁千尺，孤峰入漢。』」按：《蘇州府志》：「毛都憲祠在華山天池。」則天池吳縣地也。溫飛卿詩：「丙舍無人遺燼香。」《一統志》：「天門縣在安陸府東南二百二十里。漢置竟陵縣。雍正四年，改為天門縣。」《湖廣通志》：「譚元春，字友夏，天門人。天啟丁卯鄉試第一。」按：友夏，李太虛所取士也。《池北偶談》：「徐元歎，康熙初年七十餘，尚在。自撰《落木庵記》，云：『崇禎癸酉，與竟陵譚友夏在其弟服膺署中，曉起盥漱，見余白髮盈梳，曰：『子從此別，計必住山，請擇佳名。■■〔註4〕。』服膺出幅紙，請作擘窠大字。友夏為書落木庵。今三字揭諸庵門。松栝數株，撐風蔽日，玄冬霜夜，蕭蕭而下。雙童縛帚，掃除不給。齋廚爨煙，皆從此出。事之前定如此。』」

　　落木萬山心，蕭條無古今。棄家歸去晚，別業住來深。客過松間飯，僧留石上琴。早成茅屋計，枉向白雲尋。此首詠落木庵之深，正以見元歎之高也。萬山心、白雲尋，俱有深字在內。前半首寫元歎落木庵，後半首旁寫宿字。○落木，見《送何省齋》。杜詩：「遙望千山萬山赤。」　別業，見《遇劉雪舫》。　儲光羲詩：「山人松下飯。」　李詩：「拂彼白石，彈吾素琴。」　杜詩：「何時一茅屋，送老白雲邊。」

〔註4〕■■，王士禎《漁洋詩話》卷中引《落木庵記》作「以名其居」。

詩人用江心、湖心、山腰、山根者多矣，山心蓋梅村創用字。有用神魚者矣，神象、神鶻亦梅村創用字。然神字蓋本於支道林語「貧道愛其神駿也」。 顧瞻泰曰：「唐任蕃《葛仙井》詩：『脈冷應山心。』此在梅村以前者。」

送王子惟夏以牽染北行 《盤帨卮談》：「王惟夏牽染之，為奏銷逮部。」

晚歲論時輩，空群汝擅能。祇疑櫟陽逮，猶是濟南征。名字供人借，文章召鬼憎。阿戎才地在，到此亦何憑。從惟夏才地起。三四寫出牽染，仍用飛動之筆。後半就其才而深惜之也。○晚歲，見《贈雪航》。《三國志·孫禮傳》：「禮與盧毓同郡時輩。」 退之《送溫處士序》：「伯樂一過冀北之野，而馬群遂空。」崔嘏《授楊魯士長安縣令等制》：「念孔門以政事、文學別為四科，而魯士等各擅其能。」《史記·項羽紀》：「項梁嘗有櫟陽逮。」 又，《儒林傳》：「伏生，濟南人也。」詳《壽王鑑明》。《周書·蕭大圜傳》：「如蒙北叟之放，寔勝濟南之征。」 名字，見《閨園·序》注。 杜詩：「文章憎命達。」皮襲美詩：「醫過芳晨定鬼憎。」《宋書》：「謝惠連初不為父所知，族兄靈運曰：『阿戎才悟如此，而可作常兒遇之。』」才地，見《青門曲》。

其二

二十輕當世，愁君門戶難。比來狂大減，翻致禍無端。落木鄉關遠，疲驢道路寒。集作「疲鑪」，非。敝衣王謝物，請勿笑南冠。梅村五律不肯平鋪直敘，每有飛動之勢，如此詩前四句是也。五六跟第四句說，下結又展開一步。然門戶、王謝，無心自合，是詩律細處。○《史記·魯仲連傳》：「吾與富貴而詘於人，寧貧賤而輕世肆志焉。」 嵇叔夜《與呂長悌書》：「惜足下門戶，欲令彼此無恙也。」 許仲晦詩：「相如渴後狂還減。」《宋書·謝晦傳》：「鑒凶禍之無端。」 鄉關，見《贈陸生》。 疲驢，見《韓王蘄墓》。《史記·范睢傳》：「為微行敝衣，閒步之邸，見須賈。」《南史·陳顯達傳》：「麈尾蠅拂，是王、謝家物。」 南冠，見《琵琶行》。

其三

客睡愁頻起，霜天貫索明。此中多將相，何事一書生。末俗高門賤，清時訟繫輕。為文投獄吏，歸去就躬耕。此首於牽染之後，望其湔釋也。三四亦以不平衍為奇，第五句若申明三四語者，第六句祝願之詞，末乃點明之。○杜詩：「客睡何會著，秋天不肯明。」 霜天，見《海戶曲》。《隋書·天文志》：「貫索九星，賤人之牢也。九星皆明，天下獄煩。」 李少卿《答蘇武書》：「抱將相之具。」《南史·蕭允傳》：「何事於一書生哉？」《漢書·朱博傳》：「今末俗之弊，政事煩多。」

高門，見《彈琴歌》。　《答蘇武書》：「策名清時。」《漢書・刑法志》：「詔曰：年八十以上，八歲以下，及孕者未乳、師、朱儒，當鞠繫者，頌繫之。」《注》：「頌讀曰容，寬容之，不桎梏。」　《史記・周勃世家》：「勃以千金與獄吏。」按：「為文投獄吏」，暗用項梁請蘄獄掾曹咎書抵櫟陽獄掾司馬欣事。　躬耕，見《汲古閣歌》。

其四

但可寬幽縶，從教察孝廉。昔人能薦達，名士出髡鉗。世局胥靡夢，生涯季主占。定聞收杜篤，寧止放江淹。此首祝其湔釋之後，可邀登用，正與首章相應。○郭棐《懷賢賦》：「或幽縶於南冠。」　《漢書・武帝紀》：「令二千石舉孝廉。」　《後漢書・劉平傳》：「數薦達名士。」■〔註5〕按：髡鉗，字出《史記・季布傳》。此用蔡邕事，見《行路難》。　《史記・殷本紀》：「說為胥靡。」《注》：「靡，隨也。古者相隨坐輕刑之名。」　生涯，見《塗松晚發》。《史記・日者傳》：「司馬季主者，楚人也。卜於長安東市。」　《後漢書・文苑傳》：「杜篤，字季雅，京兆杜陵人也。會大司馬吳漢薨，光武詔諸儒誄之。篤於獄中為誄，辭最高。帝美之，賜帛免刑。」《南史・江淹傳》：「字文通，濟南考城人也。被繫獄，自獄中上書，即日出之。」

　　　吳兆寬（字宏人）《同王惟夏出都》：「攜手斜陽出帝京，低佪話舊不勝情。門衰已幸離文網，身賤猶慚識姓名。多難每逢歌與泣，同途相對喜還驚。交遊意氣如君少，馬首春風好問程。」

虎丘中秋新霽

萬籟廣場合，道人心地平。天留今夜月，雨洗去年兵。歌管星河動，禪燈風露清。淒涼闔閭墓，斷壑起松聲。三四清穩中有生動之趣。萬籟、松聲，自然應合。○萬籟，見《揖山樓》。廣場，見《夜集圖》。　道人，見《西田》詩。　今夜月，見《謁剖公》。　岑參詩：「夜渡巴江雨洗兵。」　鮑詩：「歌管為誰清？」杜詩：「三峽星河影動搖。」　《宋史・藝文志》：「僧道原《景德傳燈錄》三十卷。」陶詩：「淒淒風露交。」　《蘇州府志》：「吳王闔閭墓在元和縣西北。」　斷壑，見《六真歌・序》。《高唐賦》：「不見其底，虛聞松聲。」

　　　按：去年兵，《蘇州府志》不載。然順治十六年，海寇陷鎮江，沿江諸郡邑多陷，蘇州濱海被其禍。故《中秋看月》云：「今年京口月，猶得杖藜看。」與此詩其具作於十七年歟？

―――――――――――――
〔註5〕墨丁，讀秀本作空格。

哭亡女

喪亂才生汝，全家竄道邊。畏啼思便棄，得免意加憐。兒女關餘劫，干戈逼小年。興亡天下事，追感倍淒然。起句領起通篇，餘亦層次入妙。○梅村《遣悶》詩：「搖手禁之不敢哭。」即「長啼」注腳。杜詩：「啼畏虎狼聞。」 元詩：「拈花盡意憐。」《隋書‧經籍志》：「佛經所說天地之外，四維上下，更有天地，亦無終極。然皆有成有敗，一成一取，謂之一劫。」《莊子》：「小年不及大年。」《唐書‧杜甫傳》：「好論天下事。」 《北史‧趙修傳》：「猶追感舊意，經恤其家。」《莊子》：「淒然似秋。」

其二

一慟憐渠幼，他鄉失母時。止因身未殞，每恨見無期。白骨投懷抱，黃泉訴別離。相依三尺土，腸斷孝娥碑。此首從失母說，真摯可味。三四是生前不得相依，五六是亡後相依。末句以孝女贊之。○一慟，見《尚書行》。杜詩：「世亂憐渠小。」 失母，見《課女》。 王介甫《謝表》：「顧百身之糜殞。」《別賦》：「詎相見期。」《後漢書‧陳忠傳》：「三年乃免於懷抱。」 《左傳‧隱元年》：「不及黃泉，無相見也。」 李詩：「君不見裴尚書，古墳三尺蓬棘居。」《後漢書‧列女傳》：「孝女曹娥者，會稽上虞人也。父盱溺死，不得屍骸。娥年十四，乃沿江號哭，晝夜不絕聲。旬有七日，遂投江而死。至元嘉元年，縣長度尚改葬娥於江南，傍為立碑焉。」

其三

扶病常聞亂，漂零實可憂。危時難共濟，短算亦良謀。訣絕頻攜手，傷心但舉頭。昨宵還勸我，不必淚長流。此首用透過一層法，意真則語奇也。○李少卿《答蘇武書》：「而皆扶病。」《吳志‧孫皓傳》：「思與賢良共濟世道。」 皮襲美詩：「漱之恐減算，勻之必延齡。」《魏志‧孫資傳》：「勳賴良謀。」 訣絕，見《送何省齋》。 《書》：「民罔不盡傷心。」元和顧逢源渠清曰：「舉頭字出《晉書‧明帝紀》。」 杜詩：「不必淚長流。」

中秋看月有感

今年京口月，猶得杖藜看。暫息干戈易，重經少壯難。江聲連戍鼓，人影出漁竿。晚悟盈虛理，愁君白玉盤。猶得二字，寫盡有感。三四即猶得之意。後半所感者深。○《一統志》：「鎮江府，三國吳曰京城。」《宋書‧州郡志》：「晉

元帝初，割海虞北境為東海郡，立剡、朐、利城三縣。永和中，移郡出京口，剡等三縣亦寄治焉。」　杜詩：「明日看雲還杖藜。」　少壯，見《送何省齋》。　劉孝綽詩：「隔山聞戍鼓。」　人影，見《蚤起》。岑參詩：「孤負一漁竿。」　《易》：「天道虧盈而益謙。」李義山詩：「一生長共月虧盈。」　李詩：「小時不識月，呼作白玉盤。」杜詩：「悲君白玉盤。」

支硎山齋聽雨明日早晴更宿法螺精舍
《一統志》：「支硎山在吳縣西南。」《寰宇記》：「晉高士支遁嘗憩遊其上。」《蘇州府志》：「平石為硎。山多平石，故因支遁以支硎為號。右一支為寒山、盤陀、空谷、化城、法螺諸庵，景皆絕勝。」韋應物詩：「山館夜聽雨。」

　　秋山所宿處，指點白雲生。故作中宵雨，倍添今日晴。一峰當止觀，萬象逼孤清。更上上方去，松風吹玉笙。起二句是往宿而將雨，三四句是既雨而旋晴也。五六支硎，七八法螺，層次歷歷，引人入勝。○秋山，見《送志衍入蜀》。　指點，見《龍腹竹歌》。　《晉書·祖逖傳》：「每語世事，中宵起坐。」　杜詩：「倍添白髮明。」　一峰，見《讚佛詩》其三。《金陵語錄》：「定慧為菩薩，止觀為佛。」　萬象，見《攀清湖》。陳伯玉詩：「水木澹孤清。」　郎君冑詩：「月在上方諸品靜。」　劉孝威詩：「浮丘侍玉笙。」

憩趙凡夫所鑿石
《明詩綜》：「趙宧光，字凡夫，吳人。有《寒山雜著》。」《竹垞詩話》：「凡夫饒於財，卜築城西寒山之麓，淘洗泥沙，俾山骨畢露，高下泉流。凡遊於吳者，靡不造廬談讌。」《蘇州府志》：「寒山禪院在支硎山西，明趙宧光葬其父於此，因結隱焉。鑿石疏泉，窮極幽邃。」《唐韻》：「宧，音怡。」

　　石骨何年斲，蒼然萬態收。直從文字變，豈止斧斤搜。亂瀑垂痕古，枯松結體遒。即今苔蘚剝，一一類銀鉤。鉤，集作「釣」，非。　「蒼然萬態收」，是出力寫硎字。三四正是蒼然處也。瀑痕、松體，與所硎石是一是二。至苔蘚亦類銀鉤，則寫得硎字更奇矣。○韓詩：「巧匠鑿山骨。」　蒼然，見《穿山》。白詩：「向背萬態隨低昂。」　張如哉曰：「凡夫創為草篆體，故以文字變贊。鑿石、垂痕、結體、銀鉤，皆賦而比也。」　皇甫曾詩：「山路倒枯松。」《唐書·薛稷傳》：「結體遒麗，遂以書名天下。」　沈雲卿詩：「苔蘚更彩錯。」　銀鉤，見《九友歌》。

　　　　《竹垞詩話》：「書之最古者，莫如篆學。野王雜以隸書，已失其舊。李陽冰刊定《說文》，頗出私意，詆訶許氏，學者已恨之。凡夫草篆，又何所本乎？」
　　　　《艮齋雜說》：「吳人語云：『天下歇家王百穀，山中驛吏趙凡夫。』相傳百穀家

居，申少師予告歸里，車騎闐門，賓客牆進，兩家巷陌，各不相下。凡夫卜築寒山，搜剔泉石，又得卿子為妻，靈均為子，貴遊麏至，幾同朝市。兩君可稱處士之特矣。」然題之曰歇家，曰驛吏，豈非《春秋》之筆乎？

趙凡夫山居為祠堂今改為報恩寺《蘇州府志》：「宦光子均歿，無後，其宅改為僧廬，人猶稱趙墳，亦曰報恩寺。有老梅二株，頗奇古。」

高人心力盡，石在道長存。古佛同居住，名山即子孫。飛泉穿樹腹，奇字入雲根。夜半藤蘿月，鐘聲冷墓門。起二句是趙凡夫山居。三四句祠堂改寺，句意最工。後半首形容入妙，曲盡題意。○《南史‧劉穆之傳》：「心力俱盡。」 蔣冽《明妃神女舊跡》詩：「搗衣餘石在。」《韓詩外傳》：「道存則國存。」 古佛，見《歸雲洞》。《北史‧楊椿傳》：「居住宅舍，不作壯麗華飾。」 名山，見《讀佛》詩。杜詩：「諸峰羅列似兒孫。」 飛泉，見《喜願雲歸‧序》。歐陽永叔詩：「惟啄槎牙枯樹腹。」 張如哉曰：「奇字指草篆。」雲根，見《石公山》。 杜詩：「請看石上藤蘿月。」 《詩》：「墓門有棘。」

靈巖繼起和尚應曹村金相國請住虎丘祖席靈巖，見《觀設戒》。繼起，見《入天台》。按：《蘇州府志》：「震澤縣第九都曹村。」而震澤本吳江縣地，於雍正二年析置，則曹村當即震澤之曹村耳。又，金之俊，字彥章。吳江人，後徙郡城。萬曆己未進士，本朝晉大學士，歷加太傅，諡文通。 虎丘，見《夜集圖》。李詩：「祖席留丹景。」

應物心無繫，觀空老辯才。道隨諸佛住，山是相公開。日出巖齋鼓，天清護講臺。居然歌舞地，人為放參來。前半首繼起，應金相國請。後半首住虎丘祖席也。○《晉書‧王蒙傳》：「虛己應物。」白詩：「身輕心無繫。」 沈休文《郊居賦》：「猶觀空以表號。」王元禮《約法師碑》：「辯才無閡，遊戲神通。」 徐孝穆《長干寺眾食碑》：「諸佛淨土。」 相公，見《雁門尚書行》。 《帝王世紀》：「日出而作。」黃魯直詩：「粥魚齋鼓到江船。」 天清，見《送何蓉菴》。講臺，見《虎丘夜集圖》。 《晉書‧明帝紀》：「居然可知也。」杜詩：「回首可憐歌舞地。」 緒藏《百丈清規》：「僧堂止靜謂坐禪，開靜謂放參也。」

王增城子彥罷官哭子留滯不歸近傳口信不得一字詩以歎之《一統志》：「增城縣在廣州府東一百六十二里。」子彥，見《短歌》。

老徇妻孥意，辭家苦萬端。關心惟少子，失計在微官。客夢烏衣巷，鄉愁白石灘。可憐消息到，猶作兩人看。起二句總挈。三四哭子罷官，分寫。

五六虛寫，結到口信上。○《舊唐書・柳渾傳》：「千里辭家，以干微祿。」《北齊書・李元忠傳》：「家事大小，了不關心。」《戰國策》：「丈夫亦愛憐其少子乎？」　失計，見《送子俶青瑒》。潘安仁詩：「豈敢陋微官？」　烏衣，見《白燕吟》。　王詩：「清淺白石灘。」　杜詩：「反畏消息來。」

其二

庾嶺應逢雁，章江莫寄魚。遙知雙淚盡，不遣一行書。家在無歸趣，途窮失所如。故鄉宜早去，臨發乃長歔。集作「籲」。前半首寫近傳口信，不得一字。後半首總寫。○《一統志》：「大庾嶺在南安府大庾縣，與廣東南雄府分界。一名臺嶺，又名梅嶺。」蘇詩：「鹿頭北望應逢雁。」　章江，見《送何蓉菴》注。《古詩》：「客從遠方來，遺我雙鯉魚。呼童烹鯉魚，中有尺素書。」　杜詩：「故憑錦水將雙淚。」　又：「不寄一行書。」　《字典》：「如，往也。」如《左傳》公如棠、如齊之類。劉伯倫《酒德頌》：「縱意所如。」　《宋史・鄭俠傳》：「長籲數四。」按：梅村律詩無通用韻者，「籲」應作「歔」。《魏書・司徒公順傳》：「仰面看屋，長歔而不言。」

寄懷陳直方梅村《亡女權厝誌》：「我之仲女禮成，歸于相國子孝廉容永，字直方。時相國守司農卿，而直方北闈得舉。司農再相，未一歲，用言者謫居瀋陽。已而相國召入京，為宿衛，再以他事下請室，全家徙遼左。直方右目眇，於律，廢疾者贖。居兩月，有後命，與諸兄弟竟同遣云。」按：此有寬恩、獨留、兄弟、裘馬等句，蓋作於議贖之時，同遣以前也。時直方在北，故云寄懷。

漢法三冬係，秦關萬里流。可憐諸子壯，不料闔門收。要路冤誰救，寬恩病獨留。羈棲騎瘦馬，風雪阻他州。前四句指彥升，後四句指直方。○漢法，見《又詠古》。　李遐叔《弔古戰場文》：「秦築長城，竟海為關。」《後漢書・鄧隲傳》：「闔門靜居。」　要路，見《哭志衍》。　子瞻《謝表》：「尚荷寬恩。」　羈棲，見《送杜弢武》。杜詩：「東郊瘦馬使我傷。」　又：「十口隔風雪。」戴復古詩：「焚香拜元日，受歲客他州。」

按：《東方朔傳》：「年十二學書，三冬文史足用」。而接以「十五學擊劍，十六學詩書」，似以一冬代一年也。朱子《詩傳》：「三秋則不止三月矣」，與《朔傳》同。然梅村《亡女權厝誌》，相國再以他事下請室，家人咸被繫，直方在外舍，未就執獄，旬月而後讞。是彥升未嘗有三年之繫，當亦如杜詩「蟄龍三冬臥」，以冬代月耳。觀太史公《報任安書》「涉旬月，迫季冬」可見。

其二

百口風波大，三生夢寐真。膏粱虛早歲，辛苦得前身。索米芒鞋雪，傭書布帽塵。不知公府掾，集作「椽」，非。可識路傍人。此首皆指直方，前半首虛寫，後半首實敘。○百口，見《避亂》。風波，見《鴛湖曲》。　白詩：「世說三生如不謬，共疑巢許是前身。」杜詩：「相對如夢寐。」　梅村《亡女權厝誌》：「直方孱然，膏粱少年也。」蘇詩：「早歲便懷濟物志。」　辛苦，見《遇劉雪舫》。《晉書·羊祜傳》：「李氏子則祜之前身也。」　李長吉詩：「索米王門一事無。」芒鞋，見《贈蒼雪》。　《後漢書·班超傳》：「家貧，常為官傭書以供養。」陸務觀詩：「布帽幪襦老管寧。」《晉書·張協傳》：「與張載齊名，辟公府掾。」　劉公幹詩：「從者盈路傍。」

徐季方《見聞錄》：「陳直方，名容永，彥升先生子，與閩汀黎媿曾北場甲午同門。一日謂媿曾曰：『予知四世事。初為蜀通判子，苦嫡母嚴，商於外父，死乃得歸。再世為王孫。三世為京師竹林寺僧。一日放參，有婦女尋過，偶一目之，遂墮落。至此八歲時，從家大人入寺，一見恍然，齋房徑路皆為記識。今雖為宰相子，後世愈下矣。』」按：此詩之三生前身，蓋指其事。

其三

萬事偶相值，愁中且遣家。江山俄轉戰，妻子又天涯。客酒消殘漏，軍書過落花。出門翻自笑，安穩只龍沙。觀此詩語意，蓋作於仲女南歸之時，亦俱指直方說。前半首遣家，後半首客況也。○遣家，出《魏志·程昱傳》。梅村《亡女權厝誌》：「獨子婦不在遣中，相國命將幼穉歸。」　轉戰，見《讀史雜詩》。梅村《女志》：「未幾，海警急，京江陷，北信不至，州人一日數驚。」　天涯，見《送何省齋》。　譚用之詩：「碧玉蜉蝣迎客酒。」鄭守愚詩：「酒醒草檄聞殘漏。」《漢書·息夫躬傳》：「軍書交馳而輻輳。」　曾子固詩：「太守自吟還自笑。」　安穩，見《閬園》詩。龍沙，見《東萊行》。

其四

時世高門懼，似君誠又稀。何辜憂並坐，即免忍先歸。苦語思持滿，勞生羨息機。向來兄弟輩，裘馬自輕肥。此首纏綿悱惻，衷腸百轉，惟其情真，是以語妙。○時世，見《二十五日》詩。高門，見《送杜弢武》。《詩》：「何辜今之人。」《書疏》：「殷周以後，其罪或相緣坐。」《左傳·僖九年》：「齊侯盟諸侯於葵丘，宰孔先歸。」　苦語，見《贈願雲師》。《史記·句踐世家》：「持滿者與

天。」《莊子》:「勞我以生。」李詩:「曾向長生說息機。」　范彥龍詩:「衣馬悉輕肥。」梅村《女誌》:「陳氏家方隆盛時,子弟厚自封殖。即難作,而室中裝為在南者分持去。相國母夫人於武林聞之,曰:『四郎無私財,如妻子何?』」

詠月

長夜清輝發,愁來分外明。徘徊新戰骨,經過舊臺城。秋色知何處,江心似不平。可堪吹急管,重起故鄉情。觀臺城字,蓋作於金陵客夜,故用故鄉語也。前半寔寫,後半虛寫。○寧戚《飯牛歌》:「長夜漫漫何時旦。」張子壽詩:「夜夜減清輝。」曹詩:「明月照高樓,流光正徘徊。」杜詩:「但添新戰骨。」《南史·陶潛傳》:「顏延之經過,潛每往必酣飲致醉。」臺城,詳《臺城》。　謝玄暉詩:「芸黃共秋色。」　白詩:「惟有江心秋月白。」李義山詩:「中心最不平。」　鮑詩:「催絃急管為君舞。」　李詩:「何人不起故園情。」

訪商倩郊居有贈沈休文有《郊居賦》。

花影瘦籬根,江平客在門。曉吟寒入市,晚食雨歸村。管記看山爽,傭書宿火痕。西京游俠傳,乃父姓名存。前半切定郊居,後半切定商倩,辭俱雅令。○花影,見《送志衍》。籬根,見《高郵道中》。　杜詩:「江平不肯流。」　杜彥之詩:「望海樓中徹曉吟。」《晉書·衛玠傳》:「總角乘羊車入市。」　《戰國策》:「晚食以當肉。」鄭守愚詩:「牛羊送日獨歸村。」　謝靈運《詩序》:「阮瑀管書記之任。」《晉書·王徽之傳》:「西山朝來,致有爽氣耳。」白詩:「十里看山歸。」　傭書,見《懷陳直方》。韋應物詩:「空林無宿火。」　西京,見《鐵獅歌》。游俠傳,見《又詠古》。　《書》:「惟乃祖乃父,世篤忠貞。」

假寐得月《詩》:「不遑假寐。」李詩:「促酒喜得月。」

滅燭貪涼夜,窗陰夢不成。雲從閉目過,月向舉頭生。樹黑添深影,溪長耐獨行。故人多萬里,相望祇盈盈。先用滅燭字,最妙。前半完題面,後半寫題意,妙在不脫月字。○謝玄暉詩:「停琴佇涼月,滅燭聽歸鴻。」《秋興賦》:「覺涼夜之方永。」　梁簡文帝詩:「牕陰隨影度。」溫飛卿詩:「水簟銀床夢不成。」　白詩:「靜念道經深閉目。」　李詩:「舉頭望明月。」　張承吉詩:「樹黑雲歸去。」《西陽雜俎》:「人影欲深。」　杜詩:「萬里共清輝。」　又:「與君永相望。」盈盈,見《織女》。張如哉曰:「盈盈,用《禮記》『三五而盈』。」

三峰秋曉《蘇州府志》：「三峰寺在三山，唐咸通十三年建。又吳縣三山有三峰，地相連接。」韋應物詩：「顥氣疑秋曉。」

曉色近諸天，霜空萬象懸。雞鳴松頂日，僧語石房煙。清磬秀群木，幽花香一泉。欲參黃檗義，便向此中傳。寫得曉字出，如驪龍弄珠。○竇群詩：「碧樹分曉色。」岑參詩：「高閣逼諸天。」劉滄詩：「寥落霜空木葉稀。」顧逋翁詩：「風隨松頂雪。」馬虞臣詩：「僧語石樓空。」石房，見《送穆苑先》。清磬，見《宿福源精舍》。幽花，見《遇南廂園叟》。一泉，見《天王寺》。趙子昂《臨濟正宗之碑》：「遊學江左，事黃檗。黃檗種松，剗地有聲。師聞之，豁然大悟。歸鎮州，築室滹沱河之上，今臨濟院是也，因號臨濟大師。」陶詩：「此中有真意。」

按：第五句群水字，似與一泉不合。若以為群木，似與幽花錯出矣。俟考。

偕顧伊人晚從維摩踰嶺宿破山寺《感舊集》補傳：「顧湄，字伊人，江南太倉人。有《水鄉集》。」《蘇州府志》：「常熟縣雅摩禪寺，在虞山北巔。」破山寺，見《壽鶴如》。

樹老不言處，秋深無事中。雲根僧過白，霜信客來紅。樵語隔林火，茶煙小院風。杳然松下路，人影石橋東。此詩在踰嶺末宿時作。前半首踰嶺時之遠景，後半首漸近破山寺矣，層次如畫。○王詩：「問年松樹老。」李君虞詩：「清明秋序深。」雲根，見《石公山》。《筆談》：「北方白雁，似雁而小，至則霜降，謂之霜信。」杜牧之詩：「霜葉紅於二月花。」錢仲文詩：「雲裏隔林火。」茶煙，見《蚤起》。小院，見《彈琴歌》。杳然，見《攀清湖序》。人影，見《送志衍》。石橋，見《送致言》。

維摩楓林絕勝則公獨閉關結足出新詩見示杜詩：「玉露凋傷楓樹林。」程迓亭曰：「則公名華通，太倉人，靈隱具德弟子。」顏延年詩：「劉伶善閉關。」《婆娑論》：「結跏趺坐。」

遇賞只枯坐，秋林自著霜。道心黃葉澹，勝事白雲忘。澗水通茶灶，山花對石床。靜中幽思足，為我出詩囊。前半首閉關結足，後半首於閉關轉到出詩也。○蘇詩：「兀坐如枯株。」庾詩：「秋林栗更肥。」張道濟詩：「空山寂歷道心生。」黃葉，見《送趙友沂》。王詩：「勝事只自知。」【庾詩：「■■■窗外。」】〔註6〕茶灶，見《柬許九日》。徐孝穆詩：「山花臨舞席。」石床，見

〔註6〕【】內文字，稿本、天圖本、讀秀本作「《說文》：『澗水，夾水也』」。按：庾信《詠畫屏風詩二十五首》其七：「澗水才窗外。」

《疊陽觀》。　《史記・屈原傳》:「故憂愁幽思而作《離騷》。」　陸務觀詩:「古錦詩囊覓句忙。」

夜發破山寺別鶴如上人夜發,見《再觀打冰》。

得來松下宿,初月澹相親。山近住難定,僧高別更真。暗泉隨去馬,急葉捲歸人。過盡碧雲處,我心慚隱淪。此首從宿字起,亦如《假寐得月》從滅燭起也。三句是發,四句是別。後半首,夜發後之所見所思。○庾詩:「殘月如初月。」　蕭愨詩:「雲來覺山近。」　僧高,見《代州》。　李頎詩:「高樓聞暗泉。」岑參詩:「春流飲去馬。」　江詩:「歸人望煙火。」　又:「日暮碧雲合。」　《詩》:「實獲我心。」隱淪,見《退谷歌》。

「初月澹相親」,即「檐燕語留人」之意。此詩似有所諷。

苦雨《月令》:「孟夏行秋令,則苦雨數來。」

響苦滴殘更,愁中耳倍明。生涯貪舊業,天意誤躬耕。乞火泥連屋,輸租潦滿城。誰家歌舞宴,徹曉不聞聲。「愁中耳倍明」,寫盡苦字。三四句承愁中,五六句又從愁中抽寫兩事也。結句與起二句作對照,非欣羨語。○張文潛詩:「郵亭結束問殘更。」　張安國《詠雨詞》:「也不管,滴碎故鄉心,愁人耳。」　生涯,見《塗松晚發》。舊業,見《雕橋莊歌》。　張道濟詩:「天意若人期。」躬耕,見《汲古閣歌》。　乞火,見《臨頓兒》。杜詩:「床上書連屋。」　《詩話總龜》:「謝無逸常問潘大臨有新詩否?答曰:『昨日得滿城風雨近重陽句,忽催租人至,遂敗人意。』」　《乾淳歲時記》:「爆竹鼓吹之聲,喧鬧徹夜。」

茸城客樓大風曉寒吟眺以示友聖九日玉符諸子沈友聖、許九日,並已見。程迂亭曰:「受明,姓楊名瑄,華亭人。」

偶作扁舟興,偏逢旅夜窮。鴉啼殘夢樹,客話曉樓風。月落三江外,城荒萬馬中。空持一尊酒,歌哭與誰同。前半首客樓大風曉寒,後半首吟眺示友,○杜有《旅夜書懷》詩。　秦少游詩:「落紅滿地乳鴉啼。」殘夢,見《秋夜不寐》。　周衡之詩:「蒲團延客話。」杜收之詩:「曉樓煙檻出雲霄。」　三江,見《林屋洞》。　杜詩:「城荒草木深。」萬馬,見《雁門尚書行》。　沈休文詩:「勿言一樽酒,明日難重持。」　歌哭,見《閬園》詩。李義山詩:「松醪一醉與誰同。」

遇宋子建話故友有感梅村《宋讓木詩序》：「宋氏之以詩鳴者，隱莫如子建，幸莫如直方。」程迓亭曰：「子建名存標，華亭人。故友謂其兄讓木也。讓木名徵璧。」

　　對酒徐君劍，披襟宋玉秋。蕭條當晚歲，生死隔炎洲。萬里書難到，三山夢可求。原注：子建學仙。傷心南去雁，老淚只交流。起二句遇宋子建，三四話舊友，五六就子建說，結句就自己說。○徐君劍，見《送徐次桓》。　第二句，見《宮扇》。　晚歲，見《送何省齋》。《宋讓木詩序》：「君累不得志於計偕，凡六上始收。不幸遂遭末造，憂生傷亂，踰十年始出。」　錢仲文詩：「雨露隔炎洲。」《讓木詩序》：「既已簪筆侍從，又不獲已，從事於戎馬鉦鼓之間。主者差其勞勩，奏授一郡。崎嶇嶺海，燠休其遺民，刻廉自苦，七年不得調。」　庾詩：「獨下千行淚，開君萬里書。」崔崑詩：「胡越書難到。」　白詩：「忽聞海外有三山。」　儲光羲詩：「南雁將何歸。」　白詩：「寒波與老淚，此地共潺湲。」

樓聞晚角杜牧之詩：「風送孤城臨晚角。」

　　霜角麗譙聞，天邊橫海軍。旗翻當落木，馬動切寒雲。風急城烏亂，江昏野燒分。何年鼙鼓息，倚枕向斜曛。首句完題面。次句點出在茸城也。三四旗、馬承軍字說，仍含晚字在內。五六樓上之所見，結句聞角之所思，俱不脫晚字意。○詞名有《霜天曉角》。《卻掃編》：「顏師古曰：『樓，一名譙，故謂美麗之樓為麗譙。』」　橫海，見《茸城行》。　劉孝孫詩：「耀日彩旗翻。」落木，見《送何省齋》。《大戴禮》：「馬動而鸞鳴。」《字典》：「切，迫也。」寒雲，見《遇劉雪舫》。　杜詩：「風急天高猿嘯哀。」《左傳·襄十八年》：「城上有烏。」　白詩：「江昏水暗流。」■〔註7〕又：「野火燒不盡。」　鼙鼓，見《遇劉雪舫》。陳仲眾詩：「晴窗展玩到斜曛。」

送錢子璧赴大名《一統志》：「大名府在京師西南一千一百二十里。」

　　一騎衝寒雪，孤城叫晚鴉。參軍雄鎮地，上客相公家。酒盡河聲合，燈殘劍影斜。信陵方下士，旅思莫興嗟。首句紀時。次句指大名說。參軍、上客，俱指子璧。五六在大名之景。結句慰藉，是寫送字。○《史記·李將軍傳》：「嘗夜從一騎出。」衝寒，見《送孚令》。　晚鴉，見《送張青琱》。　參軍，見《臨江參軍》。白詩：「浙右推雄鎮。」《一統志》：「大名府，元祐元年賜號天雄軍節度。」　上客，見《行路難》。相公，見《雁門尚書行》。《明史·成基命傳》：「字靖之，大名人。

崇禎二年，拜禮部尚書，兼東閣大學士，入閣輔政。諡文穆。」　酒盡，見《鴛湖曲》。河聲，見《黃河》。　李有中詩：「篷底一燈殘。」駱賓王《螢火賦》：「同劍影之埋豐。」《一統志》：「大名府，戰國屬魏、衛二國。」《史記·信陵君傳》：「魏公子無忌者，封為信陵君。公子為人，仁而下士。」　王子安詩：「悠悠旅思難。」梁簡文帝《答湘東王書》：「臨岐有歎，望水興嗟。」

曹秋岳《答子璧》詩有云：「瑤笙夜咽浮丘嶺，繡轂春移大麓風。遊覽及時筋力健，莫令燕趙獨豪雄。」時子璧亦在大名也。按：大名成光，字仲謙，青壇相國子也。有《送錢子璧師南歸》詩云：「自昔人歌行路難，歸途雨雪幸加餐。明珠未合塵中擲，神劍須從鬥外看。浹歲春風留絳帳，數聲秋雁急征鞍。躊躕分手情何限，玉漏清尊午夜寒。」成文穆卒於崇禎八年。此云「相公家」，蓋在文穆身後。而仲謙以子璧為師，故云「上客」也。信陵公子，亦指仲謙。滑縣朱驊（字汗朱）《送錢子璧還江南》詩：「相思幾載隔漁磯，纔得逢君又送歸。日暮離亭簫鼓歇，滿天落葉向人飛。」「衛水秋深雁陣遲，黃花開向送君時。且挼爛醉登高酒，明歲花開知對誰。」

吳詩集覽　卷十下

五言律詩三之下

過諸乾一細林山館見《九峰草堂歌序》。按：王貽上《贈諸乾一》詩有「細林主
人老耽隱」之句。

　　興極期偏誤，名山識旅愁。橋痕穿谷口，亭影壓溪頭。霞爛丹山鼎，
松鳴白石樓。居然華燭夜，先為一峰留。遊山而先說誤期，亦不肯用平筆也。
橋痕、亭影，在山館之外；霞鼎、松樓，在山館之內。結句與起句相應。　張如哉
曰：「丹山鼎謂彭仙人，白石樓謂白石道人也。」○興極，見《嘲張南垣》。詞名有
《誤佳期》。　名山，見《讚佛詩》。王少伯詩：「向晚茫茫發旅愁。」　杜詩：「谷
口舊相得。」　陳去非詩：「游魚聚亭影。」王無功詩：「更坐北溪頭。」　李詩：
「羨君素書常滿案，含丹照白霞色爛。」丹山，見《送龔孝升》。盧昇之詩：「圓洞
開丹鼎。」　白石，見《九峰歌》。石樓，見《文長山館》。　《後漢書·班固傳》：
「精曜花燭，俯仰如神。」　一峰，見《讚佛詩》其三。

神山夜宿贈諸乾一見《九峰草堂歌序》。

　　高士能調鶴，仙人得臥龍。穿雲三徑杖，聽月五更鐘。管樂名堪亞，
彭佺道自濃。獨來天際住，嘯詠赤城松。前半首詠神山而乾一在其中，後半首
詠乾一而神山在其中，詞意周到。○劉元濟詩：「列鼎具調鶴。」　《三國志》：「徐庶
謂先主曰：『諸葛孔明，臥龍也。』」　穿雲，見《鶴如五十》。三徑，見《遣悶》。　唐

明皇詩:「歌鐘聽月虛。」曹堯賓詩:「漏苦霜傳五夜鐘。」 管樂,見《哭志衍》。《蜀志·諸葛亮傳》:「評曰:可謂識治之良才,管、蕭之亞匹矣。」 按:彭佺,彭祖、偓佺也。《神仙傳》:「偓全以松子遺堯,堯不暇服也。時人服者,皆至二三百歲。」李義山詩:「許掾全家道氣濃。」 天際,見《石公山》 《晉書·阮孚傳》:「正應端拱嘯詠,以樂當年耳。」赤城,見《讀西臺記》。

過徐文在西佘山莊

梅村《九峰草堂歌》:「徐公別墅琴樽興。」自注:文貞別業在西佘。則文在蓋文貞之裔也。《明史·徐階傳》:「謚文貞。」

　　已棄藍田第,還來瀼水濱。煙開孤樹迥,霜淨一峰真。路曲山迎杖,廊空月就人。始知蕭相計,留此待沉淪。過山莊而先言棄第,與過山館而先言誤期,筆勢相似。三四、西佘之景,五六山莊之景,結到文貞,與起處相應。○《漢書·竇嬰傳》:「屏居藍田南山下。」陳臥子詩:「竇嬰別業在藍田。」 《水經注》:「瀼水出藍田縣藍田谷。」 梁簡文帝詩:「煙開四郊謐。」杜詩:「白屋留孤樹。」 郝伯常詩:「霜淨楚天遠。」一峰,見《讚佛詩》其三。 司空表聖《詩品》:「柳陰路曲,流鶯比鄰。」 王仲初詩:「夜山秋雨滴空廊。」孟詩:「江清月近人。」 蕭相,見《退谷歌》。 沉淪,見《遇劉雪舫》。

細林夜集送別倩扶女郎

毛大可《西河詞話》:「雲間諸進士嗣郢、董孝廉俞諸君曾於重陽後作神山之會,即彭仙人棲神處也。時婁東吳學士偉業在座,連遣覓女郎倩扶,必不得。夜分,滬上張宏軒刺史錫懌來赴,投刺後,學士命以己車迎入。使者傳覆,需兩車,人頗訝之。及至,則挾一衣冠少年,光豔暗射,若薄雲籠月,人各卻步,且不敢詢姓氏。及移燭燭之,則倩扶也。一座譁然。蓋是時倩扶已與宏軒定情久矣。宏軒有《意難忘·初晤》、《殢人嬌·惜別》、《鳳棲梧·寄憶》、《再晤》諸詞,流傳人間。其序曰:『時維秋月,節屆登高。思逸事於龍山,遇佳人於鶴浦。唧杯浹日,判袂經旬。兔簡頻濡,鴻箋數寄。堪笑黏泥之絮,翻憐逐水之萍。品其高韻,人更澹於黃花;感此微詞,意每傷於綠葉。』後倩扶有寄宏軒主人詩,其落句云:『不道離愁深似許,輕教分手盼重過。』予和詩云:『但遇龍山高會後,尚疑青雀夜來過』,正暗刺前事也。」 張如哉曰:「呼女為郎,本《木蘭詩》『不知木蘭是女郎』。」

　　遠翠入顰眉,輕寒袖半垂。花生神女廟,月落影娥池。深竹微風度,晴沙細履移。回看下山路,紅燭為誰遲。起處極贊倩扶,三四細林夜集。然月落句已引出送字意。後半送別仍不脫細林夜集四字也。○溫飛卿詩:「遠翠愁山入臥屏。」《晉書·戴逵傳》:「捨寔逐聲之行,是猶美西施而學其顰眉。」 劉孝綽詩:「輕寒朝夕殊。」馬伯庸詩:「金屈卮邊醉袖垂。」賀方回詞:「半垂羅幕護窗紗。」 神女廟,

見《過圻村》。　《西京雜記》：「漢武於望鶴臺西起俯月臺，臺下穿影娥池，每登臺眺月，影入池中，因名影娥池。」　王詩：「洞房映深竹。」微風，見《看梅感興》。　白詩：「護江堤白蹋晴沙。」秦少游詞：「金谷後遊銅駝巷，怕新晴，細履平沙。」　孟詩：「迴瞻下山路。」　柳子厚詩：「席上燒紅燭。」李義山詩：「清管為誰調。」

　　　　按：常熟縣有影娥川，即琴川發源處，則神女廟、影娥池、九峰應別有之，
　　　　非指圻村之廟、漢武之池也。

天馬山過鐵崖墓有感見《九峰草堂歌序》。

　　天馬龍為友，雲山鳥自飛。定愁黃紙召，獨羨白衣歸。長卷心同苦，狂歌調已非。悲來吹鐵笛，莫笑和人稀。梅村不能為鐵崖，故所感獨深。後半首連自己在內，非泛作憑弔語也。○《漢書·禮樂志》：「今安匹龍為友。」《注》：「謂天馬也。」　釋元覽詩：「長空任鳥飛。」　白詩：「黃紙除書落枕前。」　《明史·楊維楨傳》：「洪武二年，大祖召諸儒纂社樂書，以維楨前朝老文學，遣翰林詹同奉幣詣門。維楨謝曰：『豈有老婦將木而再理嫁者耶？』明年，復遣有司敦促，賜安車還山。宋濂贈之詩曰：『不受君王五色詔，白衣宣至白衣還。』」　《古詩》：「志士多苦心。」　徐偉長《中論》：「或披髮而狂歌。」　《維楨傳》：「酒酣以往，偉長中飛，或戴華陽巾，披羽衣，坐船屋上，吹鐵笛作《梅花弄》。或呼侍兒歌雪之詞，自倚鳳琶和之。賓客皆蹁躚起舞，以為神仙中人。」　岑參詩：「由來此曲和人稀。」

　　　　葉子吉《弔鐵崖墓》詩：「先生不可見，遺冢自斜暉。無復搆紅袖，還聞葬
　　　　白衣。才銷明主忌，老幸故人依。鐵笛吹雲起，猶疑踏月歸。」

陳徵君西佘山祠見《九峰草堂歌序》。陳仲醇《巖棲幽事》：「丁酉，始得築婉孌草堂於二陸遺址，故有『長者為營栽竹地，中年方愜住山心』之句。」

　　通隱居成市，風流白石仙。地高卿相上，身遠亂離前。客記茶龕夜，僧追筆冢年。故人重下拜，酹酒向江天。此詩佳處在第四句，非他手可及也。餘亦工穩。○《梁書·何點傳》：「時人號為通隱。」《南史·沈麟士傳》：「時為之語曰：『差山中，有賢士，開門教授居成市。』」　梅村《九峰草堂歌》自注：「眉公自號白石道人。」　梅村《修太白山人墓記》：「後百餘年，雲間白石山人者復出。當海內無事，積薪厝火，中外宴安，山人得於其間交王公，營聲譽，自比於陶弘景、戴安道，為通隱。未幾，椓人再竊柄，黨禍兵禍，紛糾於不可解。」　《字典》：「龕，浮圖塔，一曰塔下室。」　筆冢，見《蒼公塔》。　《左傳·僖九年》：「敢不下拜。」《後漢書·張奐傳》：「召主簿於諸羌前，以酒酹地。」江天，見《巫峽》。

橫雲見《九峰草堂歌序》。

青嶂千金鑿，丹樓百尺高。空山開化跡，異代接賢豪。原注：李氏園亭廢後，近為諸乾一改築。**身世供危眺，妻孥付濁醪。雙眸雲背豁，飛鳥敢吾逃。**前平題面已完，後半主客俱在內。○沈休文詩：「嶻嶭起青嶂。」《世說》：「顧長康曰：『遙望曾城，丹樓如霞。』」《晉書·樂志》：「百尺高樓與天連。」顧愷之《定命論》：「夫建極開化，樹聲貽則。」賢豪，見《贈雪航》。廼賢詩：「至今豪俠人，危眺屢驚縮。」濁醪，見《攀清湖》。雙眸，見《九峰草堂歌》。王子安詩：「翕爾登霞首，依然蹋雲背。」溫飛卿詩：「一千二百逃飛鳥。」按：末二即「決眥入歸鳥」五字也。

送聖符弟之任蘄水丞梅村《德藻稿序》：「與兄聖符俱有聲於藝苑。」《一統志》：「蘄水縣在黃州府東南一百一十里。」

隨牒為人佐，全家漢水東。放衙廳壁冷，趨府戟門雄。屈宋風塵下，江山醒醉中。丈夫從薄祿，莫作故園窮。起二句是蘄水丞，三四丞之職事，後半首為聖符慰藉，結句回應起處。○隨牒，見《高涼司馬行》。《一統志》：「漢水至漢陽府城東北會大江，大江自漢陽府黃陂縣流入黃州府黃岡縣界，又東南流入蘄州界。」放衙，見《簡姜明府》。廳壁，見《送沈旭輪》。趨府，見《送純祜》。《〈周禮·天官〉注》：「棘門，以戟為門。」《唐書·杜審言傳》：「吾文章當得屈、宋作衙官。」《世說》：「王戎云：『太尉自是風塵外物。』」陶詩：「醒醉還相笑。」杜詩：「上公有記者，累奏資薄祿。」

其二

四十未專城，除書負姓名。才高方薦達，地僻鮮逢迎。夏簟琴床淨，春泉茗碗清。公餘臨墨沼，洗筆劃圖成。原注：蘄有陸羽泉、右軍洗筆池。聖符善畫。前半首是蘄水丞，後半首寫聖符興致也，仍從蘄水點染。○《古詩》：「四十專城居。」陸務觀詩：「空向除書見姓名。」《晉書·盧諶傳》：「才高行潔，為一時所推。」薦大，見王維《夏北行》。地僻，見《攀清湖》。逢迎，見《送張孺高》。隋煬帝詩：「夏簟蔭修竹。」琴床，見《東許九日》。《湖廣通志》：「蘄簟出蘄州。」庾詩：「春泉下玉溜。」茗椀，見《石谷山水歌》。《湖廣通志》：「松蘿出黃州府。」王元之詩：「公餘多愛入林泉。」柳子厚詩：「小學新翻墨沼波。」《白孔六帖》：「白樂天每一詩成，輒洗其筆。」《一統志》：「蘄水縣東，鳳山之陰，蘭溪之

陽，有泉出石罅，為蘭溪。其在寺庭之除，為陸羽烹茶之泉；其在鳳山之陰，為逸少澤筆之井。王、陸二水，皆蘭溪一源耳。」

其三

　　西上今吾弟，分攜北固樓。最高搔白首，何處望黃州。故舊忻無恙，煙波感昔遊。蘄春有香草，相寄慰離愁。原注：兼柬畢協公侍御。　此首以自己夾敘。前半首送聖符，後半首柬侍御也。○分攜，見《贈願雲師》。北固，見《闓園·序》。　張文昌詩：「看山多上最高樓。」杜詩：「白頭搔更短。」　黃州、無恙，見《壽龔芝麓》。　江總持詩：「日向煙波長。」魏文帝《與吳質書》：「追思昔遊，猶在心目。」　蘄春，見《壽龔芝麓》。《南都賦》：「其香草，則有薜荔、蕙若、薇蕪、蓀葨。」王詩：「香草為君子。」《湖廣通志》：「崇禎十年丁丑進士畢十臣，蘄水人，御史。」按：十臣，梅村丙子所取士也。　杜牧之詩：「當筵雖一醉，寧復緩離愁。」

其四

　　訪俗曾經亂，車過大澤鄉。殘民談勝廣，舊國記江黃。廿載流移復，三湘轉運長。正逢休息後，溫詔重循良。此亦以自己夾敘，蓋梅村訪於前，而聖符又訪於後也。切定薪水，歸到循良，立言有體。○袁伯長詩：「訪俗感素心。」《史記·陳涉世家》：「陳勝者，陽城人也，字涉。吳廣者，陽夏人也，字淑。二世元年，發閭左適戍漁陽九百人，屯大澤鄉。」徐廣曰：「在沛郡蘄縣。」　殘民，見《高郵道中》。　《莊子》：「舊國舊都，望之暢然。」江黃，見《哭志衍》。　流移，見《松山哀》。　三湘，見《哭志衍》。子瞻《上神宗書》：「天下之財，自郡縣而至於轉運，轉相鉤較，足以為不失矣。」　休息，見《感事》。　循良，見《過南廂園叟》。

暑夜舟過溪橋示顧伊人

　　深岸聽微風，江清不寐中。舟行人影動，橋語月明空。寺樹侵門黑，漁燈颭水紅。誰家更吹笛，歸思澱湖東。三四工絕，餘亦雅令。○杜詩：「細草微風岸。」　孟詩：「江清月近人。」　人影，見《送志衍》。　張承吉詩：「樹黑雲歸去。」　陸務觀詩：「孤舟風雨伴漁燈。」柳子厚詩：「驚風亂颭芙蓉水。」　李詩：「誰家玉笛暗飛聲。」　杜必簡詩：「歸思欲沾巾。」澱湖，見《茸城行》。

　　　「橋語月明空」，似從「僧語石樓空」化出，而意境更遠。

佘山遇姚翁出所畫花鳥見贈

七十忘機叟，空山羨獨行。只今來白石，當日住青城。一斗開顏笑，千花洗筆成。那知牙齒落，忽發浩歌聲。曲盡題面贈畫，只用輕點。○《莊子》：「漢陰丈人曰：『有機械者必有機事，有機事者必有機心。』」李詩：「我醉君復樂，陶然共忘機。」　白石，見《九峰歌》。　《元和郡國志》：「青城縣因山為名。」《玉匱經》：「青城山為第五大洞寶仙九室之天。」　一斗，見《行路難》。李詩：「開顏酌美酒。」　沈雲卿詩：「雲間樹色千花滿。」洗筆，見《送聖符弟》。　《客難》：「唇腐齒落。」　浩歌，見《避亂》其五。

贈青溪蔡羽明青溪，見《九峰歌序》。

家傍山城住，前賢定可追。一經傳漢相，八法繼秦碑。仙是麻姑降，才非唐舉知。逃名因賣藥，不愧鹿門期。此首點染入妙。○庾詩：「山城足迴樓。」　《漢書·韋賢傳》：「字長孺，魯國鄒人也。兼通《禮》、《尚書》，以《詩》教，代蔡義為丞相。少子玄成，復以明經歷位至丞相。鄒、魯諺曰：『遺子黃金滿籯，不如一經。』」　《說文》：「自秦壞古文，更用今體，一曰大篆，二曰小篆，三曰刻符，四曰蟲書，五曰摹印，六曰署書，七曰殳書，八曰隸書。」杜詩：「孤嶂秦碑在。」《神仙傳》：「王方平降蔡經家，並召麻姑。」　《史記·蔡澤傳》：「唐舉見蔡澤，熟視而笑曰：『吾聞聖人不相，殆先生乎？』」蘇詩：「莫從唐舉問封侯，但遣麻姑更搔背。」按：四句皆用蔡氏事也。　《後漢書·韓康傳》：「採藥名山，賣於長安市，口不二價。曰：『我本避名，今女子皆知有我，何用藥為？』乃遁入霸陵山中。」■〔註1〕《後漢書·逸民傳》：「郭正稱法真曰：『逃名而名我隨。』」又：「龐公攜其妻子登鹿門山，因採藥不反。」　杜詩：「空有鹿門期。」

第三句蔡義，第四句伯喈，與蔡經、蔡澤俱跟前賢句說，下結則就前賢而推廣言之。此體蓋起於子瞻《贈張子野》。

橘

莫設西山戍，蕭條是橘官。原注：時洞庭初增兵將。果從今歲少，樹為去年寒。原注：昨冬大寒，橘大半枯死。一絹輸將苦，千頭剪伐殘。茂陵消渴甚，只向上林看。通首言橘之少，是取別徑法。○杜詩：「西山白雪三城戍。」《抱朴子》：「漢武時，交趾有橘官，秩二百石，主貢橘。」　按：《吳江縣志》：「順治十一年冬，

〔註1〕墨丁，讀秀本作空格。

大寒，太湖水厚二尺，連二十日，橘柚死者過半。見《老圃閒談》。」然此詩編次於南歸後，蓋在十一年以後者。《居易錄》：「庚午冬，自京口達杭州，里河皆凍，江南柑橘樹皆枯死。」此又在梅村作詩以後者。　一絹，詳《贈陳定生》。《漢書・鼂錯傳》：「屯戍之事益省，輸將之費益寡。」　千頭，見《送李友梅》。剪伐，見《礬清湖》。　茂陵消渴甚，見《蘋婆》。　《上林賦》：「於是乎盧橘夏熟。」《注》：「此雖賦上林，博引異方珍奇，不繫於一也。」

蛤蜊《本草綱目》：「蛤蜊生東南海中，白殼紫唇，大二、三寸者，閩、浙人以其肉充海錯，亦作為醬醢。」

彊飯無良法，全憑適口湯。食經高此族，酒客得誰方。水斷車螯味，廚空牡蠣房。江南沈昭略，苦嗜不能嘗。工穩之作，結有別趣。○彊飯，見《別孚令》。《玉海》：「隋唐所謂社倉者，亦近古良法也。」　《南史・齊豫章嶷傳》：「妃庾氏，躬營飲食，雖豐儉隨事，而香淨適口。」《魏書・崔浩傳》：「浩著《食經》。」梁元帝《謝賚蛤蜊車螯啟》：「車螯，味高食部，名陳物志。」　《漢書・陳遵傳》：「黃門郎揚雄作《酒箴》，以諷諫成帝，其文為酒客難法度士。」　《酉陽雜俎》：「車螯牡蠣，故宜長充庖廚，永為口實。」《本草綱目》：「車螯，南海、北海皆有之，採無時。其肉食之似蛤蜊，而堅硬不及。」又：「蠣房，晉安人呼為蠔莆。初生止如拳石，四面漸長，至二丈者，嶄巖如山，俗呼蠔山。每一房內有肉一塊，大房如馬蹄，小者如人指面。每潮來，諸房皆開，有小蟲入，則合之以充腹。海人取者皆鑿房，以烈火逼之，挑取其肉。當食品，其味美好，更有益也。海族為最貴。」　《南史・沈昭略傳》：「字茂隆。」又，《王融傳》：「遇沈昭略，未相識。昭略屢顧盼，謂主人曰：『是何年少？』融殊不平，謂曰：『僕出於扶桑，入於暘〔註2〕谷，照耀天下，誰云不知，而卿此問？』昭略云：『不知許事，且食蛤蜊。』融曰：『物以群分，方以類聚。君長東隅，居然應嗜此族。』」按：苦嗜即酷嗜。酷嗜，見《通天帖》。

膾殘《博物志》：「吳王江行食鱠，有餘，棄於中流，化為魚。今魚中有吳王鱠魚者，長數寸，大者如箸，猶有鱠形。」《神僧傳》：「誌公嘗於臺城對梁武帝喫鱠，昭明諸王子皆侍側。食訖，武帝曰：『朕不知味二十餘年矣，師何為爾？』誌公乃吐出小魚，依依鱗尾，武帝深異之。今秣陵尚有膾殘魚也。」《本草綱目》：「時珍曰：按《博物志》云：吳王闔閭江行食魚鱠，棄其殘餘於水，化為此魚，故名。或又作越王及僧寶誌者，益出附會，不足致辯。」按：《吳郡志》謂吳王孫權所餘，亦非。

〔註2〕「暘」，乙本誤作「賜」。

棄擲誠何細，夫差信老饕。微茫經匕箸，變化入波濤。風俗銀盤薦，江湖玉饌高。六千殘卒在，脫網總秋毫。通首善於點染，三四工妙。○棄擲，見《後東皋歌》。杜詩：「促織何微細。」《宋史‧劉黻傳》：「廼今老饕自肆。」微茫，見《龍腹竹歌》。《蜀志‧先主志》：「先主方食，失匕箸。」高達夫詩：「忠信涉波濤。」文通《兔園賦》：「碧玉作盌銀為盤。」杜詩：「蒙將玉饌俱。」《史記‧越世家》：「君子六千人伐吳。」《晉書‧慕容垂載記》：「脫網之鯨，豈罟所制？」

石首《本草綱目》：「石首魚生東南海中，其形首有白石二板，瑩潔如玉，至秋化為冠鳧，即野鴨有冠者也。」

採鮮諸狹少，集作「狹小」，非。打鼓伐藏冰。五月三江去，千金一網能。尾黃荷葉蓋，腮赤柳條勝。笑殺兒童語，烹來可飯僧。善於體物，結有別趣。○吳江葉學山有《採鮮詞》。俠少，見《王郎曲》。《松江府志》：「石首俗呼黃魚，每夏初，賈人駕巨舟，群百人呼噪出洋，先於蘇州水廠市冰以待，謂之冰鮮。鹽曬為鯗，曰白鯗，金山青村為盛。」白詩：「就荷葉上包魚鮓。」謝無逸詞：「柳條帶雨穿雙雙鯉。」《舊唐書‧王縉傳》：「元載、杜鴻漸與縉喜飯僧。」《東坡志林》：「僧謂酒為般若湯，魚為水梭花，雞為鑽籬菜，竟無所益，但欺而已。」周櫟園《書影》：「鯗字從養之半，相傳最養人。浙僧以佛經中有『南海有魚，其名石首。比丘有疾，食肉四兩』語，恣啖之。然皆無賴掛搭所為，稍持戒律者不至藉經言為口寔也。」

燕窩周櫟園曰■■〔註3〕：「燕窩有烏、白、紅三種，惟紅者最難得。白者能愈痰疾，紅者有益小兒痘疹。」《暑窗臆說》：「燕窩名金絲。海商云：海際沙洲生蠶螺，臂有兩肋，堅潔而白，海燕啄食之，肉化而肋不化，並津液吐出，結為小窩，唧飛渡海，倦則棲其上。海人依時拾之以貨，紫色者尤佳。」《湖海搜奇》：「出廣東陽江縣，乃海燕採小魚營巢，故名燕窩。」

海燕無家苦，爭銜白小魚。卻供人採食，未卜汝安居。味入金齏美，集作「韲」。巢營玉壘虛。大官求遠物，大音太。早獻上林書。前半賦物之工，後半比也，亦賦也。○張子壽詩：「海燕何微眇，乘風亦暫求。」無家，見《避亂》。杜詩：「白小群分命，天然二寸魚。」《禮》：「民安其居，樂事勸功。」《南部煙花錄》：「南人魚鱠，細縷金橙拌之，號為金齏玉鱠。」蘇詩：「莫將將南海金齏鱠，輕比東坡玉糝羹。」《一統志》：「玉壘山在成都府灌縣西北。」此借用。《漢書‧

百官公卿表》師古注：「大官主饍食，湯官主餅餌，導宮主擇米。」《書》：「不寶遠物，則遠人格。」　上林，見《永和宮詞》。

海參周櫟園曰：「參益人。海參得名，亦以能溫補也。生於土者為人參，生於海者為海參。」

　　預使燂湯洗，遲才入鼎鐺。禁猶寬北海，饌可佐南烹。原注：產登萊海中，故無禁。莫辨蟲魚族，休疑草木名。但將滋味補，勿藥養餘生。前半可補《食經》，後半就參字生情。○《禮》：「燂湯清洗。」《集說》：「燂，溫也。」《玉篇》：「燖，本作燂，沈肉於湯也。」《阿房宮賦》：「鼎鐺玉石。」《漢書·地理志》：「北海郡，景帝中二年置，屬青州。」《一統志》：「漢青州領平原、千乘、濟南、齊、北海、東萊六郡。」又：「登州府境，三面皆距海。萊州府境，海濱之州縣五。」　韓詩：「自宜味南烹。」　蟲魚，見《遣悶》。《後漢書·崔瑗傳》：「盛脩肴膳，殫極滋味。」《易》：「无妄之疾，勿藥有喜。」餘生，見《送周子俶》。

比目《宋書·符瑞志》：「比目魚，王者德及幽隱則見。」《本草綱目》：「比目魚各一目，相併而行也。」《爾雅》所謂「東方有比目魚，不比不行，其名曰鰈」是也。段氏《北戶錄》謂之鰜，音兼。《吳都賦》謂之魪，音介。《上林賦》謂之魼，音墟。《臨海志》名婢篵魚。《臨海風土記》名奴屬魚。《南越志》名版魚。《南方異物志》名箬葉魚。

　　比目誠何恨，滄波作伴遊。幸逃網罟厄，可免別離愁。小市時珍改，殘書土物收。若逢封禪詔，定向海邊求。原注：得東海比目魚，始可封禪。見《管子》。　前半完題面，後半演迤，拓開一步。○杜詩：「何恨依山木。」　柳文暢詩：「太液滄波起。」宋延清詩：「作伴誰憐合浦葉。」　小市，見《攀清湖》。王浚詩：「蘭羞備時珍。」　殘書，見《王菴看梅》。《書》：「惟土物愛厥心臧。」《史記·封禪書》：「管仲曰：『古之封禪，東海致比目之魚，西海致比翼之鳥。』」按：朱道民《管子權·封禪第五十》元篇亡，以《封禪書》所載管子言補之。梅村所見，或完書與？

鯗《本草綱目》：「石首魚，乾者名鯗。鯗能養人，人恒想之，故字從養。以白者為佳，故呼白〔註4〕鯗。」按：鰳魚、鱏魚，皆可為鯗。

　　舊俗魚鹽賤，貧家入饌輕。自慚非食肉，每飯望休兵。餘骨膻何附，長餐臭有情。腐儒嗟口腹，屬饜負昇平。〔註5〕起句最工，餘亦勻稱。○舊

〔註4〕「白」，乙本誤作「自」。
〔註5〕劉世南《在學術殿堂外》三《刊謬難窮時有作》評吳世昌《詞林新話》附錄《詩話》（九州出版社 2018 年版，第 34～36 頁）：

俗，見《新都》。　貧家，見《遇南廂園叟》。杜詩：「白白江魚入饌來。」《左傳‧莊十年》：「肉食者鄙。」《史記‧馮唐傳》：「今吾每飯，意未嘗不在鉅鹿也。」《魏志‧公孫瓚傳》：「不如休兵。」　《莊子》：「羊肉不慕蟻，蟻慕羊肉，羊肉羶也。舜有羶行，百姓悅之，故三徙成都，至鄧之墟，而十有萬家。」　陶詩：「惆悵念長餐。」《蘇州府志》：「石首魚今惟出海中，吳人以楝花時為候，時已微熱，魚多肉敗氣臭，習慣嗜之，故有忍臭喫石首之譏。年來沿海大家始藏冰，悉以冰養魚，遂不敗。」《荀子》：「『括囊，无咎无譽』，腐儒之謂也。」　《左傳‧昭二十八年》：「以小人之

《詩話》第一○五則：「梅村《詠鰣魚》云：『自慚非食肉，每飯望休兵？』此用曹劌故事，『肉食者鄙』，豈堪言兵？此謂我非食肉者，可以言兵，而猶望休兵乃進一層言之。耘菘誤以為用食魚之典而譏之，失其所指矣。」

吳梅村的《鰣》是一首五律，吳氏所引是三四句。程穆衡《吳梅村詩集箋注》、吳翌鳳《吳梅村詩集箋注》，對此二句都未加注，只有靳榮藩的《吳詩集覽》才在「自慚非食肉」句下，引《左傳‧莊公十年》「肉食者鄙」，此即吳氏所說的根據。然而靳氏實在弄錯了，梅村此句實用《後漢書》卷四十七《班超傳》：「相者指曰：『生燕頷虎頸，飛而食肉，此萬里侯相也。』」梅村意謂自愧不能像班超那樣「奮西域之略」（《班超傳‧論》），為清廷平定「海寇」。其所以如此說，靳氏《集覽》此詩後已引顧瞻泰語：「三四句蓋有海警時作。」所謂「海警」，指順治十年十二月丙戌，鄭成功犯吳淞，官軍擊走之。（《清史稿》卷五《世祖本紀二》）梅村此時雖尚未出仕清廷，但已被迫將出山，其詩集刊印又在入清之後，不敢有違礙語，所以此詩三四句寫成，既自愧不能如班超之投筆從戎，平定海疆，而又時刻盼望早日結束戰爭（即早日消滅鄭成功的抗清軍事力量）。

如照吳氏所解「此謂我非食肉者，可以言兵」，則何「自慚」之有？因為既非「食肉者」，那就是不「鄙」而「能遠謀」，就像曹劌那樣，用不著「自慚」的。至於「可以言兵，而猶望休兵乃進一層言之」，就更纏夾不清了。難道梅村自負知兵，而又不願用兵早日消滅鄭成功的抗清軍事力量嗎？

其所以糾纏不清，還能自圓其說，關鍵就在於上了靳榮藩的當了，把班超的「食肉」當成了曹劌鄉人罵的「肉食者」。

吳氏還批評清人趙翼（字耘菘），說他「誤以為用食魚之典而譏之，失其所指矣」。其實趙翼並不誤，誤的倒是吳氏。

《甌北詩話》卷九《吳梅村詩》第七段：「又有用事錯誤者……《詠鰣魚》云：『自慚非食肉，每飯望休兵。』食魚無休兵典故，況鰣魚耶？亦覺無謂。」這是說休兵和食魚（尤其是鰣魚）無關，沒有這方面的典故。趙翼的話很明白，他是就「每飯望休兵」一句說的。「每飯」，就題目《鰣》的範圍說，就是每次吃鰣魚時，就盼望早日結束戰爭，這確是毫無來歷，沒有故實的，不像上句用了班超的事。（趙翼是詩人，又是史學家，他不像靳榮藩，完全懂得「食肉」的出處。）而按舊詩做法，律詩的對偶句，如果用典，就上下都要用，不能一用一不用。所以，趙翼對梅村此句的批評是完全正確的。吳氏說趙譏吳詩誤用食魚之典，真不知從何說起。（參看《古籍整理研究學刊》1993年第4期）

腹為君子之心，屬厭而已。」潘安仁《西征賦》：「既餐服以屬饜。」昇平，見《琵琶行》。

　　　　顧瞻泰曰：「三四句蓋有海警時作。」

過吳江有感 《蘇州府志》：「吳江縣在府南四十里。」

　　落日松陵道，堤長欲抱城。塔盤湖勢動，橋引月痕生。市靜人逃賦，江寬客避兵。廿年交舊散，把酒歎浮名。前半首過吳江，後半首有感市靜由於人逃，江寬由〔註6〕於客避，引起散字。浮名指自己說。○《一統志》：「吳江縣，唐曰松陵鎮。」又：「長堤在吳江縣東。宋慶曆二年以松江風濤，漕運多敗舟，遂接續松江長堤，界於江湖之間。明萬曆三十三年重築，長八十三里。」許仲晦詩：「水光千里抱城來。」《蘇州府志》：「寧境華嚴講寺在吳江縣東門外。宋元祐四年，邑人姚得瑄建方塔七成。」《輟耕錄》：「吳江長橋七十二洞，元泰定二年，甃以石。」陸務觀詩：「寂寂中庭伴月痕。」　段成根《贈李寶》詩：「聞諸交舊，累聖疊曜。」按：《吳江縣志》：「國初，邑之高蹈而能文者相率為驚隱詩社，起順治庚寅，四方同志咸集，相與遯跡林泉，優遊文酒，角巾方袍，時往來於三江五湖間。其後史案株連，同社有罹法者，社集遂輟。」二十五年交舊，梅村蓋感其事與？　把酒，見《東萊行》。浮名，見《別孚令》。

莫釐峰 《一統志》：「洞庭東山在吳縣西南太湖中。」《史記正義》謂之莫釐山。《吳縣志》：「相傳隋莫釐將軍居此，故名。」

　　始信一生誤，未來天際看。亂峰經數轉，遠水忽千盤。獨立久方定，孤懷驟已寬。亦知歸徑晚，老續此遊難。起二句有飛動之勢。三四詠峰。五六遊興。結有餘波，與起處相應。○天際，見《石公山》。　朱子詩：「高旻盡亂峰。」　遠水，見《送穆苑先》。蘇詩：「蜀道走千〔註7〕盤。」　孤懷，見《送趙友沂》。　謝玄暉詩：「歸徑窅如迷。」

送沈友聖漢川哭友詩並序

　　漢川顧西巘侍御，與雲間沈山人友聖為布衣交。使吳，深自折節，友聖長揖就坐，箕踞狂嘯，無所不敢當。所居田坳蓬蔚，衡門兩版，侍御出郊枉訪，停車話舊，一郡皆驚。西巘亡，友聖徒步三千里哭之，糧

〔註6〕「由」，乙本誤作「山」。
〔註7〕「千」，乙本誤作「於」。

盡道寒，直前不顧。予與友聖交厚，侍御亦以友聖之故厚予。嘗三人虎丘夜飲，其鄭重之意，形諸圖畫，見於歌詩。漢川之行，惜予不能從也，爰作詩寓其悲焉。《一統志》：「漢川縣在漢陽府西北一百二十里。」西巘、友聖，並已見。 《史記・范睢傳》：「秦昭王遺平原君書曰：『寡人聞君之高義，原與君為布衣之交。』」《蜀志・費禕傳》：「為昭信校尉，使吳。」 《戰國策》：「武安君曰：『王折節以下其臣。』」《後漢書・趙壹傳》：「司徒袁逢受計，計吏數有人，皆拜伏庭中，壹獨長揖，逢則斂袵下堂，延置上坐。」 箕踞，見《行路難》。 元詩：「官借江邊宅，天生地勢坳。」潘正叔詩：「顧茲蓬蔚。」 《毛詩傳》：「衡木為門，言淺陋也。」王炎《元日》詩：「兩版不須書鬱壘。」 《漢書・樓獲傳》：「時成都侯商為大司馬衛將軍罷朝，欲候獲，其主簿諫：將軍至尊，不宜入閭巷。商不聽，遂往至獲家，家狹小，官屬立車下。」 《史記・淮陰侯傳》：「一軍皆驚。」 鄭重，出《漢書・王莽傳》。

　　士有一知己，無須更不平。世翻嫌鮑叔，人竊罵侯生。置飲忘形踞，停驂廢禮迎。柴門車轍在，感舊淚縱橫。此首寫西巘交誼，是哭友之由。末句點出哭字。○《虞翻別傳》：「使天下一人知己者，足以不恨。」 鮑叔，見《送詹司理》。 《史記・信陵君傳》：「公子從車騎，虛左，自迎夷門侯生。公子執轡愈恭，從騎皆竊罵侯生。」《唐書・孟郊傳》：「性介，少諧合。韓愈一見，為忘形交。」謝玄暉詩：「停驂君悵望。」《左傳・恒六年》：「以器幣則廢禮。」 《史記・陳丞相世家》：「以弊席為門，然門外多有長者車轍。」 曹顏遠有《感舊詩》。杜詩：「四座淚縱橫。」

其二

　　得信俄狂走，千山一哭中。棄家芒屩雪，為位草亭風。兩水江聲合，三聲友道空。祇留黃鶴夢，相見話詩翁。從哭字直起，是跟前首末句來也。後半點化漢川。○狂走，見《避亂》。 千山，見《贈願雲師》。杜詩：「親朋盡一哭。」 芒屩，見《贈願雲師》。 《禮》：「為位而哭。」杜詩：「乾坤一草亭。」 《一統志》：「漢水至漢陽縣北漢口入江，一名沔水，一名沮水。」《甘澤謠》：「僧圓觀與李源為忘年交，後觀託身王氏，約十二年後秋夜會於杭州天竺寺外。既至，歌曰：『三生石上舊精魂，賞月吟風未要論。慚愧情人遠相訪，此身雖共性長存。』」《一統志》：「黃鶴樓在武昌府江夏縣西。」 王介甫詩：「幾人談笑伴詩翁。」

其三

　　貧賤誰曾託，相逢許此身。論文青眼客，漬酒白衣人。丘壟松楸冷，

江山薤露新。一杯傾漢水，不肯負春申。此申言第一首、第二首之意。○《孔叢子》：「宮他見子順曰：『他困貧賤，將欲自託富貴之門，何向而可？』」《史記·聶政傳》：「老母在，政未敢以身許人也。」　青眼客，見《壽龔芝麓》。　漬酒，見《過靳王墓》。按：白衣人用衣白者山人也，詳《西田賞菊》。　丘壟，見《韓蘄王墓》。李遠詩：「謝公何處掩松楸。」　薤露，見《讀西臺記》注。　白詩：「逢花傾一杯。」漢水，見《二十五日》詩。《史記·春申君傳》：「春申君者，楚人也，名歇，姓黃氏。客三千餘人。」按：漢川楚分，故引之。

其四

　　徒步愁糧盡，傷心是各天。雲埋大別樹，雪暗小孤船。死友今朝見，狂名到處傳。范張千里約，重補入晴川。此首歸重友聖，亦用漢川點染。○《後漢書·徐穉傳》：「嘗為太尉黃瓊所辟，不就。及瓊卒歸蘽，穉乃負糧，徒步到江夏赴之。」《古詩》：「各在天一涯。」　雲埋，見《趵突泉》。大別，見《二十五日》詩。　楊炯詩：「雪暗雕旗畫。」小孤，見《贈李雲田》。《後漢書·趙岐傳》：「出行乃得死友。」　姚合詩：「通酒怕狂名。」　范式、張劭，見《讀西臺記》注。　晴川，見《虎丘夜集圖》。

秦留仙寄暢園三詠原注：同姜西溟、嚴蓀友、顧伊人作。《國朝詩別裁集》：「秦松齡，字留仙，江南無錫人。順治乙未進士，入翰林。罷歸。康熙己未，召試博學鴻詞，官諭德」；「姜宸英，字西溟，浙江慈谿人。康熙丁丑進士第三人。官編修。著有《葦間詩集》」；「嚴繩孫，字蓀友，江南無錫人。康熙己未召試博學鴻詞，官檢討。遷中允。著有《秋水集》。」《常州府志》：「秦氏寄暢園在無錫惠山寺左。正德中，秦端敏公金置，引潤泉作池，聲若風雨。二百餘年，易主而不易姓。」

山池塔影

　　黛色常疑雨，溪堂正早秋。亂山來眾響，倒景漾中流。似有一帆至，何因半塔留。眼前通妙理，斜日在峰頭。張如哉曰：「一句山，二句池，三、四句以山響陪出池影，五、六句以一帆托出半塔，七八句言影所由來，又回顧山字，與『返照入江翻石壁』同妙。」○何仲言詩：「臨橋看黛色。」　溪堂，見《送周子俶》。虞子慎詩：「九江逢七夕，初弦值早秋。」　亂山，見《苑先往桐廬》。　謝靈運《山居賦》：「日倒影於椒塗。」中流，見《攀清湖·序》。　一帆，見《塗松晚發》。　許有壬（字可用）詩：「疏竹呈半塔。」　庾詩：「山花即眼前。」《北史·高允傳》：「天下妙理至多。」　陰子堅詩：「翠柳將斜日。」

《常州府志》：「王達《錫山塔影》詩：『星河拂曙鐘初定，平湖水碧天開鏡。青山孤塔勢凌寒，影入平湖鏡裏看。沙明苑若長虹臥，一雁斜飛驚欲墮。朱欄曲曲氣層層，蒼茫何處覓殘僧。晚來記得漁郎語，風雪蛟人夜試橙。』」

惠井支泉

石斷源何處，涓涓樹底生。遇風流乍急，入夜響尤清。枕可穿雲聽，茶頻帶月烹。只因愁水遞，到此暫逃名。首二句原題，三四形容入妙，五六詠歎，結句另入佳境，又一詠歎法也。○李詩：「石斷寒泉流。」 涓涓，見《海戶曲》。 李義山詩：「流處水花急。」 杜詩：「隨風潛入夜。」王仲宣詩：「流波激清響。」 《世說》：「孫子荊曰：『所以枕流，欲洗其耳。』」穿雲，見《鶴如五十》。《宋史‧張愈傳》：「眠雲聽泉。」 曹業之詩：「孤吟對月烹。」 《芝田錄》：「李德裕喜惠山泉，在京置驛遞鋪，號水遞。有僧曰：『為相公通水脈，京師一眼井，與彼脈相通。』公取二瓶，襍他水十瓶，遣僧辨析，僧止取二瓶。」 逃名，見《贈蔡羽明》。

宛轉橋《莊子》：「與物宛轉。」韓君平詩：「稼水回通宛轉橋。」

斜月掛銀河，虹橋樂事多。花欹當曲檻，石礙折層波。客子沉吟去，佳人窈窕過。玉簫知此意，宛轉採蓮歌。前半實寫，後半詠歎，俱有宛轉字在內。○《子夜歌》：「斜月垂光照。」銀河，見《青門曲》。 盧子行詩：「虹橋別有羊車路。」李詩：「君王多樂事。」 李涉詩：「花欹渾拂檻。」曲檻，見《拙政園》。 梅聖俞詩：「暗石惟愁礙。」層波，見《西田詩》。 魏文帝詩：「客子常畏人。」 沉吟，見《雁門尚書行》。 司馬長卿《長門賦》：「夫何一佳人兮。」窈窕，見《遣悶其五》。 玉簫，見《六真歌》。宛轉歌，見《七夕即事》。《南史‧羊侃傳》：「自造《採蓮》、《棹歌》兩曲，甚有新致。」

慧山酒樓遇蔣翁惠山，見《玉京墓‧序》。張正言詩：「偏宜上酒樓。」

桑苧誰來繼，名泉屬賣漿。價應誇下若，味豈過程鄉。故老空山裏，高樓大道旁。我同何水部，漫說撥醅香。前半首惠山酒樓，後半首蔣翁，未用夾敘法。○《唐書‧陸羽傳》：「自稱桑苧翁，嗜茶。」米元章詩：「好作新詩繼桑苧，垂虹秋色滿東南。」 賣漿，見《送友人往正定》。 下若，見《訪霍魯齋》。 程鄉，見《閬園》詩序。 《詩》：「召彼故老。」王少伯詩：「空山多雨雪。」 《列子》：「登高樓，臨大路。」 《南史‧陳暄傳》：「何水曹眼不識杯鐺，吾口不離瓢杓。」 樂天《醉吟先生傳》：「吟罷自哂，揭甕撥醅，又飲數杯，兀然而醉。」

家園次罷官吳興有感梅村《修孫山人墓記》：「吳公由工部郎為吳興守。江南之揚州人。」《揚州府志》：「吳綺，字園次，江都人。順治九年拔貢，授中書舍人，歷兵部郎中、知湖州府。既罷歸，貧無田宅，購廢圃以居。」《浙江通志》：「吳綺，康熙五年任。」《一統志》：「湖州府，三國吳寶鼎元年始於烏程置吳興郡，晉及宋、齊因之。」

　　世路嗟誰穩，棲遲可奈何。官隨殘夢短，客比亂山多。閉閣凝香坐，行廚載酒過。卻聽漁唱響，落日有風波。玩此詩語意，園次蓋罷官而尚留吳興者。起言何處是樂地，姑棲遲於吳興耳。三四是罷官後語，蓋罷官而客仍多，正見園次愛客。若認作在官時之客，則淺矣。五六分承三四，結句從五六轉出，回應起處。○世路，見《呈李太虛》。　棲遲，見《贈陸生》。宋玉《九辯》：「君不知兮可奈何。」　殘夢，見《秋夜不寐》。　亂山，見《苑先往桐廬》。　蘇詩：「凝香方丈眠甌𤫫。」　《神仙傳》：「左慈能坐致行廚。」載酒，見《清風使節圖》。　《滕王閣序》：「漁舟唱晚。」　風波，見《鴛湖曲》。

　　　　原評：讀三四語，園次之輕官愛客如或見之。今之戀官者，且逐客矣。

其二

　　勝事難忘處，陰晴檻外峰。高臺爭見水，曲塢自栽松。失志花還放，離程鶴未從。白雲長瀁瀁，猶做到時容。吳興有愛山臺、六客堂諸勝。園次曾邀梅村讌賞，故前半首及之。後半首是有感。○勝事，見《虎丘夜集圖》。　王詩：「陰晴眾壑殊。」僧靈一時〔註8〕：「雲生戶外峰。」　漢饒歌有《臨高臺》。　施肩吾詩：「草迷曲塢花滿園。」　失志，見《琵琶行》。　《宋史·趙抃傳》：「匹馬入蜀，以一琴一鶴自隨。」　宋玉《高唐賦》：「水瀁瀁而盤紆兮。」

其三

　　枉殉千金諾，空酬一飯恩。只今求國士，誰與報王孫。強悶裁詩卷，長歌向酒尊。古人高急難，歎息在夷門。前四句言好客無國士之報。後半□□□□〔註9〕，正是有感處。○《史記·季布傳》：「得黃金百斤，不如得季布一諾。」　又，《范睢傳》：「一飯之恩必償。」　又，《淮陰侯傳》：「蕭何曰：『至如信者，國士無雙。』」　又：「漂母曰：『吾哀王孫而進食，豈望報乎？』」　杜詩：「排悶強裁詩。」　《詩》：「兄弟急難。」　《史記·信陵君傳》：「魏有隱士曰侯嬴，年七十，家貧，為大梁夷門監者。公子從車騎，虛左，自迎夷門侯生。秦昭王已破趙長平

〔註8〕按：出靈一《宿天柱觀》，故「時」乃「詩」之誤。
〔註9〕「□□□□」，底本、乙本均為空格，稿本、天圖本、讀秀本作「梅村自指」。

軍，又進兵圍邯鄲。公子姊為趙惠文王弟平原君夫人，請救於魏。魏王畏秦，終不聽公子。侯生乃屏人間語，公子從其計，請如姬。如姬果盜晉鄙兵符與公子。侯生曰：『臣宜從，老不能。請數公子行日，以至晉鄙軍之日，北向自剄，以送公子。』」

其四

劇郡非吾好，蕭條去國身。幾年稱傲吏，此日作詩人。京洛虛名誤，江湖懶病真。一官知己愧，所得是長貧。首句是傲吏語，次句是詩人語，三四分承，五六七八轉合處，亦暗中分承也。蓋偶然為之，非故作此體。○《漢書·朱邑傳》：「張敞與邑書：敞遠守劇郡，馭於繩墨，匈臆約結，故無奇也。」 謝玄暉詩：「去國懷丘園。」 郭景純詩：「漆園有傲吏。」 韓詩：「餘事作詩人。」 謝玄暉詩：「誰能久京洛。」李詩：「空名適自誤。」 劉夢吉詩：「常使幽人懶病深。」 李義山詩：「所得是沾〔註10〕衣。」《漢書·陳平傳》：「固有美如陳平長貧者乎？」

許九日顧伊人和元人齋中雜詠詩成持示戲效其體〔註11〕《元史·儒學

〔註10〕 「沾」，乙本誤作「沽」。
〔註11〕 （元）楊載《翰林楊仲弘詩》卷二《東陽十題》（民國八年上海商務印書館四部叢刊景明嘉靖十五年翁氏刻本）：

焦桐
只作全生計，唯存半死心。窮荒猶不置，斤斧重相尋。遂使煤焦釜，誰為愛古琴。有材不足恃，愁絕念知音。

蠹簡
往古韋編在，何年始汗青。蠹蟲深卜宅，科斗少成形。泯滅貼秦火，搜羅出漢廷。斯文天未喪，不敢望全經。

破硯
彼美端溪石，家藏歲月多。廉隅皆破缺，筋力盡姸磨。玉亦堅而已，星如槊者何。向來曾自詭，持用掇高科。

殘畫
斷裂無邊幅，華堂棄置餘。蒼松深踞地，白鶴上凌虛。風格猶森若，丹青總黡如。苦心絕人事，誰見用功初。

舊劍
匣裏雌雄劍，通神世所聞。潛精依厚地，吐氣切高云。亦有蛟龍害，寧無星斗文。不逢雷煥識，埋沒復何云。

塵鏡
收藏無寶匣，歎息網絲懸。孰使明為暗，如觀醜勝姸。玉臺終寂寂，金鵲尚翩翩。政訝開元日，虛將盛事傳。

廢檠
二尺書檠在，如今久棄捐。魚膏雖有焰，蠹簡獨無緣。墻下偕遺礫，窗間帶舊煙。卻觀提挈處，辛苦悔當年。

敗裘

寂寞牛衣子，能無敝縕袍。塵埃須浣濯，蟣虱費爬搔。意味存難肋，寒涼視馬毛。千金既銷鑠，猶聽朔風號。

斷碑

摩娑不成讀，上有蘚斑斑。字畫鍾王輩，文章漢魏間。龜趺凋贔屭，螭首落屏顏。渤海神明遠，今同礧石頑。

臥鐘

漢殿經焚後，唔然臥草中。雕鐫牙板廢，鏽澀土花蒙。追蠡難陳力，華鯨不奏功。待賢初設簴，想見古人風。

（元）薩都剌《薩天錫詩集》卷中《和吳贊府齋中十詠》（明崇禎十一年海虞毛氏汲古閣刻元人十種詩本）：

焦桐

憐爾抱奇質，無香已自焚。材高初偶得，音古更誰聞。天海空遺操，冰霜見裂紋。中官方煮鶴，終得捨夫君。

蠹簡

六籍灰寒久，名山依舊藏。漆痕微有字，芸草欲無香。後死嗟猶及，斯文豈遽亡。世方珍貝葉，掩卷一淒涼。

破硯

巨璞何人鑿，磨穿偶至今。係文虛綠潤，雨氣共玄陰。瓦礫開無異，塵埃積轉深。明光幾攜入，往事復何心。

殘畫

勝境不可得，生綃餘舊圖。丹青初彷彿，塵土半模糊。蝴蝶飛疑去，波濤折轉無。良工今豈盲，為爾一長籲。

敗裘

襲爾亦已久，風霜霽鬢穿。甘從稚子笑，未受故人憐。雅志逾前古，深期及暮年。纍絲今化盡，念汝獨依然。

舊劍

憶昔蛟龍劍，提攜竟出門。紅塵走馬處，白日報人恩。歲月銅花澀，雲煙牛斗昏。淒然中夜舞，回首暗銷魂。

塵鏡

古鏡色如墨，千年獨此留。玉臺蟲網暗，珠匣土花浮。莫笑塵埃滿，曾令鬼魅愁。蟠龍今已化，雲雨夢悠悠。

廢檠

不解照珠翠，早同文字盟。何年中路棄，無復向人明。宿雨高齋夢，秋吟廢館情。相看幾今夕，及此慨平生。

斷碑

零落秋風臥，何年破廟碑。圖經愁莫載，耆舊說頻移。野燒龜文失，荒臺鳥跡疑。遙知千載後，拂拭轉堪悲。

臥鐘

龍簴久摧折，深埋奈爾何。耕民誰暉盼，野衲自摩挲。雅奏多年歇，銘文幾字訛。斜陽荊棘裏，長伴舊銅駝。

（元）黃溍《金華黃先生文集》卷二《和吳贊府齋居十詠》（民國十三年永康

胡氏夢選樓刻續金華叢書本）：

焦桐

憐爾抱奇質，無香亦自焚。材高初偶得，音苦竟誰聞。天海空遺操，冰霜見裂紋。中廚方煮鶴，終得捨夫君。

蠹簡

六籍灰寒久，名山餘舊藏。漆痕微有字，芸草寂無香。後死嗟猶及，斯文豈遽亡。世方珍貝葉，掩卷一淒涼。

破硯

巨璞何年鑿，磨穿偶至今。線紋虛綠潤，雨氣失玄陰。瓦礫看無異，塵埃積轉深。明光幾攜入，往事復何心。

殘畫

勝境不可得，微綃餘舊圖。丹青初彷彿，塵土半模糊。蛺蝶飛疑疑，波濤坼漸無。良工今豈有，為爾一長籲。

舊劍

憶啟蛟龍匣，提攜徑出門。紅塵走馬處，白日報人恩。歲月銅花澀，雲煙斗氣昏。淒涼中夜舞，回首暗銷魂。

塵鏡

古鏡色如墨，千年獨此留。玉臺蟲網暗，珠匣土華浮。莫笑塵埃滿，曾令鬼魅愁。盤龍驚已化，雲雨夢悠悠。

廢檠

不解照珠翠，早同文字盟。保言中路棄，無復向人明。雨宿高齋夢，秋吟廢館情。相看幾今夕，及此慨平生。

敗裘

襲爾亦已久，霜風兩袖穿。甘從稚子笑，未受故人憐。雅製餘前古，深期在暮年。素絲今化盡，念汝獨依然。

斷碑

零落秋風臥，何年廢廟碑。圖經愁莫載，者舊說頻移。野燒龜趺失，荒苔鳥跡疑。遙知千載後，拂拭轉堪悲。

臥鐘

龍簴久摧折，沈埋奈爾何，呻民誰睥睨，野衲自摩挲，雅奏多年歇，銘文幾字訛，斜陽荊棘裏，長伴舊銅駝。

（明）孫承恩《孫文簡公滄溪草堂稿》卷十五《南齋十詠》（明孫克弘孫友仁刻本）：

南齋周先生以十物求題，示不忘也。原其意，作詩以表之。

書籍吾家物，經時脈絡穿。香芸虛舊篋，科斗半陳編。貽後真良產，資身豈舊筌。猶思疇昔遇，日日共周旋。右蠹簡。

貧賤舊時情，年來怨不平。床頭違鳳契，牆角締新盟。苦窳非前見，淒涼減夜明。猶思疇昔遇，相對坐深更。右廢檠。

綠綺遺來久，凋零漸不任。尾焦存古制，弦斷惜知音。難廁虞廷樂，空含太古心。猶思疇昔遇，彈處月當襟。右舊琴。

寶劍出吳鉤，精光紫電流。芳塵凝古匣，銳鍔掩清秋。尚作蛟龍吼，還令魍魎愁。猶思疇昔遇，懸佩上皇州。右塵劍。

墨妙傳來敝，書齋老歲華。奔泉空渴驥，入草失驚蛇。零落行春蚓，模糊點暮鴉。猶思疇昔遇，摹楊愧薑芽。右敝帖。

我愛丹青妙，傳來歲月徂。天機還慘淡，繪色漸模糊。煙水渾明滅，雲山空有無。猶思疇昔遇，曾費百金沽。右殘畫。

素質明雲浪，分來自剡溪。卷舒曾未試，篋笥已多時。覆瓿吾寧忍，摛文子亦宜。猶思疇昔遇，心事重相期。右故紙。

價擅烏金重，研來滿硯香。鴻文曾潤色，豹橐費珍藏。已見規模缺，應嗟歲月長。猶思疇昔遇，揮染走龍光。右餘墨。

名著中書省，曾誇戰捷還。遺功尤未泯，末路已驚難。鋒刀漸新銳，衰頹類老殘。猶思疇昔遇，橫掃湧濤瀾。右穎筆。

我有端溪石，人言紫玉堅。文章經點染，歲月老磨研。凹底雲根漏，刳中雨卻聯。猶思疇昔遇，日日試松煙。右穿硯。

（清）畢沅《靈巖山人詩集》卷二十二《偶閱元人集齋中詠物八首》（撰清嘉慶四年畢氏經訓堂刻本）：

焦桐

幾歷紅羊劫，終含白雪音。材疑生炭谷，客聽易灰心。斡稱昆岡玉，徽宜大冶金。夜窗燈耿耿，誰譜負薪吟。

蠹簡

偶而搜藤笈，殘編理殺青。蠶叢圖繭紙，蛾術據麟經。貫串蟲魚注，分明蝌蚪形。冥心思誤處，翻得省囊螢。

殘畫

可惜鶩溪絹，前人付等閒。數株留古木，一角送殘山。款識依稀在，坡陀斷續間。雖無寒具涴，屋漏雨痕斑。

舊劍

龜文何代物，櫑具飾瓊英。需犢人方賣，如書學不成。莊生空著說，薛燭或知名。那用勤磨厲，聞風魑魅驚。

破硯

小苑疏籬角，誰拋一段云。石田從割裂，池水漫平分。底用求完璧，猶堪補闕文。斕斒火黯色，〔火黯，又名熨斗焦。〕疑是陸機焚。

廢槳

牆根拋鳳脛，累月不曾移。親炙思前哲，揚暉聽後期。本無埋照意，未屆下帷時。用捨寧庸論，長歌笑退之。

塵鏡

玉臺塵積久，負局客無聞。翳障潛相襲，妍媸遂不分。花藏仙洞霧，月隱海天雲。倘自新猶易，漸磨莫憚勤。

斷碑

此碑誰所揭，斷處字微昏。缺陷知難補，風神喜尚存。倘非橫廢寺，即係臥荒村。可惜題名處，牛傷礪角痕。

（清）胡敬《崇雅堂詩鈔》卷三《和梅村集中詠物即次原韻》（清道光二十六年刻本）：

焦桐

落落誰知己，囊韜不復開。曲無青眼顧，吟有白頭哀。中散煙霞癖，相如典冊

材。勞薪休共棄,留待伯牙來。

蠹簡

萬卷何勞破,纏堪記姓名。叢殘留古籍,穿鑿笑儒生。草借芸香闢,仙難脈望成。不如全捫擋,蠻角任紛爭。

殘畫

不識何人筆,披看水墨涸。殘山留角在,墜粉逐風飄。枝缺蝸涎補,波圓蠹跡描。曹衣與吳帶,景色總蕭蕭。

舊劍

三尺寒潭水,提攜近卅年。功名書策外,肝膽酒杯前。作客空彈鋏,酬恩豈論錢。土花看鏽澀,悽斷郭君篇。

破硯

巧斲端谿骨,磨人到白頭。半珪蟾月缺,一握麝煙收。汲冢書慵寫,蘭亭帖廢鉤。石交方自信,中斷使予愁。

廢檠

形影曾相伴,分光鑒苦心。圖書秋夜迥,風雨草堂深。孤枕照將寐,殘更催欲沈。無端兩行燭,拋爾遂塵侵。

塵鏡

不是盲於目,塵封久斂輝。形骸藏我拙,藻鑒向人非。忍使磨礱惜,甘從瓦礫揮。輸佗修月戶,斫取彩輪歸。

斷碑

物以知稀貴,功歸賞鑒真。雲亭多沒字,岣嶁久通神。訪或披榛得,摹從出土新。殘珪心鄭重,遺跡是周秦。

(清)劉嗣綰《尚絅堂詩集》卷五十一《效元人齋中雜詩》(清道光六年大樹園刻本):

斷簡縱橫處,篇篇是蠹餘。雛難飛白字,校誤殺青書。斫竹疑中秘,燒芸喚小胥。葫蘆留古本,勘對定何如。蠹簡。

持出太阿匣,鴟夷如有芒。迴文淬秋水,照字辨春坊。繡處龍文暗,磨時虎氣揚。當年逢俠士,曾說是魚腸。舊劍。

江上傭書久,渾無一角田。零星餘水浪,破碎積雲煙。欲抵空青石,還留斷墨天。蕭然焚硯意,穿榻幾何年。破硯

畫意成遙望,殘山賸水兼。江南餘短幅,硯北此零縑。塵裏猶藏匣,風中幾墮籤。化來如片羽,雲外了無嫌。殘畫。

燈火論長短,孤檠伴夜涼。張來偕冷翠,廢處惜昏黃。貴日開筵久,兒時憶讀忙。何年成屏棄,冷絕是西堂。廢檠

古道殘碑在,捫時積蘚痕。亦知文諛墓,定與石支門。弔影行人斷,題名故鬼尊。摩挲揩倦眼,易見夕陽昏。斷碑

(清)鐵保《梅庵詩鈔》卷三《和元薩天錫齋中十詠》(清道光二年石經堂刻梅庵全集本):

焦桐

爨下成真賞,中郎契最深。煮應聞鶴唳,焚豈變龍吟。莫解南風慍,難灰太古心。那堪燒尾後,更欲託知音。

蠹簡

珍重雲溪簡，晶光下蔡倫。自經藏脈望，久矣謝龍賓。價失長安貴，名輸子邑
新。蟲書復鳥跡，掩映足精神。

破硯

潛璞誰爭賞，良工妙取材。亦知硯易缺，不信石成災。有客割雲去，無人完璧
回。獨留雙雀眼，眇眇向誰開。

殘畫

蕭齋半壁畫，剝落雪霜侵。每到臥遊處，不禁春恨深。缺崖迷古霧，遠水斷遙
岑。什襲前朝跡，丹青不可尋。

敗裘

三十年來儉，章身戀敗裘。袖穿驚歲月，衲補識春秋。莫問千金價，還堪百結
收。五陵人不賤，未敢贈同仇。

舊劍

春坊字未滅，三尺雪光橫。閱盡古今事，每當風雨鳴。幾年愁鬼母，千里走長
鯨。掛向蕭齋壁，何人有不平。

塵鏡

面目憑誰識，風流我自憐。壯懷千載上，秋水一泓懸。對鏡鬚眉在，觀空形影
邊。模糊塵未拭，小照怯人傳。

廢檠

孤檠有代謝，棄置竟誰憐。已照聖賢後，不堪兒女前。秋深悲棄扇，魚盡笑忘
筌。莫羨金蓮燭，殘膏對舊編。

斷碑

何年遺斷碣，呵護幾經秋。不共銅駝沒，還隨石鼓留。姓名有鐵券，文采動銀
鉤。歷劫驚雷火，鍾王不可求。

臥鐘

荊棘秋風晚，豐鐘蝕土花。銘留唐歲月，隸古漢龍蛇。未醉山僧夢，空聞暮鼓
撾。何人識姑洗，劇拭脫泥沙。

（清）王裦之《續友聲集・小雲液草》（清咸豐刻本）：

焦桐

太息中郎後，龍門空自哀。等閒歸爨火，誰復識琴材。慷慨發清響，撫摩餘劫
灰。平生知己感，對爾一低回。

蠹簡

已惹儒生論，況經此物傷。零星尋姓氏，約略考行藏。慮有奸回幸，恐銷潛德
光。能仙凡幾見，斯語亦荒唐。

廢檠

長短規模在，當年伴苦吟。論功曾繼晷，對語尚知心。風雨前番暗，恩膏舊日
深。求新身有代，莫自怨浮沉。

塵鏡

本具清明體，其如障蔽何。欲求無俗累，端自借心磨。月淨雲流影，潭澄藻漾
波。從茲勤淬勵，寶鑒詎殊科。

舊劍

上將功成後，相攜返故林。英雄髀月感，生死友朋心。孤嘯三邊靜，寒芒四壁
沉。酒酣懷往事，撫拭發長吟。

（清）吳翌鳳《與稽齋叢稿》卷八《見山樓集‧效元人齋中雜詠八首》（清嘉慶刻本）：

焦桐

欲結丘中賞，因憐爨下琴。中郎不可見，千古幾知音。水國鸞凰杳，空山雨雪深。勞薪真足歎，聊譜越鄉吟。

蠹簡

萬卷真何用，蟫魚蠹已遍。幾堪成脈望，空自鎖葳蕤。穿鑿能無病，咀含詎瘳饑。卅年勞寢饋，白髮已如斯。殘畫一幅前，朝畫殘縑出。

殘畫

一幅前朝畫，殘縑出敗函。似存峯六六，莫認徑三三。名闕疑難定，徽深洗未堪。模糊煙水外，何處是江南。

舊劍

故是微時佩，頻經俠客求。已看霜鍔盡，曾報幾家讐。血漬模糊影，苔深風雨秋。年年空掛壁，鬼魅尚生愁。

破硯

桑鐵欲磨穿，銅臺詎瓦全。祇應將禿筆，相與寫殘編。池已蟾蜍蝕，眼非鸜鵒圓。坡翁生計少，即是此良田。〔蘇詩：我生無田食破硯。〕

廢檠

短檠一尺彊，朱火爛生光。曾伴十年讀，相依五夜長。橫斜棄牆角，風露冷秋堂。一自蘭膏爐，空憐鑿壁匡。

塵鏡

豈是疲於照，迷蒙一面塵。料應清影裏，羞對白頭人。月暗秦臺夜，雲封蜀嶺春。不知負局者，拂拭幾回新。

斷碑

一片韓陵石，曾經薦福雷。磨將成柱礎，存不異瓊瑰。妙跡無多見，深薶亦可哀。何人傳德政，留得是三災。

（清）趙翼《甌北集》卷五《偶閱元人吳贊甫集有齋中雜詩戲次其韻》（清嘉慶十七年湛貽堂刻本）：

焦桐

煮鶴幾同厄，淒音按指開。依然流水調，似帶積薪哀。至美無完璧，孤生有劫灰。虧他人爛額，辛苦救焚柴。

蠹簡

書籍渾何味，鑽研恐慕名。高文咀嚼敝，疑義穴穿生。直與儒同腐，豈真仙可成。補亡勞末學，共拾唾餘爭。

殘畫

漫說千年絹，丹青跡漸凋。空廚煤尾冐，老屋冷風飄。寒具知誰污，真容待再描。轉深懷古意，齋牓欲名蕭。

舊劍

斂盡衝霄氣，摧藏幾歲年。尚鳴孤客畔，曾按大王前。櫑具徒裝玉，鉛刀轉值錢。摩挲悲繞指，越石感懷篇。

破硯

無端驚瓦裂，豈擲鄭畋頭。圭角身餘幾，煙雲氣欲收。瓜分同墮甑，泰缺羨純

傳》：「楊載，字仲弘，其先居建之浦城，後徙杭。」按：仲弘《東陽十題》尚有《敗裘》、《臥鐘》二首，梅村蓋用其題之八。

焦桐《後漢書·蔡邕傳》：「吳人有燒桐以爨者，邕聞火聲，知其良木，因請而裁為琴，果有美音。而其尾猶焦，故時人名曰焦尾琴焉。」《宋書·樂志》：「相如曰燋尾，伯喈曰綠綺。事出傅玄《琴賦》。世云燋尾是伯喈琴。《伯喈傳》亦云爾。以傅氏言之，則非伯喈也。」按：傅休奕《琴賦序》：「司馬相如有焦尾，蔡邕有綠綺。」此當由傳寫互易耳。　自此首以下，原目皆不載詩，蓋成於編目以後者。

　　流落中郎怨，薰風意乍開。響因知己出，歌為逐臣哀。一曲尊前奉，千金爨下材。漢家忘厝火，絕調過江來。首句流落字、怨字，次句乍字，皆有焦字意在內。三四即乍開之意。後半首點綴入妙。　三四句俱就琴說，蓋因中郎之知，故響為中郎之逐而哀也。若作中郎感知己，歌逐臣，其意淺矣。又中郎本傳有吳人字，而中郎陳留人，官於長安，故云過江也。○流落，見《遇劉雪舫》。中郎，見《又詠古》。　薰風，見《詠山茶花》。　逐臣，見《贈文園公》。　嵇叔夜《絕交書》：「濁酒一杯，彈琴一曲，志願足矣。」尊前，見《老妓行》。　韓詩：「遇賞還同爨下餘。」　《漢書·賈誼傳》：「抱火厝之積薪之下而寢其上，火未及然，則以為安。方今之勢，何以異此！」　絕調，見《琵琶行》。《晉書·王導傳》：「過江人士。」

　　　　此詠物詩也，而意在言表，音餘絃外，勿徒賞焦字之工。

蠹簡陸務觀詩：「蠹簡開塵篋。」

　　飽食終何用，難全不朽名。秦灰招鼠盜，魯壁竄鼪生。刀筆偏無害，神仙豈易成。卻留殘闕處，付與豎儒爭。此詩妙處當於離即間得之。沾煞句下，便負作者苦心矣。○李義山詩：「將圖不朽名。」　劉夢得詩：「夷陵上黑有秦灰。」《史記·秦始皇紀》：「敢有藏《詩》、《書》、百家語者，悉諸守尉雜燒之。」《漢書·叔孫通傳》：「此特群盜鼠竊狗盜。」　《漢書·魯恭王傳》：「恭王初好治宮室，壞孔子

　　　鈞。盾鼻差完在，無須草檄愁。
　　廢檠
　　擎燈期吐燄，投暗竟何心。力已焚膏盡，功曾照讀深。老應牆角棄，寒伴漏聲沉。紅獨誰家院，紗籠護不侵。
　　塵鏡
　　負局人難遇，菱花漸掩輝。涵空虛者實，照影是耶非。霧重看花暗，雲深漏月微。深閨倦梳洗，祇卜遠人歸。
　　斷碑
　　貞瑉原易泐，名蹟此偏真。缺陷誠留憾，摩挲尚有神。銀鈞安可續，玉枕轉嫌新。世已稀唐刻，何論漢與秦。

舊宅，以廣其宮，聞鐘磬琴瑟之聲，遂不敢復壞，於其壁中得古文經傳。」《史記・留侯世家》：「沛公曰：『鯫生教我距關，無內諸侯。』」《索隱》曰：「鯫謂小魚也。」 又，《蕭相國世家》：「蕭相國何者，沛豐人也。以文無害。太史公曰：蕭相國何於秦時為刀筆吏。」 《酉陽雜俎》：「蠹魚三食神仙字則化為脈望，夜持向天，從規望星，星立降，可求丹度世也。」 《漢書・藝文志》：「周室既微，載籍殘缺。」 《史記・留侯世家》：「豎儒幾敗而公事。」

　　　　詠蠹字妙矣，亦有寄託，不同泛泛。

殘畫李致堯詩：「雨淋殘畫摧荒壁。」

　　原自無多筆，年深色便凋。茶煙衝雨過，竹粉遇風飄。童懶犀從墮，兒頑墨誤描。六朝金粉地，落木更蕭蕭。原自無多筆，寫得殘字入神。第二句醒出題面。茶煙、竹粉，本自無多，而衝雨、遇風，則色更凋矣。三四賦而比也。童懶句形容入妙，人猶可到。兒頑句疑有神助，真屬化工之筆。結到六朝金粉，則非泛作詠物詩者。○《圖畫見聞錄》：「王獻之能為一筆書，陸探微能為一筆畫。」 韓詩：「年深豈免有缺畫。」 茶煙，見《蚤起》。白詩：「可憐衝雨客，來訪阻風人。」 李義山詩：「危亭題竹粉。」《詩》：「風其漂女。」《傳》：「漂、飄同。」 《畫史》：「檀犀同匣，共發古香。」 六朝，見《松化石》。金粉，見《送沈繹堂》。 杜詩：「無邊落木蕭蕭下。」

　　　　尤展成謂梅村畫亦成家，惜未及見。然「原自無多筆」，已曲盡畫家神理，而茶煙竹粉，亦復點染生動。右軍以字掩詩，梅村亦以詩掩畫矣。

舊劍雍國鈞詩：「舊劍生衣懶更磨。」

　　此豈封侯日，摩挲憶往年。恩仇當酒後，關塞即燈前。解去將誰贈，輸來弗值錢。不逢張壯武，辜負寶刀篇。起句寫舊字入神，餘亦情詞並美。○杜詩：「男兒生世間，及壯當封侯。」 摩挲，見《行路難》。 韓詩：「往取將相酬恩讎。」李德新詩：「燈前春睡足，酒後夜寒餘。」 關塞，見《韓蘄王墓》。《吳越春秋》：「伍子胥過江，解其劍與漁父。」 《說苑》：「干將、莫邪，刺鍾不錚，試物不知，以之綴履，不如兩錢之錐也。」《漢書・灌夫傳》：「生平毀程不識，不值一錢。」 張壯武，見《送子儌青珦》。按：結句用豐城得劍事，見《送龔孝升》、《讀史》、《雜感》諸首。 寶刀，見《行路難》。郭元振有《寶劍篇》。

破硯蘇詩：「我生無田食破硯。」

　　一擲南唐恨，拋殘剩石頭。江山形半截，寶玉氣全收。洗墨池成玦，

窺書月仰鉤。記曾疏闕失，望斷紫雲愁。前半首兼詠南渡君臣，後半首兼以自悲，而切題處妙不容言。○一擲，見《蟋蟀盆歌》。《五代史·職方考》：「周末七國，自江以下二十一州為南唐。」《書苑》：「當南唐有國時，於歙州置硯務，選工之善者，命以九品之服，號硯務官。」《硯譜》：「李後主得青石硯，墨池中有黃石如彈丸，水常滿，終日用之不耗，每以自隨。後歸朝，陶穀見而異之。硯大不可持，乃取石彈丸去。後主拽其手，振臂就取，請以寶玩為謝，陶不許。後主索之良苦，陶不能奈，曰：『要當碎之。』石破，中有小魚跳地上，即死。自是硯無復潤澤。」　拋殘，見《琵琶行》。石頭，見《哭志衍》。　江山半，見《避亂》其五。《說文》：「截，斷也。」《史記·封禪書》：「闕下有寶玉氣來者。已，視之，果有獻玉杯者。」　明趙貞吉《夜宿蘇長公洗墨池亭》詩：「五百年前曾洗墨，依稀猶記雪堂東。」《〈漢書·五行志〉注》：「師古曰：『半環曰玦。』」蘇詩：「近者唐夫子，遠致烏玉玦。」《詩話》：「烏玉玦，墨也。」　梁簡文帝詩：「浮雲似帳月如鉤。」　《五代史·裴皞傳》：「每陳朝廷缺失。」　沈雲卿詩：「紫雲香駕御微風。」《天中記》：「宋謝暨知徽州時，嘗於舊坑取石貢理宗。初，坑上常有五色雲如錦衾，郡檄隨雲覆處斲之，得佳石。既發為硯，雲氣不復見矣。」李長吉《紫石硯歌》：「端川石工巧如神，踏天磨刀割紫雲。」

文心如月印萬川，處處映澈，此梅村詩品之最高者。

廢檠黃晉卿詩：「舊業猶餘未棄檠。」

憶曾同不寐，棄置亦何心。喜伴疏窗冷，愁添老屋深。書將鄰火映，夢共佛燈沉。莫歎蘭膏爇，應無點鼠侵。起筆有神。後半首自寫近況。○魏文帝詩：「棄置勿復陳。」　唐茂業詩：「松拂疏窗竹映闌。」　元裕之詩：「青燈老屋深□□〔註12〕。」　《西京雜記》：「匡衡好學，貧而無燭。鄰舍有燭而不逮，乃穿壁引其光，以書映光而讀。」杜詩：「鄰火夜深明。」　蘇詩：「佛燈初上報黃昏。」《漢書·龔勝傳》：「有父老弔之曰：『蘭以芳自燒，膏以明自煎。』」　點〔註13〕鼠，見《讀史雜詩》。

張如哉曰：「韓《短燈檠歌》：『此時提攜當案前，看書到曉那能眠。』又：『吁嗟世事無不然，牆角君看短檠棄。』首二句本此。」

塵鏡梁邵陵王詩：「塵鏡朝朝掩。」庾有《塵鏡詩》。

舉目風塵暗，全遮皓魄輝。休嗟青鏡改，憐我白頭非。秦女妝猶

〔註12〕　「□□」，底本、乙本作空格，稿本、天圖本、讀秀本作「蓬蒿」。按：元好問《寄荅溪南詩老辛願敬之》：「青燈老屋深蓬蒿。」
〔註13〕　「點」，乙本誤作「點」。

－701－

在，陳宮淚怎揮。不知徐孺子，負局幾時歸。句句切定塵字，與泛填鏡事者迥別。○《晉書·王導傳》：「風景不殊，舉目有江山之異。」 權載之詩：「皓魄流霜空。」 杜詩：「暮顏覷青鏡。」 《西京雜記》：「秦始皇有方鏡，照見心膽。女子有邪心，即膽張心動，乃殺之。」 按：陳宮用陳太子舍人徐德言尚樂昌公主事也。詳絕句《奔拂》。 《貧士傳》：「徐穉，字孺子，豫章南昌人也。讀書豐城橋山之厓。家貧，常自耕稼，非其力不食。恭儉義讓，所居服其德。常齎磨鏡具，到所住，傭以自給。」 《列仙傳》：「負局先生者，不知何許人也。語似燕代間人，負磨鏡局，徇吳市中。」

斷碑 斷碑，見《東萊行》。

妙跡多完闕，天然反失真。銷亡關世代，洗刷見精神。拓處懸崖險，裝來斷墨新。正從毫髮辨，半字亦先秦。起筆工妙，通首皆稱。○妙跡，見《觀萬歲通天貼》。 天然，見《觀石谷畫》。 駱賓王詩：「桂枝芳氣已銷亡。」 孟東野詩：「洗刷凝霜彩。」《莊子》：「澡雪而精神。」 拓處，見《觀萬歲通天貼》。懸崖，見《行路難》其十七。 裝潢，見《汲古閣歌》。 杜詩：「毫髮無遺憾。」 權載之詩：「已取貝多翻半字。」《漢書·景十三王傳》：「獻王所得書，皆古文先秦舊書。」

　　按：仲弘《焦桐》云：「只作全生計，唯存半死心。剞劂猶不置，斤斧重相尋。遂使燒焦釜，誰為愛古琴？有材不足恃，愁絕念知音。」《蠹簡》云：「往古韋編在，何年始汗青？蠹蟲深卜宅，科斗少成形。泯滅阽秦火，搜羅出漢廷。斯文天未喪，不敢望全經。」《塵鏡》云：「收藏無寶匣，歎息網絲懸。孰使明為暗？如觀醜勝妍。玉臺終寂寂，金鵲尚翩翩。正訝開元日，虛將盛事傳。」《廢檠》云：「二尺書檠在，如今久棄捐。魚膏雖有焰，蠹簡獨無緣。牆下偕遺礎，窗間帶舊煙。卻觀提挈處，辛苦悔當年。」諸詩體物雖工，然未免意盡言中。而梅村八首，音餘絃外，寄興獨遠，雖戲效其體，寔突過元人也。

過東山朱氏畫樓有感並序

　　東洞庭，以山後為尤勝。有碧山里朱君，築樓教其家姬歌舞。君每歸自湖中，不半里，令從者據船屋作鐵笛數弄，家人聞之皆出。樓西有赤欄干累丈餘，諸姬十二人，豔妝凝睇，指點歸舟於煙波杳靄間。既至，即洞簫鉦鼓，諧笑並作，見者初不類人世也。君以布衣畜伎，晚而有指索其所愛者，以是不樂遣去，無何竟卒。余偶以春日過其里，雖簾幕凝香，而湖山晴美。樓頭有紅杏一株，傍簷欲笑。客為余言君生平愛花，

病困猶扶而瀝酒，再拜致別。諸伎中有紫雲者，為感其意，至今守志不嫁。嗟乎！由此足以得君之為人矣。為題五言詩於壁上。李玉山詩：「連霏邈畫樓。」《蘇州府志》：「莫釐山，以其在洞庭山東，俗稱東洞庭山，去洞庭山一十八里。」《晉書·朱伺傳》：「走上船屋。」　鐵笛，見《鐵崖墓》注。　欄干，見《琴河感舊》。　劉希夷詩：「青樓思豔粧。」凝睇，見《玉京傳》。　指點，見《龍腹竹歌》。歸舟，見《送穆苑先》。《唐書·張志和傳》：「自號煙波釣徒。」江詩：「窈靄瀟江空。」　洞簫。見《行路難》。《正韻》：「陷蚌曰螺鈿。」　韓詩：「諧笑方云云。」《紫薇詩話》：「章子厚夢中詩，殆不類人間世也。」　簾幌，見《哭志衍》。　湖山，見《送純祜浙幕》。　蘇詩：「樓頭半露杏花梢。」　任彥升《竹賦》：「傍簷拂象床。」　王仲初詩：「瀝酒願從今日後，更逢二十度花開。」《說文》：「瀝，水下滴。」

盡說凝眸望，東風徒倚身。如何踏歌處，不見看花人。舊曲拋紅豆，新愁長白蘋。傷心關盼盼，又是一年春。起聯、次聯皆用十字句法，然盡說如何相為呼應，竟是二十字句法也。後半首表紫雲之志，正是為朱君興感。○李義山詩：「歛笑凝眸意欲歌。」　徒倚，見《西田》詩。　《舊唐書·睿宗紀》：「上元夜，上皇御安福門觀燈，出內人連袂踏歌。」　看花，見《琵琶行》。　徐孝穆詩：「江陵有舊曲，洛下作新聲。」紅豆，見《琵琶行》注。　郎君胄詩：「杳杳多新愁。」柳文暢《江南曲》：「汀州採白蘋，日暖江南春。洞庭有歸客，瀟湘逢故人。故人何不返，春花復應晚。」張如哉曰：「新愁句正用此。」　關盼盼，見《玉京墓》注。　崔敏童詩：「一年始有一年春。」

按《唐詩紀事》，紫雲乃李愿家妓，為杜牧之指目者，朱君何復以此名之？然《曝書亭集·朱碧山銀槎歌孫少宰席上賦》有云：「細看款識刻至正，問誰為此朱碧山。當時虞揭相獻酢，是物亦得流人寰。」程迂亭曰：「朱山名華玉，元人也。」則碧山里朱君，亦如司馬長卿慕相如者歟？

葉君允文偕兩叔及余兄弟遊寒山深處《蘇州府志》：「莫釐山又南為寒山，亦名韓山。」

投足疑無地，逢泉細聽來。松顛湖影動，峰背夕陽開。客過攜山橙，僧歸掃石臺。狂呼聲撼木，麋鹿莫驚猜。通首為深處二字寫生。三四最為刻露。○張茂先《鷦鷯賦》：「投足而安。」《楚辭》：「下崢嶸而無地兮。」　聽泉，見《惠井支泉》。《蘇州府志》：「東洞庭山有泉五，曰海眼泉、柳毅泉、靈源泉、青白泉、悟道泉。」　蘇詩：「古氅墮松巔。」曹夢徵詩：「湖影撼山朵。」　溫飛卿詩：「鴉背夕陽多。」　山橙，見《歲暮送苑先》。　賈閬仙詩：「新起臨湖白石臺。」　狂呼，見

《行路難》。《列子》:「秦青撫節悲歌,聲振林木。」　張子壽詩:「鷹隼莫相猜。」李義山詩:「鼠翻窗網小驚猜。」

查灣西望《蘇州府志》:「查灣,在吳縣二十九都。」

屢折才成望,山窗插石根。濕雲低染徑,老樹半侵門。漁直看疑岸,沙橫欲抱村。湖光猶在眼,燈火動黃昏。寫景如畫,句句有望字在內。○白詩:「水檻山窗次遞逢。」李詩:「錯落千丈松,虯龍蟠石根。」　崔魯詩:「濕雲如夢雨如塵。」　老樹,見《勝橋莊歌》。　杜詩:「清江一曲抱村流。」　湖光,見《宿福源精舍》。　秦少游詞:「燈火已黃昏。」

拜王文恪公墓《明史·王鏊傳》:「字濟之,吳人。戶部尚書,文淵閣大學士,贈大傅,諡文恪。」《一統志》:「王鏊墓在洞庭東山梁家山。」

舊德豐碑冷,湖天敞寂寥。勳名高故相,經術重前朝。致主惟堯舜,憂時在豎刁。百年人世改,野唱起漁樵。首尾切定墓字。中四括文恪本傳。○舊德,見《礬清湖·序》。豐碑,見《讀西臺記》。　蘇詩:「水光翻動五湖天。」寂寥,見《山水圖歌》。　勳名,見《東萊行》。《漢書·蕭何傳》:「故相國蕭何。」　《鏊傳》:「取士尚經術,險詭者一切屏去。」《南史·檀道濟傳》:「立功前朝,威名甚重。」　王元之詩:「致主比唐虞。」　《左傳·僖二年》:「齊寺人貂始漏師於多魚。」《注》:「寺人,內奄官豎貂也。」按:《舊唐書·李訓傳》作「豎刁」。《鏊傳》:「弘治初,充講官。中官李廣導帝遊西苑,鏊講文王不敢盤於遊田,反覆規切,帝為動容。講罷,謂廣曰:『講官指若曹耳。』正德元年四月,起左侍郎,與韓文諸大臣請誅劉瑾等八黨。」　杜詩:「夷歌幾處起漁樵。」

胥王廟《蘇州府志》:「吳相伍大夫廟在胥門外,舊在胥口胥山上。子胥死後,吳人於此立祠,俗稱胥王廟。」

伍相丹青像,鬚眉見老臣。三江籌楚越,一劍答君親。雲壑埋忠憤,風濤訴苦辛。平生家國恨,偏遇故鄉人。起二句點題。三四括子胥本傳。五六作贊。結更波瀾壯闊。○《後漢書·光武記》:「嚴尤笑曰:『是美鬚眉者耶?』」《漢書·趙充國傳》:「亡逾老臣者矣。」　《國語》:「子胥諫曰:『夫吳之與越也,仇讎敵戰之國也,三江環之。』」按:籌楚越足概子胥一生,不止諫吳王數語。　劉文房詩:「身留一劍答君恩。」　孔德璋《北山移文》:「欺我雲壑。」《吳越春秋》:「子胥把劍,仰天歎曰:『自我死後,後世必以我為忠。』」　子胥濤,見《二十五日》詩。杜詩:「二

月已風濤。」又：「役役常苦辛。」　按：故鄉人，謂文種也。《吳越春秋注》引《呂氏春秋》高誘解：「大夫種，姓文氏，字會，楚之鄒人。」是與子胥俱楚產。《吳越春秋》又云：「前潮水潘侯者，伍子胥也；後重水者，大夫種也。」俱有前後揚濤之異。然子胥忠於吳，而種忠於越，是子胥自有家國之恨，與種不同，故云「偏遇鄉人」耳。

查灣過友人飯

碧螺峰下去，宛轉得山家。橘市人沽釀，桑村客焙茶。溪橋逢樹轉，石路逐灘斜。莫負籃輿興，夭桃已著花。首句查灣，次句過友人，三四暗寫飯字。後半首遊查灣，是飯後情事。○《蘇州府志》：「寒山之西岸有仙人石，又南為碧螺峰。」　宛轉，見《宛轉橋》。杜詩：「山家蒸栗暖。」　李文饒詩：「魚蝦集橘市。」　陸務觀詩：「身老桑村麥野中。」焙茶，見《宿沈文長山館》。　溪橋，見《溪橋夜話》。　文通《赤紅賦》：「暖朱草於石路。」　籃輿，見《縹緲峰》。　王詩：「寒梅著花未。」

寒山晚眺 岑參詩：「山河宜晚眺。」

驟入初疑誤，沿源興不窮。穿林人漸小，攬葛道微通。湖出千松杪，鐘生萬壑中。晚來山月吐，遙指斷巖東。狀難寫之景如在目前。晚字在即離之間。○按：沿源，如《桃花源記》「沿溪行」之沿。閻伯嶼《歌賦》：「引韻下散，沿源上迴。」　隋文帝詩：「穿林鳥亂飛。」趙子昂詩：「野闊行人小。」　攬葛，見《縹緲峰》。《書》：「遂通道於九夷八蠻。」　《方言》：「木細枝謂之杪。」　萬壑，見《蒼公塔》。《一統志》：「寒山寺，在吳縣西十里。楓橋，相傳寒山拾得嘗止此，故名。」　杜詩：「四更山吐月。」　戴表元詩：「斷巖蒼龍角。」

翠峰寺遇友 《蘇州府志》：「翠峰禪寺，在吳縣西南一百里，洞庭東山莫釐峰之陰，唐將軍席溫舍宅建。」

臥疾峰腰寺，欹危腳步勞。松聲侵殿冷，花勢擁樓高。薄俗詩書賤，空山將吏豪。原注：時有戍將居寺中。不堪從置酒，白髮自蕭騷。起二句指所遇之友。三四翠峰寺內之景，即友人之寓也。結句醒出遇字意。○子山《枯樹賦》：「頓山腰而半折。」　杜詩：「行步欹危寔怕春。」　《高唐賦》：「不見其底，虛聞松聲。」　北魏童謠：「黃花勢欲落。」朱慶餘詩：「平原一望戍樓高。」　薄俗，見《攀清湖》。　將吏，見《贈雪航》。　置酒，見《永和宮詞》。　薛大拙詩：「風地葉蕭騷。」

登寒山高處策杖行崖谷中曹詩：「策杖從我遊。」崖谷，見《閬州行》。

　　側視峰形轉，空蒼萬象陰。斷巖湖數尺，絕澗樹千尋。日透玲瓏影，煙生窈靄心。忽逢天際廣，始覺所來深。前半首寒山高處，後半首行崖谷中。○蘇詩：「橫看成嶺側成峰。」　李賓之詩：「瑤峰獨立倚空蒼。」萬象，見《攀清湖》。　斷巖，見《寒山晚眺》。　皇甫孝常詩：「穴臨絕澗聞流水。」庾詩：「高閣千尋起。」　吳子華詩：「日射更玲瓏。」　窈靄，見《朱氏畫樓‧序》。　天際，見《石公山》。

沙嶺《蘇州府志》：「莫釐山一支自西而南，為白沙嶺。」

　　亂峰當面立，反憩得平丘。坐臥此云適，歌呼不自由。支頤蒼鹿過，坦腹白雲留。笑指鳥飛處，有人來上頭。起二句狀出奇景，中四遊興，結句反襯出沙嶺之高。○朱子詩：「高旻矗亂峰。」張見賾詩：「千里眺平丘。」　歌呼，見《二十五日》詩。　王詩：「支頤問樵客。」錢仲文詩：「幽溪鹿過苔還淨。」　杜詩：「坦腹江村暖。」　盧思道詩：「遙居最上頭。」

飯石峰《蘇州府志》：「寒山之西岸有仙人石，又南為飯石峰。」

　　半空鳴杵臼，狼藉甑山傍。莫救黔黎餓，誰開白帝倉。養芝香作粒，煮石露為漿。飯顆相逢瘦，詩翁詎飽嘗。就飯字生情，然不脫石字、峰字，故佳。○杵臼，見《石公山》。　狼藉，見《松鼠》。按：《嘉興府志》：「甑山在桐鄉縣治北十七里。」《一統志》：「甑山在兗州府滋陽縣東北十里。」出《北史‧張華原傳》。此借用。　唐文宗詩：「願蒙四海福黔黎。」　《後漢書‧公孫述傳》：「成都郭外有秦時舊倉，述改名白帝倉。」　杜詩：「香稻啄殘鸚鵡粒。」　煮石，見《閬園》詩。杜詩：「味如甘露漿，揮弄滑且柔。」　《唐人本事詩》：「飯顆山頭逢杜甫，頭戴笠子日卓午。為問因何太瘦生，只為從來作詩苦。」　詩翁，見《送沈友聖》。

柳毅井原注：其地即橘社。　《一統志》：「柳毅井在洞庭東山。」《蘇州府志》：「小說載毅傳書事，或以謂是岳之洞庭湖。」以其說有橘社，故又以為即此洞庭山爾。社下去吳縣西一百十里。

　　仙井鹿盧音，原泉瀉橘林。寒添玉女恨，清見柳郎心。短綆書難到，雙魚信豈沉。波瀾長不起，千尺為情深。亦是將題內三字合說，與前首同工。○昭明太子詩：「銀床繫轆轤。」按：《字典》引《喪大記注》：「鹿盧與轆轤通。」轆轤，見《琵琶行》。　韓君平詩：「人家掃橘林。」　周明帝詩：「寒井落疏桐。」《禮

記》：「國君取夫人之辭曰：請君之玉女，與寡人共有敝邑，事宗廟社稷。」《異聞集》：「唐儀鳳中，柳毅至涇陽，見一婦牧羊，泣曰：『妾洞庭龍君小女也，嫁涇川次子，而夫婦日以厭薄。聞君將遠吳，以尺書託寄。洞庭之陰有大橘樹，鄉人謂之社橘。君解帶舉樹，三發，當有應者。』毅還家，訪於洞庭，取書進之。龍君覽畢，宮中皆慟哭。有赤龍長萬餘尺，飛去，俄而涇水之囚〔註14〕人至矣。」　《釋名》：「井，清也。泉之清潔者也。」《南史・柳惲傳》：「宅南柳郎，可為儀表。」《集異記》：「洞庭君宴毅於凝碧宮，錢塘君謂毅曰：『子豈不聞壯士可殺不可辱，猛石可裂不可捲者耶？願以昨女奉箕帚。不從者，死。』毅曰：『君何言之鄙？是為殺人之夫而娶其妻。』不可。後再娶盧氏，貌類龍女。曰：『予即洞庭君女。涇上之辱，君能救之。向所以不言者，知君無好色之情。今所以言者，知君有愛子之義。』」　《莊子》：「綆短者不可以汲深。」《古詩》：「客從遠方來，遺我雙鯉魚。呼童烹鯉魚，中有尺素書。」　孟東野詩：「波瀾誓不起，妾心古井水。」　李詩：「桃花潭水深千尺，不及汪倫送我情。」

雞山原注：夫差養鬥雞處。　《一統志》：「雞陂墟在元和縣東。」《越絕書》：「婁門外雞陂墟，吳王所以畜雞，去縣二十里。」《蘇州府志》：「吳縣武山之南麓有木、青山、雞山。」按：梅村所詠，當指在吳縣者。又，《越絕書》：「雞山、豕山，句踐以畜雞豕。將伐吳，以食士也。」雞山在錫山南，去縣五十里。按：此則吳越各有雞山，合雞陂墟為三也。

　　飲啄丹山小，長鳴澤畔雲。錦冠虛恃氣，金距耿超群。斂翅雌猶守，專場勝未分。西施眠正熟，啼報越來軍。結句入妙，以不脫離字也。○《莊子》：「澤雉十步一啄，百〔註15〕步一飲，不蘄畜乎樊中。」丹山，見《送冀孝升》。　沈懷遠有《長鳴雞贊》。《楚辭》：「行吟澤畔。」　《虞衡志》：「南中有錦雞，一名金雞，頭項鬃毛金色，身紅黃相間，極有文采。」《列子》：「紀渻子為周宣王養鬥雞。十日，而問之曰：『雞可鬥乎？』曰：『未也。方虛憍而恃氣。』」　《左傳・昭二十五年》：「季氏介其雞，郈氏為之金距。」《淮南子》：「同師而超群者，必其樂之者也。」　淵明《閑情賦》：「雞斂翅而未鳴。」《老子》：「知其雄，守其雌，為天下谿。」　劉孝威《鬥雞篇》：「妒敵得專場。」　《吳越春秋》：「越得苧蘿山鬻薪之女，曰西施、鄭旦，而獻於吳。」　《一統志》：「越來溪在吳縣西南，越兵自此溪來入吳，故名。」

〔註14〕「囚」，乙本誤作「因」。
〔註15〕「百」，乙本誤作「自」。

廄里原注：在武山，吳王養馬處。《蘇州府志》：「廄里在洞庭東山，昔吳王牧馬處。」按：《一統志》：「長洲縣豆園，吳王養馬處。」亦兩見也。

夫差芻秣地，遺跡五湖傳。柳葉青絲鞚，桃花赤汗驒。原注：武山桃花為東洞庭一勝。降王羞執轡，豔妾笑垂鞭。老驥哀鳴甚，西風死骨捐。起二句完題面，三四五六從此演出，末二句應指子胥。○《周禮・天官》：「太宰以九式均節財用，七曰芻秣之式。」 五湖，見《贈家侍御》。 《羅敷行》：「青絲繫馬尾。」梁簡文帝詩：「青絲懸玉鐙，朱汗染香衣。」 杜詩：「河瀧降王歘聖朝。」《國語》：「越王其身親為夫差前馬。」《詩》：「執轡如組。」 子山《七夕賦》：「秦娥麗妾，趙豔佳人。」李詩：「薄暮垂鞭醉酒歸。」 曹孟德《樂府》：「老驥伏櫪。」杜詩：「哀鳴思戰鬥，迥立向蒼蒼。」 按：末句反用郭隗說燕昭王語。

仙掌樓留別眾友前後皆遊莫釐山之詩，則仙掌樓亦應在洞庭之東觀。■次首東山字可見。蓋江寧縣亦有雨花臺，故梅村先自注出耳。 或疑太倉本隸蘇州。梅村遊山■〔註16〕離故国未遠，而鏡湖在紹興府山陰縣南三里，疑仙掌樓亦在山陰，故云離程也。然太倉距蘇州一百五里。其憶故國，亦無足異。而酒雲持來，蓋以鏡湖之酒送洞庭之客者。或又如「有酒如澠」之意，以鏡湖比酒杯耳。俟考。

杯酒鏡湖平，持來送客行。可憐高會處，偏起故園情。煙鳥窗中滅，風帆樹杪生。遙看沙渡口，明日是離程。此將自洞庭歸而與友話別也。佳在後半首。○高達夫詩：「無那春風欲送行。」 高會，見《遇劉雪舫》。 李詩：「何人不起故園情。」 白詩：「暝色投煙鳥。」■〔註17〕窗中、樹杪，見《過聞果師》。王元之《黃州竹樓記》：「第見風帆、沙鳥、煙雲、竹樹而已。」 丘為詩：「渡處水口寬。」 離程，見《園次罷官》補注。

登東山雨花臺

白雲去何處，我步入雲根。一水圍山閣，千花夾寺門。日翻深谷景，煙抹遠天痕。變滅分晴晦，悠然道已存。三四雨花臺，五六兼寫東山，首尾相應。李君虞詩：「白雲何處更相期。」 雲根，見《二十五日》詩。 王介甫詩：「一水護田將綠遶。」杜詩：「臨軒望山閣。」 文通《江上之山賦》：「草自然而千花。」陶詩：「梅柳夾門植。」韓詩：「杏花零落寺門前。」 杜詩：「愁畏日車翻。」《詩》：「深谷為陵。」 張見賾詩：「長榆接遠天。」 蘇詩：「相與變滅隨東風。」李鐸《密

〔註16〕「■」，稿本、天圖本、讀秀本作「當」。
〔註17〕「■」，稿本、天圖本、讀秀本作空格。

雨如散絲賦》：「晴晦之異，圖牒之祥。」　陶詩：「悠然見南山。」《莊子》：「目擊而道存矣。」

留洞庭二十日歸自水東小港韓致光詩：「小港春添水半腰。」

漸覺湖天改，扁舟曲曲行。野橋誰繫姓，村樹亦知名。晚市魚蝦賤，煙汀菰米生。偶逢空闊處，重起舊灘聲。起結寫歸字入情中。四句寫出水東小港。○湖天，見《拜王文恪墓》。　張子野詞：「屏風曲曲鬭紅牙。」　杜詩：「攜錢過野橋。」　韓致光詩：「仙樹有花難問種，御香聞氣不知名。」　魚蝦，見《攀清湖·序》。　陸務觀詩：「寄懷魚鳥臥煙汀。」杜詩：「波飄菰米沉雲黑。」《蘇州府志》：「菱白即菰也。惟吳縣梅灣村種四月生，名呂公菱。菱中生米，可作飯，即菰米飯也。」　空闊，見《二十五日》詩。　陸務觀詩：「只有灘聲似舊時。」

武山原注：本名虎山。夫差於其地養虎。李唐諱虎為武，至今仍之。《一統志》：「洞庭東山其東麓曰武山，周十二里，本名虎山。吳王養虎處。後避唐諱，改今名。」

霸略誇擒縱，君王置虎牢。至今從震澤，疑是射成皋。土俗無機阱，山風少怒號。千秋遺患處，誰始剪蓬蒿。點染處與雞山一首相似。○《史記·孟嘗君傳》：「折秦之謀而絕其霸強之略。」李太和《鬭鴨賦》：「迭為擒縱。」《穆天子傳》：「七萃之士高奔。戎生捕虎而獻之，天子命之為柙而畜之東虞，是為虎牢。」按：虎牢、成皋並借用，見《送周子俶張青琱》。　震澤，見《林屋洞》。《後漢書·仲長統傳》：「是設機置穽，以待天下之君子也。」　杜詩：「八月秋高風怒號。」《史記·項羽紀》：「此所謂養虎自遺患也。」　蓬蒿，見《雁門尚書行》。

題郁靜巖齋前壘石梅村《郁靜巖家譜序》：「余外家郁氏為吳中右姓，其後人靜巖名滋，篤行君子也。」壘石，見《松山哀》。

就石補奇雲，潭幽亂石文。貞堅應有性，高下亦惟君。鳥雀因人亂，松杉我獨聞。苔階含古色，落落自同群。三四自作寫照，通首俱能相稱。○韓詩：「青天孔出白石補。」【■■李詩：「奇峰出奇雲。」】〔註18〕　王子安《採蓮賦》：「問子何去，幽潭採蓮。」李長吉詩：「麒麟背上石文裂。」《舊唐書·高宗紀》：「貞堅表志。」《後漢書·何進傳》：「主簿陳琳曰：『今將軍龍驤虎步，高下在心。』」　松杉，見《題高士圖》。　梁簡文帝詩：「苔階沒故基。」　落落，見《石公山》。

〔註18〕【　】內文字，天圖本、讀秀本作「顧長康詩：『夏雲多奇雲』」。

吳詩補注

卷十

禮蒼公塔

烏啼花落王詩:「花落家僮未掃,鳥啼山客猶眠。」道在寧來去《莊子》:「東郭子問於莊子曰:『所謂道,惡乎在?』莊子曰:『無所不在。在螻蟻,在稊稗,在瓦甓,在屎溺,無往焉而不知其所至去,而來不知其所止,吾已往來焉而不知其所終。』」定有無杜詩:「三伏炎蒸定有無。」

過王菴看梅感興樂天《與元九書》:「鮑防有《感興詩》十五首。」

送致言上人

月滿過江瓢張如哉曰:「過江,用達磨一葦渡江事。瓢詩,瓢用唐山人事,詳《孫山人太白亭》詩注。」飯錢仲文詩:「人煙一飯少。」

過韓蘄王墓

趙家按:趙家出《宋史·劉皇后傳》。○荒岡見《下相懷古》。

宿沈文長山館

松竈蘇詩:「萬竈燒松何處使。」○遇山思便住李義山詩:「十年移易住山期。」石樓程《箋》:「《元和郡國志》:『林屋洞有五門,西達峨嵋,南接巴陵、羅浮,北連岱嶽,東有石樓,樓下兩石,扣之清越,所謂神鉦。』」

過圻村

隱君《宋史・種古傳》：「時稱小隱君。」溪船見《訪霍魯齋》。

湖中懷友

雲生裴讓之詩：「絕野寒雲生。」

趵突泉

跳沫《上林賦》：「馳波跳沫。」〇濺衣姚合詩：「濺浪濕衣襟。」石隱杜詩：「孤石隱如馬。」神魚按：《漢書・宣帝紀》：「神魚舞河，神爵翔集。」在曹詩之前。

遙別故友

草地《元史・哈麻傳》：「居之草地。」

秋夜不寐

殘夢溫飛卿詩：「孤燈伴殘夢。」一燈深雍國鈞詩：「影堂斜掩一燈深。」

喜願雲師從廬山歸

雲居《一統志》：「雲居山在南康府建昌縣西南三十里。雲居寺在雲居山。唐元和中建。」王阮亭《皇華紀聞》：「建昌縣雲居山，唐道膺禪師道場也。雲居之巔有明月湖，周廻數十頃，稻米數千畝，寺僧取給有餘，故至今道場比百丈諸山為盛。」千鏡入《一統志》：「石鏡峰在星子縣西二十五里廬山。」《水經注》：「山東有一圓石，懸崖明淨，照見人形。」時事《左傳・襄三十一年》：「以來會時事。」

贈錢受明程《箋》：「錢鏄，字受明。由太倉州庠生入太學。」

無他好《戰國策》：「客何好？曰：『客無好也。』」前人《書》：「爾尚蓋前人之愆。」

受明得子東賀

眼前詳《山池塔影》。

宿徐元歎落木菴

無古今《莊子》：「無古無今，無始無終。」

送王子維夏以牽染北行 《後漢書·楊倫傳》：「其所牽染將相大臣，百有餘人。」

虎丘中秋新霽

心地 杜詩：「廻向心地初。」

支硎山齋聽雨

更上 王之渙詩：「更上一層樓。」

憇趙凡夫所鑿石

亂瀑垂痕古白 《詠太湖石》詩：「波濤萬古痕。」

靈巖繼起和尚

開山 《傳燈錄》：「智藥泛舶至韶州曹溪水口，遂開山立，名寶林。」

歎王子彥

客夢鄉愁 岑參詩：「孤燈燃客夢，寒杵搗鄉愁。」○失所如 《史記·孟荀列傳》：「是以所如者不合。」

寄懷陳直方

愁中 見《閬州行》補注。出門翻自笑 李詩：「仰天大笑出門去。」

詠月

分外明 杜詩：「賞妍又分外。」

訪商倩郊居

花影瘦 歐陽永叔詞：「窗外梅花瘦影橫。」

假寐得月

溪長 李乂詩：「溪長萬騎客。」

二峰秋曉

劉滄，字蘊靈。

維摩楓林絕勝

潤水　山花庾詩：「潤水纔窗外，山花即眼前。」

遇宋子建話故友有感杜有《有感》詩五首。

送錢子璧赴大名程《箋》：「錢穀，名子璧，華亭人。有《後江集》。」

過細林山館

松鳴蘇詩：「颼颼欲作松風鳴。」

橫雲

化跡見《送志衍入蜀》。飛鳥敢吾逃《元史‧忙哥撒兒傳》：「善射若此，飛鳥且不能逃，況人乎！」

送聖符弟之任程《箋》：「聖符，名世睿。」吳振西《樂園集》：「余從祖聖符宦沒蘄黃，制府於公護卹甚厚。蓋聖符終於蘄丞任，於公永寧州，于成龍曾為黃州同知，與聖符同僚也。」

溫詔朱子詩：「側聞溫詔詢耆艾。」

暑夜舟過溪橋示顧伊人戴幼公詩：「暑夜宿南城。」韓君平詩：「溪橋折筍遊。」

燕窩

採食疑本退之《送李愿序》「採於山，美可茹。釣於水，鮮可食」也。《宋史‧高宗紀》：「侯官縣有竹實，如米，饑民採食之。」

鴹

食肉《後漢書‧班超傳》：「燕頷虎頸，飛而食肉，此萬里侯相也。」前注非是。

送沈友聖漢川哭友

停車話舊子山《春賦》：「停車小苑。」話舊，詳《題董白像》。○鶴夢宋邕詩：「塵夢那知鶴夢長。」　李遠，字求古。　其三。

山池塔影

峰頭見《讚佛詩》補注。

家園次罷官吳興有感

閉閣蘇詩：「掃地焚香閉閣眠。」○離程李孔集曰：「羅鄴詩：『已攜孤劍事離程。』」

舊劍

辜負李義山詩：「辜負香衾事早朝。」別詳《無題》。

破硯

窺書陸務觀詩：「奇書窺鳥跡。」

過東山朱氏畫樓有感

碧山里朱君王西莊曰：「朱君名必掄，字珩璧。所居縹緲樓在東洞庭山。」朱巷，見翁澍《具區志》。弄《字典》：「樂曲曰弄。」出《晉書・桓伊傳》、《南史・宋少文傳》。指索《晉書・石崇傳》：「本受命指索綠珠。」

查灣西望

在眼謝靈運詩：「薜蘿若在眼。」

拜王文恪公墓

憂時蘇詩：「憂時雖蚤白，住世有還丹。」

查灣過友人飯

沽釀蘇詩：「自遣赤腳沽村釀。」

胥王廟

伍相見《送徐次桓》。老臣見《雕橋莊歌》補注。忠憤《北史・刁沖傳》：「辭旨懇直，文義忠憤。」

登寒山高處策杖行崖谷中蘇許：「高處不勝寒。」

沙嶺

坐臥見《閬苑詩》其七。

飯石峰

半空張道濟詩：「寒山上半空。」甑山按：《唐書·郝處俊傳》：「甑山，唐縣名也。」此借用。養芝香作粒《仙傳拾遺》：「徐福，秦始皇時，聞東海中祖洲上有不死之草，生瓊田中，一名養神芝。始皇乃遣福及童男女三千人，乘樓船入海，尋祖洲不返。」

柳毅井

仙井張見賾詩：「雲歸仙井暗。」書難到崔峃詩：「胡越書難到。」

雞山

勝未分《晉書·阮孚傳》：「於是勝負始分。」眠正熟陸務觀詩：「得床眠易熟。」

庱里

遺跡王仲宣詩：「先民遺跡，來世之規。」

登東山雨花臺

千花夾寺門張文昌詩：「杏花零落十寺門前。」前作韓詩，誤。

留洞庭二十日歸自水東小港

晚市范德機詩：「竹籬茅舍作晚市。」

武山

土俗《禮》「使從俗」《疏》：「臣為君出聘之法，皆出土俗牲幣以為享。」山風《易》：「山風蠱。」

題郁靜巖齋前疊石

含古色白詩：「遠草初含色。」杜詩：「萬里起古色。」

吳詩集覽　卷十一上

黎城靳榮藩介人輯

七言律詩一之上

　　王貽上曰：「陳臥子七言，沉雄瑰麗，近代作者，未見其比，真冠古之才。一時瑜亮，獨有梅村耳。」　梅村官本朝時，詩以■■■■■■■〔註1〕，《即事》之其八、其九、其十，《滇池鐃吹》之其一為極選。蓋梅村立朝時，吳逆■■〔註2〕之氣焰，所謂炙手可熱者，而梅村能直刺其隱。至梅村歿後，而其言乃驗，即以代嘉謨入告可也。風雲月露，猶剩技矣。　梅村七律，或謂其藻能太甚，然子美《秋興八首》，已有以此疑之者。郝仲輿曰：「由其材大而氣厚，格高而聲安，如萬石之鐘，不能為喁喁細響；河流萬里，那能不千里一曲？」此足為子美觧嘲，亦足為梅村起例也。惟其集中間有酬應之作，當分別觀之耳。　梅村七律，格調聲響，大略相同。然集中上駟，應推《登上方橋》至《秣陵口號》九首、《揚州》四首、《壽李太虛》四首、《贈遼左故人》六首、《滇池鐃吹》四首，以其聲情並到，意思纏綿，數首可合為一首，一首中又自具開合變化之妙耳。他如《追悼》、《夜宿蒙陰》、《剡城曉發》、《登縹緲峰》，皆足繼美唐音。至《和友人走馬》二首、《次劉安丘》一首、《送曹秋岳》四首、《送朱遂初》四首、《贈袁韞玉》四首、《聞台州警》四首、《觀蜀鵑啼》四首，興會淋漓，藻思結合，亦是梅村獨造之境。

〔註1〕「■■■■■■■」，稿本、天圖本、讀秀本作「《雜感》之其四其五」。
〔註2〕「■■」，稿本、天圖本、讀秀本作「耿逆」。

梅村《鎮洋縣志》：「梅村在太倉衛東，舊為明吏部郎王士騏別墅，名賣園，亦名新莊。祭酒吳偉業拓而新之，易今名。有樂志堂、梅花庵、交蘆庵、嬌雪樓、鹿樵溪、捨檀亭、蒼溪亭諸勝。」

枳籬茅舍掩蒼苔，乞竹分花手自栽。不好詣人貪客過，慣遲作答愛書來。閒窗聽雨攤詩卷，獨樹看雲上嘯臺。桑落酒香盧橘美，釣船斜繫草堂開。三四句寫情，五六情中有景，故不重複。○枳籬，見《闇園·序》。《蜀志·秦宓傳》：「宓稱疾，臥在茅舍。」蒼苔，見《讚佛詩》。　陸務觀詩：「乞竹寬編養鶴籠。」庾自直詩：「分花曲水香。」劉文房詩：「閒居手自栽。」《宋書·王微傳》：「不好詣人。」《北史·邵傳》：「性好談賞，又不能閒獨，公事歸依，恒須賓客自伴。」按：第三句暗用之。韋端己詩：「馬嘶朝客過。」　嵇叔夜《絕交書》：「素不便書，又不喜作書，而人間事堆案盈幾，不相酬答，則犯教傷義。」按：第四句翻用之。李正己詩：「茅山道士寄書來。」　閒窗，見《觀山水圖歌》。聽雨，見《山齋聽雨》。杜詩：「詩卷長留天地間。」　獨樹，見《贈古如和尚》。看雲，見《虎丘夜集圖》。儲光羲詩：「夜夜登嘯臺。」　《後史補》：「河中桑落坊有井，每至桑落時，取其寒暄得所，以井水釀酒甚佳，故號桑落酒。舊京人呼為桑郎，蓋語訛耳。」《上林賦》：「盧橘夏熟。」　釣船，見《東萊行》。

《艮齋雜說》：「梅村詩云：『不好詣人貪客過，慣遲作答愛書來。』雅人深致，實獲我心。雖然，客過佳矣，而叵耐者閒雜之客；書來幸矣，而難堪者通套之書。故予有句云：『座上絕無騎馬客，案頭只有換鵝書。』可為梅村進一解也。蔡元長一日無客則病，元度一日見客則病。劉穆之自旦至日中，應答百函；嵇叔夜不喜作書，堆案盈幾，不相酬答。人各有能有不能，豈可強乎？」　教忠堂曰：「自寫名士風流，漸入宋格矣。」

王煙客招往西田同黃二攝六王大子彥及家舅氏朱昭芑李爾公賓侯兄弟賞菊〔註3〕煙客、西田、子彥，並已見。《鎮洋縣志》：「黃翼聖，號攝六。歷

〔註3〕（清）王時敏《王煙客集·西廬詩草卷上》（民國五年上海穌新書社蘇州振新書社排印本）：
《農慶堂菊花盛開王遺民吳梅村朱昭芑黃攝六內姪李爾公賓侯同過夜飲》
偶然穿築傍漁隈，朋侶輕舠乘漲來。世事頻年餘涕淚，秋光此日共徘徊。劇憐叢菊寒燈影，好盡清宵濁酒杯。能使幾回成勝集，鄰雞野哭莫相催。
《西田看菊歸梅村以佳什見投次韻奉和並用為謝》
老圃秋容傲晚香，群賢星聚在漁莊。名花紫鳳還輸麗，宿釀新鵝更賽黃。伴隱正宜侔遠志，延年何用覓昌陽。誰為藻飾東籬色，詩律於今有墨王。〔菊名傳延年。〕

安吉知州。乙酉，棄官歸隱。」見《送黃子羽》。梅村《朱昭芑墓誌》：「君諱明鎬，昭芑其字，吳郡之太倉人。」《明詩綜》：「昭芑，太倉州儒學生。」程迓亭曰：「李爾公兄弟，皆崑山人，太常之戚。《蘇州府志》：「順治十二年進士，崑山李開鄴賓侯，改名可汧。歷官湖廣提學。」

　　九秋風物令公香，原注：文肅嗜菊，此其遺愛。**三徑滋培處士莊。花似賜緋兼賜紫，人曾衣白對衣黃。未堪醉酒師彭澤，欲借餐英問首陽。轉眼東籬有何意，莊嚴金色是空王。**首句指文肅，次句指煙客。三四是菊是煙客，不可復辨也。五六寫出煙客晚節。結句則欲逃禪矣。通篇不脫菊字，而用意高妙，與泛填故實者不同。〇九秋，見《閬園》詩。韓君平詩：「風物淒淒宿雨收。」《北史·高允傳》：「文成重允，嘗不名之，恒呼為令公。令公之號，播於四遠矣。」李頎詩：「風流三接令公香。」《明史·王錫爵傳》：「字元馭，大學士。贈太保，諡文肅。」三徑，見《遣悶》。　《唐書·車服志》：「三品以上紫，五品以上緋。」　又，《李泌傳》：「著黃者聖人，著白者山人。」《通鑑》：「作衣黃衣白。」按：衣白兼用王弘送酒事。　《晉書·陶潛傳》：「執事者聞之，以為彭澤令。在縣，公田悉令〔註4〕種秫穀，曰：『令吾常醉於酒，足矣。』」　《楚辭》：「夕餐秋菊之落英。」　轉眼，見《鴛湖曲》。陶詩：「採菊東籬下。」　莊嚴，見《贈蒼雪》注。《水經注》：「漢明帝夢大人金色，項佩白光，以問群臣。或對曰：『西方有佛，形如所夢。』」空王，見《詠山茶·序》。

　　賞菊詩名作多矣，吾於此兩首尚論其世，固有取焉。

其二

　　不扶自直疏還密，已折仍開瘦更妍。最愛蕭齋臨素壁，好因高燭耀華鈿。坐來豔質同杯泛，老去孤根僅瓦全。原注：蒔者以瓦束土。**苦向鄰家怨移植，寄人籬下受人憐。**起結賦也，即比也。中四句亦有次第。〇《史記·三王世家》：「蓬生麻中，不扶自直。」　蕭齋，見《後東皋歌》。王文考《魯靈光殿賦》：「素壁皜曜以月照。」　蘇詩：「只恐夜深花睡去，故燒高燭照紅妝。」庚子慎詩：「少婦多豔冶，花鈿繫石榴。」　唐趙存豹詩：「坐來驚豔質。」陸務觀詩：「瑞茗分成乳泛杯。」　杜詩：「老去詩篇渾漫興。」又：「灩澦既沒孤根深。」《北齊書·元景安傳》：「大丈夫寧可玉碎，不能瓦全。」　《戰國策》：「室不能相和，出語鄰家，

　　　寒候孤開如有意，蕭齋紛列自成妍。蒼官結侶同三徑，紅友追歡擁七鈿。籬畔
　　　霜華驚歲晚，燈前瘦影幸天。全卻嗟眾卉多搖落，獨把幽芳肯受憐。

〔註4〕「令」，乙本誤作「今」。

未為通計也。」 《南齊書・張融傳》：「丈夫當刪《詩》、《書》，制《禮》、《樂》，何至因循，寄人籬下。」范德機詩：「富貴翻受憐。」

和王太常西田雜興韻 〔註5〕 嚴滄浪《詩話》：「古人酬唱不次韻，此風始盛於元、白、皮、陸。本朝諸賢乃以鬬工，遂至往復有八九和者。」 儲光羲有《田家雜興》詩。

一臥溪雲相見稀，繫船枯柳叩斜扉。橋通小市魚蝦賤，水繞孤村煙火微。到處琴書攜自近，驟來賓客看人圍。畫將松雪花溪卷，補入西田老衲衣。雅令之作。○杜詩：「一臥滄江驚歲晚。」許仲晦詩：「溪雲初起日沉閣。」 蘇詩：「繫船枯柳根。」《隋書・食貨志》：「長吏扣扉而達曙。」 韓君平詩：「橋通小市家林近。」 陸魯望《幽居賦》：「樵歸而水繞孤村。」杜牧之詩：「人疏煙火微。」 琴書，見《六真歌》。 按：驟來賓客，即不速之客意。 《元史・趙孟頫傳》：「自號松雪道人。」程迓亭曰：「花溪在蘇州閶門內范莊前，即文正公故宅。趙文敏曾作《花溪圖》。」 吳子華詩：「西林近衲衣。」

八首工雅入妙。然名園野圃中，有前代遺老在，故為可貴，非泛填山居故事者也。讀之可以想見煙客之為人。

其二

積雨空庭鳥雀稀，泉聲入竹冷巖扉。芒鞋藤杖將迎少，蟹舍魚莊生

〔註5〕 （清）王時敏《王煙客集・西廬詩草卷上》（民國五年上海蘇新書社蘇州振新書社排印本）：
《首夏西田雜興用沈景倩家林諸作韻》
亦愛吾廬剝啄稀，編荊聊且作門扉。澤農願學全身是，輞築規模具體微。畦畔旅耕犂列耦，樹邊野餒坐成圍。行田又見暄風至，試著新裁白練衣。
村塢棲遲接對稀，斷筇聊用暫支扉。牆東跡敢言差似，硯北身慚力甚微。照眼叢榴紅萬點，媵人新竹碧千圍。日長飯罷渾無事，自理蓉裳緝芰衣。
枯坐蒲團問訊稀，時逢衲友款荊扉。隨緣差覺心君泰，逐境終慚道力微。慢岳誰為摧峻扼，疑城何日透重圍。襄陽居士真龍象，心印親傳佛祖衣。
入夏娛心景物稀，祗餘篁綠護柴扉。穿林睍睆鶯吭滑，掠水蹁躚燕翼微。宵酌蛙聲為鼓吹，舟行荻葉作長圍。月明前浦漁歌出，掛網船頭爆溼衣。
蓬門蘚徑過從稀，石丈桐君互款扉。菓熟園丁職貢早，茶昏湯社策勳微。蜂群擁樹爭疆域，蟻族循堦合戰圍。萬類紛紜何足問，煙波投老一簑衣。
屏居丈室晤談稀，勝友相尋忽到扉。池上好風朝閣爽，簾前細雨夜燈微。塵毛對擲誰重席，元辯將窮孰解圍。杜口忘言良不易，維摩一點少傳衣。
水田草岸路依稀，半畝桐陰暗竹扉。簫局香浮鼻觀熟，簫為薰籠見唐詩。瓶笙韻入耳根微。難消永日如塵劫，賸有愁城似鐵圍。蟹舍漁灣聊寄跡，喜無妻子強牽衣。

事微。病酒客攜茶荈到，荈音舛。罷棋人簇畫圖圍。日斜清簟追涼好，移榻梧陰見解衣。後半首更入佳景。○顏延之詩：「孰知寒暑積。」謝靈運詩：「空庭來鳥雀。」張文昌詩：「煙深鳥雀稀。」　杜牧之詩：「枕遠泉聲客夢涼。」儲光羲詩：「巖扉長不關。」　芒鞋，見《贈蒼雪》。杜詩：「兼將老藤杖。」將迎，見《攀清湖·序》。　鱖舍魚莊，見《送杜弢武》。杜詩：「錦官城西生事微。」《詩·小雅傳》：「病酒曰醒。」《三國志·韋曜傳》：「密賜曜茶荈以當酒。」　徐幼文詩：「童收奕罷棋。」貢仲章詩：「小市入家族。」　杜詩：「清簟疏簾看奕棋。」追涼，見《攀清湖》。　方雄飛詩：「暑天移榻就深竹。」杜詩：「西掖梧桐樹，空留一院陰。」解衣，見《六真歌》。

其三

苦竹黃蘆宿火稀，渡頭人歇望歸扉。偶添小閣林巒秀，漸見歸帆煙靄微。蔬圃草深鳧雁亂，水亭橋沒芰荷圍。夜涼捲幔深更話，已禦秋來白袷衣。中四寫景最佳，似中唐人語。結亦淡遠。○白詩：「黃蘆苦竹遶宅生。」宿火，見《別孚令弟》。　渡頭，見《避亂》。　小閣，見《西田》詩。林巒，見《二十五日》詩。　歸帆，見《山水圖歌》。張子壽詩：「煙靄遶晴川。」宋延清詩：「江空潭靄微。」《北史·蕭大圜傳》：「蔬圃居前，坐簀而看灌畦。」杜詩：「草深迷市井。」　杜必簡詩：「荷芰水亭開。」　孟詩：「松月生夜涼。」孫逖詩：「捲幔五湖秋。」深更，見《遇劉雪舫》。　《雪賦》：「御狐貂之兼衣。」李義山詩：「悵臥新春白袷衣。」

其四

竹塢花潭過客稀，灌畦才罷掩松扉。道人石上支頤久，漁父磯頭欸乃微。潮沒秋田孤鶩遠，閣含山雨斷虹圍。亭皋木落黃州夢，江海翩躚一羽衣。中晚妙境，似劉文房、許仲晦諸人。○儲光羲詩：「花潭竹嶼傍幽溪。」　杜詩：「薄暮還灌畦。」皮襲美詩：「松扉欲啟如鳴鶴。」　王詩：「搘頤問樵客。」搘，一作支。　《正字通》：「欸乃，本作欸乃。」柳子厚詩：「欸乃一聲山水綠。」按：《字典》云：「後人因柳集注有一本作襖靄，遂直音欸為襖，乃為靄。」不知彼注自謂別本作襖靄，非謂欸乃當音襖靄也。《正韻》上聲解韻乃音靄，而上聲巧韻襖部不收欸，去聲泰韻乃音愛，而去聲效韻奧部不收欸。至若旱韻收欸音窾，絕不注明有襖懊二音。此可證欸不音襖懊，而欸之譌作欸明矣。又，乃有靄音，無愛音。《正韻》增音愛，非。其說起於楊用修。　謝皋羽詩：「潮沒潮生蒼鵲起。」李詩：「棄置秋田草。」《滕王閣

序》：「落霞與孤鶩齊飛。」 杜必簡詩：「日氣含殘雨。」杜詩：「山雨尊仍在。」李詩：「斷虹天帔垂。」 柳文暢詩：「亭皐木葉下。」宋朱彧《可談》：「蘇子瞻謫黃州，居州之東坡，自號東坡居士。」《後赤壁賦》：「木葉盡脫。」又：「夢一道士。」又：「羽衣翩躚。」

其五

亂後歸來桑柘稀，牽船補屋就柴扉。游魚自見江湖闊，野雀何知身體微。聽說詩書田父喜，偶譚城市醉人圍。昨朝換去機頭布，已見新縫短後衣。中四用事，渾然無跡。起結有味外意。○桑柘，見《西田》詩。 牽船、補屋，見《高郵道中》注。范彥龍詩：「有客欹柴扉。」 陶詩：「臨水愧游魚。」《莊子》：「魚相忘於江湖。」 儲光羲詩：「嘖嘖野田雀，不知軀體微。」 《宋史·蘇軾傳》：「與田父野老相從溪山間。」 醉人，見《鴛湖曲》。 賈閬仙詩：「背如刀剪機頭錦。」 法震詩：「新縫鶴氅裘。」《莊子·說劍》篇：「短後之衣。」

其六

勝情今日似君稀，鷺立灘頭隱釣扉。屋置茶僚圖陸羽，軒開畫壁祀探微。蕭齋散帙知耽癖，高座談經早解圍。手植松枝當麈尾，雲林居士水田衣。此首蕭然意遠，詩品與《西田》同妙矣。○勝情，詳《訪吳永調》。 蘇詩：「鷺立漁船夜雨乾。」 《山堂肆考》：「僧茗所曰茶僚。」《國史補》：「竟陵龍蓋寺僧積公於水邊得嬰兒，育為弟子。稍長，自筮得《蹇》之《漸》，繇曰：『鴻漸于陸，其羽可用為儀。』乃姓陸，字鴻漸，名羽。羽嗜茶，善品泉。始刱煎茶法。著《茶經》三卷。」 崔國輔詩：「畫壁感靈跡。」探微，見《虞山圖歌》。 蕭齋，見《後東皐歌》。王詩：「散帙理章句。」杜詩：「為人性癖耽佳句。」 高座，見《贈蒼雪》。談經，見《蒼公墓》。《晉書·列女傳》：「凝之弟獻之，嘗與賓客談議，辭理將屈。道韞遣婢白獻之曰：『欲為小郎解圍。』」 第七句，見《閬園》詩。 《明史·倪瓚傳》：「自號雲林居士。」王詩：「乞飯從香積，裁衣學水田。」楊升庵《藝林伐山》：「袈裟，一名水田衣。」

其七

相逢道舊故交稀，偶過鄰翁話掩扉。陶氏先疇思士行，謝家遺緒羨弘微。城中賜第書千卷，祠下豐碑柳十圍。今日亂離牢落甚，秋風禾黍淚沾衣。此首作感慨語。○《史記·滑稽傳》：「憧然道故。」杜彥之詩：「海內故交

稀。」　王詩：「偶然值鄰叟。」掩扉，見《西田》詩其三。　先疇，見《送子彥南歸》。《晉書·陶侃傳》：「字士行，本鄱陽人也。吳平，徙家廬江之尋陽。媵妾數十，家僮千餘，珍奇寶貨，富於天府。」　《書》：「惟予小子嗣守文、武、成、康遺緒。」《南史·謝密傳》：「字弘微。謝混以劉毅黨見誅，混妻晉陵公主改適琅邪王練，公主雖執意不行，而詔與謝氏離絕，公主以混家事委之弘微。混仍世宰相，一門兩封，田業十餘處，僮役千人，惟有二女，年並數歲。弘微經紀生業，事若在公，一錢尺帛，出入皆有文簿。宋武受命，晉陵公主降封東鄉君，以混得罪前代，東鄉君節義可嘉，聽還謝氏。自混亡，至是九年，而室宇修整，倉廩充盈，門徒不異平日，田疇墾闢，有加於舊。東鄉君歎曰：『僕射生平重此一子，可謂知人。僕射為不亡矣。』」《晉書·賀循傳》：「賜第一區。」《唐書·柳宗元傳》：「家有賜書三千卷，尚在善和里舊宅。」　豐碑，見《讀西臺記》。《晉書·桓溫傳》：「行經金城，見所種柳，皆已十圍。」　牢落，見《遇南廂園叟》。　耿湋詩：「秋風動禾黍。」沾衣，見《圓圓曲》。

其八

　　春曉臺前春思稀，故園蘿薜繞山扉。僮耕十畝桑麻熟，僧住一龕鐘磬微。題就詩篇才滿壁，種來松栝已成圍。而今卻向西田老，換石栽花典敝衣。自第六首至此，俱似陸劍南集。○陳嵩伯詩：「雞聲春曉上林中。」鮑詩：「春思亂如麻。」　張道濟詩：「不將蘿薜易簪纓。」何仲言詩：「向夕敞山扉。」　十畝桑麻，見《壽王鑑明》。　范致能詩：「困眠醒坐一龕多。」　松栝，見《雒陽行》。　栽花，見《再寄三弟》。杜詩：「朝回日日典春衣。」

壽王子彥五十

　　二十登車侈壯遊，軟塵京雒紫驊騮。九成宮體銀鉤就，原注：善歐體。萬卷樓居玉軸收。原注：家有樓名萬卷。縱解摴蒲非漫戲，即看哺餟亦風流。原注：善噉。筍輿芒屩春山路，故舊相逢總白頭。從二十起，暗寓壽意。中四句寫子彥才藝，皆壯遊之事。白頭句回映壯遊。○《世說》：「登車攬轡，有澄清天下之志。」杜有《壯遊》詩。　陸務觀詩：「東華軟塵飛撲帽。」京洛，見《送龔孝升》。紫騮，見《馬草行》。　《一統志》：「九成宮在鳳翔府麟游縣西。」按：九成宮，隋之仁壽宮也。唐太宗作祀，命率更令歐陽詢書。銀鉤，見《九友歌》。《封禪書》：「仙人好樓居。」玉軸，見《觀通天法帖》。　《晉書·陶侃傳》：「摴蒲者，牧豬奴戲耳。」《南史·王景文傳》：「袁粲見之，歎曰：『景文非但風流可悅，乃哺餟亦復

可觀。」《字典》:「噉同啖。」　筍輿,見《縹緲峰》。芒屩,見《贈願雲師》。杜詩:「寂寞春山路。」

其二

舊業城西二頃田,著書聞已續長編。兩賢門第知應補,十上才名祇自憐。投老漫裁居士服,畏人還趁孝廉船。只因梅信歸來晚,手植松枝暗記年。此首言子彥老於孝廉也,結句帶壽字意。○舊業,見《閬園》詩。二頃田,見《贈陸生》。《史記·老子傳》:「強為我著書。」長編,見《呈李太虛》。　按:兩賢,疑指錫爵、衡。《盛事美談》:「江南李國主選奇表殊才有門第者。」《戰國策》:「說秦王書十上而說不行。」才名,見《贈陸生》。杜詩:「歸來祇自憐。」　投老,見《西田》詩其四。居士服,見《閬園》詩。　魏文帝詩:「客子常畏人。」《晉書·張憑傳》:「舉孝廉,劉惔遣傳教覓張孝廉船。」按:五言律《送子彥》自注云:「王以孝廉不仕,後因事避吏,將入都。」五六蓋指其事。　皮襲美詩:「梅信微侵地障紅。」《大唐新話》:「玄裝〔註6〕法師西域取經,手摩靈巖寺松曰:『吾西去,汝可西長。吾若歸,即東向。使弟子知之。』及去,其枝年年西向。一年忽向東,弟子曰:『吾師歸矣。』果然。號摩頂松。」

其三

懶將身世近浮名,殘客絲來厭送迎。獨處意非關水石,逢人口不識杯鐺。衣幗蘊藉多風貌,硯幾清嚴見性情。子弟皆賢賓從好,似君才勿愧平生。此下二首,子彥倦於遊矣,暗承前首說下。壽字在即離之間。○浮名,見《別孚令》。　《南史·張纘傳》:「吾不能對何敬容殘客。」《晉書·皇甫謐傳》:「吾送迎不出門。」　劉希夷詩:「飛蘿蒙水石。」　《南史·陳暄傳》:「何水曹眼不識杯鐺。」《北史·成淹傳》:「既而勅送衣幗。」《漢書·薛廣德傳》:「為人溫雅有醞藉。」《宋書·孔覬傳》:「風貌清嚴。」　魏文帝《與吳質書》:「輪輿〔註7〕徐動,賓從無聲。」

　　　　張如哉曰:「獨處二句,正說厭殘客,故上首云哺醊,此云不識杯鐺也。若逢知己,則其四之五篇留賓,又約高士矣。」

其四

雖云文籍與儒林,獨行居然擅古今。五篇留賓高士約,百金投客

〔註6〕「裝」,底本、乙本、稿本、天圖本、讀秀本均同,當作「奘」。
〔註7〕「輿」,乙本誤作「與」。

故人心。尊彝布列圖書貴，花木蕭疏池館深。晚向鹿門思採藥，漢濱漁父共浮沉。此非梅村用意之作，起句似弱。○文籍，見《贈馮訥生》。《史記》有《儒林傳》。《後漢書》有《獨行傳》。　按：五簋，蓋本於《易》之「二簋用享」，《詩》之「每食四簋」也。駱賓王詩：「陳遵投轄正留賓。」《莊子》：「今一朝而得百金。」　尊彝，見《九友歌》。圖書，見《六真歌·序》。　蕭疏，見《攀清湖·序》。池館，見《哭志衍》。　第七句，見《襄陽》注。《後漢書·荀爽傳》：「隱於海上，又南遁漢濱，積十餘年。」漁父，《莊子》篇名。浮沉，見《讀史雜詩》其三。

姜如須從越中寄詩次韻程迓亭曰：「《明史·垓傳》云：『阮大鋮得志，滋欲殺垓甚。垓變姓名，逃之寧波。國亡，乃解。』其從越中寄詩，謂自寧波寄詩來也。」

漂泊江湖魯兩生，亂離牢落暮雲平。秦餘祀日刊黃縣，越絕編年紀赤城。南菊逢人懷故國，西窗聽雨話陪京。不堪兄弟頻回首，落木蕭蕭非世情。秦餘祀日，指如須山東故里。越絕編年，言如須越中著述也。《明史·諸王傳》附魯監國以海，此詩蓋引其事。○漂泊，見《避亂》其二。魯兩生，見《讀史雜詩》。　牢落，見《遇南廂園叟》。王詩：「千里暮雲平。」　孟詩：「人物是秦餘。」祀日，見《東萊行》。《左傳·宣七年》：「秦置黃縣。」《史記·秦始皇紀》：「二十八年，始皇東行郡縣，乃並勃海以東，過黃、腄，窮成山，登之罘。」《一統志》：「黃縣故城在登州府黃縣東南。」　越絕，見《讀史雜感》。《公羊傳》：「《春秋》編年，四時具然後為年。」赤城，見《壽王鑑明》。　杜詩：「南菊再逢人臥病。」　李義山詩：「何當共剪西窗燭，卻話巴山夜雨時。」《南都賦》：「陪京之南，居漢之陽。」嵇叔夜《絕交書》：「有必不堪者七。」　杜詩：「無邊落木蕭蕭下。」陶詩：「遠我遺世情。」

如須越中原韻未詳。按：《明詩綜》如須《寄吳學士二首》：「飄飄楊白花，溶溶大江水。天衢既阻修，良人隔萬里。妾身如飛蓬，貞潔聊自矢。朝立青雲端，暮倚朱樓裏。四顧多彷徨，塵沙蔽野起。梧桐摧為薪，蘭蕙化為枳。中夜坐長歎，皓首思君子」；「楚山有良璞，昆池有奇琛。投之非其主，誰能明我心。掩袖向前浦，驅車出丹岑。延頸蓬島上，白日忽以沉。北首瞻行旅，邊雨正浸淫。念我平生交，淚下沾衣襟。」按：梅村赴召在順治十年，如須已前卒。故梅村《過姜如農》詩云：「哭弟在途窮。」自注：「如須避地，沒於吳下也。」如須二詩皆自悲而非送吳。「良人隔萬里」，指思陵。「投之非其主」，指由崧。若以北首行旅為梅村被召，則如須前卒，無從寄詩矣。

言懷

苦留蹤跡住塵寰，學道無成且閉關。只為魯連寧蹈海，誰云介子不焚山。枯桐半死心還直，斷石經移蘚自斑。欲就君平問消息，風波幾得釣船還。三四用意。○苦留，見《圓圓曲》。蘇詩：「仲氏新得道，一漚目塵寰。」 王詩：「中歲頗好道。」又：「歸來且閉關。」 魯連蹈海，見《東萊行》。《列仙傳》：「介子推者，姓王，各光，晉人也。」焚山，見《退谷歌》。 枚叔《七發》：「龍門之桐，其根半死半生。」 杜詩：「扶桑西枝封斷石。」獨孤至之詩：「酒壚苔蘚斑。」 李詩：「不必問君平。」■ 風波，見《鴛湖曲》。釣船，見《東萊行》。

周五子儼讀書愛客白擲劇飲又善音律好方伎為此詩以嘲之《北齊書·元文遙傳》：「白擲劇飲，亦天性所得。」 《史記·倉公傳》：「方技所長，及所能治病者，具悉而封。」《字典》：「技通作伎。」 《〈漢書·東方朔傳〉注》：「師古曰：『嘲與嘲同。』」

大隱先生賦索居，比來詩酒復何如。馬融絳帳仍吹笛，劉向黃金止讀書。窮賴文章供飲博，興因賓客賣田廬。莫臨廣武頻長歎，醉後疏狂病未除。看中四句，銷納題面處。○王康琚詩：「小隱隱林藪，大隱隱朝市。」《禮》：「吾離群而索居。」 絳帳，見《贈馮訥生》。《後漢書·馬融傳》：「好吹笛。」 《漢書·劉向傳》：「字子政，本名更生。淮南有枕中鴻寶苑秘書，書言神仙使鬼物為金之術。而更生父德，武帝時治淮南獄，得其書。更生幼而誦讀，以為奇，獻之，言黃金可成。」 《五代史·楚世家》：「馬殷子十餘人，飲博歡呼。」《漢書·疏廣傳》：「顧自有舊田廬。」 《晉書·阮籍傳》：「嘗登廣武，觀楚漢戰處，歎曰：『時無英雄，使豎子成名。』」《漢書·蓋寬饒傳》：「無多酌我，我乃酒狂。」白詩：「疏狂屬年少。」《宋史·五行志》：「咸平六年，改元肆赦，民病悉除。」

同許九日顧伊人洞庭山館聽雨按：蘇州有洞庭東山、西洞庭山，然古洞書卷用《洞庭山記》「闔閭使靈威丈人尋洞，內石几上有《素書》三卷」，蓋指西洞庭山耳。韋應物詩：「山館夜聽雨。」

曉閣登臨意渺然，蘆花蕭瑟五湖天。雲深古洞藏書卷，木落空山奏管絃。魚市有租堪載酒，橘官無俸且高眠。莫愁一夜西窗雨，笠澤煙波好放船。起句是洞庭山館，結句聽雨，第三、四句皆詠闔閭、夫差古蹟。蓋雲深之古洞曾藏書卷，木落之空山曾奏管絃，猶云「回首可憐歌舞地」耳，非梅村於聽雨之時又奏管絃也。○渺然，見《送沈旭輪》。 湖天，見《王文恪墓》。 古洞藏書。見《林屋洞》。

楊處道詩：「空山正落花。」管絃，見《山茶花》。　白詩：「艇子收魚市。」載酒，見《清風使節圖》。　橘官，見《橘》。耿湋詩：「高眠遠岫微。」　第七句，見《次姜如須韻》。　笠澤《見送何省齋》。煙波，見《朱氏畫樓·序》。放船，見《鴛湖曲》。

過甫里謁顧公因遇雲門具和尚

甫里，見《贈徐子能》。按：顧公，顧雲也。具和尚，具德也。見《贈顧雲師》。

晴湖百頃寺門橋，梵唱魚龍影動搖。三要宗風標漢月，原注：具公之師同論三玄三要。四明春雪送江潮。原注：具公，越人。高原落木天邊斷，獨夜寒鐘句裏銷。布襪青鞋故山去，扁舟蘆荻冷蕭蕭。原注：時應佛日，請將行。　從過甫里謁顧公起，三四指具和尚，五六合寫過字、遇字，結句側重具師，故後一首只代具師答也。○賈閬仙詩：「晴湖勝鏡碧。」百頃，見《避亂》。崔國輔詩：「寺門清且涼。」《魏書·釋老志》：「梵唱屠音，連簷接響。」魚龍，見《打冰詞》。杜詩：「三峽星河影動搖。」　梅村《具德和尚塔銘》：「三峰漢月藏禪師，則其所從記莂，授以臨濟一宗者也。」《蘇州府志》：「法藏，字於密，號漢月，無錫蘇氏子。十五薙度，神者來告，有四十悟道，六十歸空之懸記。」《捫虱新話》：「宗門建立，要須一句具三元，一元中具三要。」　《一統志》：「四明山在寧波府鄞縣西南，道書以為第九洞天，名丹山赤水之天。同圍八百餘里，綿亙府之奉化、慈谿、鄞縣，紹興之餘姚、上虞、嵊縣，台州之寧海諸境。」又：「姚江在餘姚縣治南，東入寧波府慈谿縣界，為慈谿江。」　高原，見《贈穆大苑先》。　王仲宣詩：「獨夜不能寐。」《六一詩話》：「唐人詩『夜半鐘聲到客船』甚佳，但夜半非撞鐘時。」按：《南史》：「邱仲浮讀書，嘗以中宵鐘聲為限」，則是半夜鐘矣。　青鞋、布襪，見《六真歌》注。故山，見《猿》。　劉夢得詩：「故壘蕭蕭蘆荻秋。」

代具師答贈

微言將絕在江南，一杖穿雲過石龕。早得此賢開講席，便圖作佛住精藍。松枝豎義無人會，貝葉翻經好共參。塵尾執來三十載，相逢誰似使君談。句句用典，卻自清空如話。此詩品也。○《晉書·樂廣傳》：「自昔諸賢既沒，恐微言將絕。」　蘇詩：「曳杖不知崖谷深，穿雲但覺衣裘重。」戴幼公詩：「石龕蒼蘚積。」　《阿含經》：「此賢者可共說，不可共說。」讓席，見《疊陽觀》。　圖作佛，見《六真歌》。精藍，見《詠山茶花》。　松枝、塵尾，見《閬園》詩。《文心雕龍》：「揄揚以發藻，汪洋以樹義。」《唐韻》：「徐鍇曰：『樹之言豎也。』」　張文昌詩：「翻經依貝葉。」　使君，見《虞山圖》。

與友人譚遺事

曾侍驪山清道塵，六師講武小平津。雲旄大纛星辰動，天策中權虎豹陳。一自羽書飛紫塞，長教鉦鼓恨黃巾。孤臣流涕青門外，徒使田橫客笑人。前半首譚遺事之盛，然用曾侍字貫下，實處皆虛。後半首譚遺事之衰，結到自己身上，正與曾字相應。○杜詩：「曾侍驪山清路塵。」 講武，見《海戶曲》。按：小平津出《袁紹傳》。李詩：「承恩借獵小平津。」《七命》：「建雲旄，啟雄芒。」《注》云：「旄，雲旆竿上施旄也。旄與毛古字通。」《明史·儀衛志》：「北斗旗一纛一居前，豹尾一居後。」《史記·五帝紀》：「旁羅日月星辰水波土石金玉。」《通典》：「唐武德初，高祖以秦王功殊今古，乃特置天策上將軍以拜焉。」《明史·職官志》：「有天策衛親軍指揮使。」《左傳·宣十二年》：「中權後勁。」《注》：「中軍制謀，精兵為殿。」《明史·儀衛志》：「虎豹各二，馴象六，分左右。」 羽書，見《臨江參軍》。紫塞，見《雁門尚書行》。 《漢書·東方朔傳》：「戰陣之具，鉦鼓之教。」黃巾，見《雒陽行》。 青門，見《青門曲》。 《通鑑綱目》：「南北朝齊于琳之勸陸超之逃亡，超之曰：『吾若逃亡，非惟孤晉安之眷，亦恐田橫客笑人。』」

追悼

秋風蕭索響空幃，酒醒更殘淚滿衣。辛苦共嘗偏早去，亂離知否得同歸。君親有愧吾還在，生死無端事總非。最是傷心看稺女，一窗燈火照鳴機。題用追字，便與初悼者不同。三句是悼字正面，四句兼寫自己，五六專就自己說，結到稺女，意又諄摯。通首寫得追字出，非通用語也。○蕭索，見《洗象圖》。李詢詩：「入窗明月鑒空幃。」 陸務觀詩：「三更酒醒殘燈在。」淚滿衣，見《海戶曲》。 辛苦，見《寄陳直方》。 李易安詞：「知否？知否？」《詩》：「迨及公子同歸。」又：「百歲之後，歸于其居。」 杜詩：「有愧百年身。」又：「亂後嗟吾在。」 《史記·田單傳》：「如環之無端。」 謝玄暉《樂府》：「佳期期未歸，望望下鳴機。」

謁范少伯祠原注：在金明寺中，有陶朱公里四字碑。 少伯、陶朱，並見《礬清湖》。《嘉興府志》：「金明教寺，在府治西南二里，相傳范蠡故宅。有范蠡祠。祠前即范蠡湖。」

艤棹滄江學釣魚，五湖何必計然書。山川禹穴思文種，烽火蘇臺弔伍胥。集作「胥臺」。今從《篋衍集》。浪擲紅顏終是恨，拜辭烏喙待何如。卻嗟愛子猶難免，霸越平吳事總虛。首句從浮於五湖說，全篇則隱括范傳也。二三四五六七各用一人伴說，何必總虛，相為呼應。○《廣韻》：「艤與檥同。整舟向

岸。」《唐韻》:「棹同櫂。」滄江,見《讀西臺記》。　《漢書‧貨殖傳》:「范蠡歎曰:『計然之策,十用其五而得意。既以施國,吾欲施之家。』乃乘扁舟,浮江湖。」《史記‧貨殖傳》:「句踐困於會稽,乃用范蠡、計然。」《唐書‧藝文志》:「《范子計然》十五卷。范子問,計然答也。」　禹穴,見《閶闔‧序》。《吳越春秋》:「大夫種者,國者之梁棟。」　烽火,見《閬州行》。《蘇州府志》:「姑蘇臺,一名胥臺,在橫山西北麓姑蘇山上。」《日知錄》:「《吳越春秋》:『吳王夫差十三年,將與齊戰,道出胥門,因過姑胥之臺。』《越絕書》:『吳王起姑胥之臺,五年乃成。』《史記》:『伍被封淮南王,言見麋鹿遊姑蘇之臺。』古胥、蘇二字多通用。」《左傳注》:「伍員,字子胥。」　紅顏,見《圓圓曲》。指西子也。　《吳越春秋》:「蠡復為書遺種曰:『越王為人,長頸鳥喙,不可以共晏樂。』蠡辭於王。」　《史記‧句踐世家》:「朱公居陶,生少子。及壯,而朱公中男殺人,囚於楚。乃裝黃金千鎰,且遣其少子。朱公長男固請欲行,朱公不聽。長男欲自殺,朱公不得已而遣長子,竟持其弟喪歸。朱公獨笑曰:『前日吾所為欲遣少子,固為其能棄財故也,而長者不能,故卒以殺其弟,事之理也。』」《史記‧仲尼弟子傳》:「破吳強晉而霸越。」

題登封兩烈婦井梧遺恨詩

原注:焦太僕孫婦楊氏、牛氏。　《一統志》:「登封縣在河南府東南一百二十里。」梅村《登封三節婦傳》:「周氏者,太僕寺少卿與嵩公次子、文學仲榮之妻也。楊氏者,焦君陽長之婦,周藩儀賓四聰公之女也。嘗手《列女傳》一編,與姒牛氏講貫義旨。登封既圍急,乃約牛氏同死,指梧下井曰:『此吾兩人畢命處也。』嗚呼!若兩烈婦者,誠無愧於其姑矣。」《河南府志》:「焦子春,登封人。嘉靖乙丑進士,歷太僕少卿。」又,《孝義志》:「楊氏,生員焦復亨妻。牛氏,生員焦謙亨妻。同日死烈梧井。」施愚山《梧井篇序》:「癸未,寇陷登封。諸生焦陽長妻楊,其弟之妻牛,並投梧下井以死。焦追悼,有《梧井遺恨》篇。」

少室山頭二女峰,斷猿哀雁暮雲重。早題蘚石留貞史,卻寫椒漿事禮宗。恨血千年埋慘澹,寒泉三尺照從容。碧梧夜落秋階冷,環佩歸來聽曉鐘。首句從登封籠起全題。三四兩烈婦。五六井梧遺恨。結句深窈,兼與起處相應。○少室,見《石谷圖歌》。　楊炯詩:「思逐斷猿哀。」沈雲卿詩:「霜濃侯雁哀。」暮雲,見《呈李太虛》。　僧清洪詩:「待月伴雲眠蘚石。」《楚辭》:「奠桂酒兮椒漿。」《後漢書‧列女傳》:「皇甫歸妻者,歸卒,董卓欲聘之,不從,罵卓。卓怒,鞭撲交下,遂遇害。後人圖書之,號曰禮宗。」　恨血,見《雁門尚書行》。慘澹,見《攀清湖》。　韓《詠井》詩:「寒泉百尺空看影。」　杜詩:「碧梧棲老鳳凰枝。」白詩:「秋階日上多。」　杜詩:「環佩空歸月夜魂。」戴幼公詩:「相留畏曉鐘。」

按：寫有書寫之義；又有傾寫之義，《周禮·地官·稻人》「掌稼下地，以澮
寫水」是也；又有摹寫之義，《史記·秦始皇紀》「秦每破諸侯，寫放其宮室，作
之咸陽」是也。此詩第四句從傾寫為長。

鴛湖感舊

予曾過吳來之竹亭湖墅，出家樂張飲，後來之以事見法，重遊感賦
此詩。感舊，見《過南廂園叟》。《蘇州府志》：「崇禎七年甲戌進士吳江吳昌時來之，
吏部郎中。」按：《明史》以為嘉興人，見《鴛湖曲》。梅村《張南垣傳》：「其所為園，
則吳吏部之竹亭為最著。」　張仲舉詩：「船頭載家樂。」張飲，見《九峰歌》。　向
子期《思舊賦序》：「嵇康、呂安各以事見法。」

落日晴湖放楫回，故人曾此共登臺。風流頓盡溪山改，富貴何常簫
管哀。燕去妓堂荒蔓合，雨侵鈴閣野棠開。停橈卻望煙深處，記得當年
載酒來。此當與《鴛湖曲》同時作，首尾切定湖字。○杜詩：「落日放船好。」　晴
湖，見《過甫里》。放楫，見《攀清湖》。　登臺，見《呈李太虛》。　風流盡，見《哭
志衍》。溪山，見《避亂》。　《唐書·呂才傳》：「此名位不常，何也？」阮詩：「簫管
有遺音，梁王安在哉？」　妓堂，見《老妓行》。陸務觀詩：「雨餘荒蔓上頹垣。」《晉
書·羊祜傳》：「鈴閣之下。」許仲晦詩：「行殿有基荒薺合，寢園無主野棠開。」　陳
伯玉詩：「停橈問土風。」　載酒，見《清風使節圖》。

按：王肱《枕蚓庵瑣語》：「吳昌時官吏部，大營甲第，侵越比鄰曾生基地以
築垣。曾生往爭之，昌時漫云：『垣在爾基，即爾垣矣，何必爭？』竟不讓還。
後吳罹法棄市，房亦尋遭回祿，家業凌替，而是垣今果歸曾氏。」嗚呼！「生存
華屋處，零落歸山丘。」觀此首及《鴛湖曲》，蓋不勝高臺曲池之感矣。來之復
社名士，而未能免俗，重為蚓庵所譏，可歎也。

武林謁同門張石平 原注：河南人，官糧儲觀察。　武林，見《送杜于皇》。《古詩》：
「昔我同門友。」《一統志》：「浙江督糧道，駐杭州府。」《河南通志》：「辛未進士張
天機，蘭陽人，官參議。」

湖山曉日鳴笳吹，楊柳春風駐羽幢。二室才名官萬石，兩河財賦導
三江。舊遊笑我連珠勒，多難逢君倒玉缸。十載弟兄無限意夜，深聽雨
話西牕。起二句是武林觀察，三句切河南，四句切糧儲，後半是謁同門意。○韓詩：
「旗穿曉日雲霞雜。」笳吹，見《送何省齋》。　陳伯玉詩：「楊柳春風生。」朱子詩：
「翛翛列羽幢。」　按：二室謂太室、少室也。才名，見《壽龔芝麓》。《史記·萬石

君傳》：「名奮，姓石氏。」　《唐書‧食貨志》：「兩河，中夏貢賦之地。」又：「予之富饒之地，以辦財賦。」導江，出《禹貢》。三江，見《林屋洞》。　舊遊，見《虎丘夜集圖》。王詩：「玉弝角弓珠勒馬。」　多難，見《送王子彥》。岑參詩：「花撲玉缸春酒香。」　唐文宗詩：「憑高何限意。」　聽雨話西窗，見《次姜如須韻》。

登數峰閣禮浙中死事六君子原注：鴻寶倪公、茗柯凌公、巢軒周公、四名施公、磊齋吳公、賓日陳公。《西湖志》：「廣化寺在孤山之南，舊名孤山寺，歲久傾圮。崇禎甲申，杭人即其外建數峰閣。」《錢塘縣志》：「數峰閣在六一泉寺門，祀鴻寶倪公元璐、名柯凌公義渠、巢軒周公鳳翔、四名施公邦耀、磊齋吳公麟徵、賓日陳公良謨，旁為先覺堂，以祀鄉先達。」　死事，見《哭志衍》。《明史‧倪元璐傳》：「字玉汝，上虞人。戶部尚書，兼侍讀學士。李自成陷京師，自縊而死。」又，《凌義渠傳》：「字駿甫，烏程人。為大理卿。賊犯都城，自繫，奮身絕吭而死。」又，《周鳳翔傳》：「字儀伯，浙江山陰人。歷中允諭德。京師陷，題詩壁間，自經。」又，《施邦耀傳》：「字爾韜，餘姚人。左副都御史。城陷，命家人市信石雜燒酒，即途中服之，血迸裂而卒。」又，《吳麟徵傳》：「字聖生，海鹽人。吏科都給事中。城陷，遂自經。」又，《陳良謨傳》：「字士亮，鄞人。御史。城陷，自縊死。」

四山風急萬松秋，遺廟西泠枕碧流。故國衣冠懷舊友，孤忠日月表層樓。赤虹劍血埋燕市，白馬銀濤走越州。盛事若修陪祀典，漢家園寢在昭丘。從數峰閣起，三四寫禮字意，五句是六君子殉義處，六句是六君子故里也。結到鍾山，波瀾壯闊。○陸務觀詩：「四山沉沉萬籟寂。」風急，見《避亂》。蘇詩：「萬松嶺上黃千葉。」　遺廟西泠，見《送胡彥遠》。李詩：「惟見碧流水。」　王詩：「萬國衣冠拜冕旒。」《宋史》：「韓琦曰：『如琦孤忠，每賴神道相助。』」崔亭伯《七依》：「飛閣層樓。」　《古今注》：「貫白虹，劍名。」《史記‧刺客傳》：「荊軻嗜酒，日與狗屠及高漸離飲於燕市。」　白馬銀濤，見《送徐次桓》注。《隋書‧地理志》：「會稽郡，大業初置越州。」　東坡《謝表》：「衣冠，或以為盛事。」配祀明堂，出《易疏》。按：《唐書‧德宗紀》：「貞元元年八月，襲封配享功臣子孫。」配享，即陪祀也。　園寢，見《後東皋歌》。昭丘，見《永和宮詞》。

陳青雷以半圖索題走筆戲贈程迓亭曰：「陳震生，字青留。崇禎癸未進士。居半圖。白有《醉後走筆酬劉五主簿》詩。張正言有《戲贈杜侍御》詩。」

半間茅屋半床書，半賦閒遊半索居。領略溪山應不盡，平分風月復何如。點癡互有才忘世，廉讓中間好結廬。自是圖全非易事，與君隨意狎樵漁。此所謂走筆戲贈也，句句有半字在內。○《傳燈錄》：「千峰頂上一間屋，

老僧半間雲半間。」茅屋，見《海戶曲》。子山《小園賦》：「落葉半床。」　李有中詩：「閒遊恣逸情。」索居，見《啁周子俶》。　黃魯直詩：「領略古法生新奇。」　平分，見《分水龍王廟》。《梁書·徐勉傳》：「今夕止可談風月，不宜及公事。」《晉書·顧愷之傳》：「初，愷之在桓溫府，常云：『愷之體中，癡黠各半。』」《論衡》：「政之適也，人相忘於世。」　《南史·胡諧之傳》：「臣所居，廉讓之間。」結廬，見《題河渚圖》。　《晉書·載記·贊》：「匡智圖全。」　杜詩：「萬里狎樵漁。」

吳詩集覽　卷十一下

七言律詩一之下

題西泠閨詠並序

　　石城卞君者，系出田居，隱偕蠶室。巖子著同聲之賦，玄文詠嬌女之篇。辭旨幽閒，才情明慧。寫柔思於卻扇，選麗句以當窗。足使蘇蕙扶輪，左芬失步矣。西泠，見《河渚圖》。　石城，見《哭志衍》。《齊書·卞彬傳》：「自稱卞田居，婦為傳蠶室。」按：《左傳·僖二十四年》：「與女偕隱。」■■■■■
■■■■■〔註1〕　《圖繪寶鑑》：「吳巖子，太平人，詩文甚富，畫惟寫意山水，書工草楷。戊巳間，曾寓西湖，諸名宿與之唱和。」《樂府解題》：「《同聲歌》，漢張衡所作也。言婦人幸充閨房，願勉供婦職，以喻臣子之事君也。」　徐電發�《續本事詩》：「金陵閨秀卞元文，名夢珏，能詩。後適廣陵劉孝廉師峻，其母曰吳巖子，名山，太平人。縣丞卞琳配。詩文甚富，兼工書法。」左太沖詩：「吾家有嬌女。」　《詩·關雎〉傳》：「是幽閒貞專之善女。」　明慧，見《永和宮詞》。　子山《為上黃侯世子與婦書》：「分杯帳裏，卻扇床前。」《通鑑》：「中宗戲竇從一，以老乳母王氏嫁之，令從一誦《卻扇詩》數首。」注：唐人成婚之夕，有《催妝詩》、《卻扇詩》。　杜詩：「清辭麗句必為鄰。」當窗，見《送周子俶》。　《晉書·列女傳》：「竇滔妻蘇氏，始平人也。名蕙，字若蘭。善屬文。滔，苻堅時為秦州刺史。被徙流沙，蘇氏思之，織錦為迴文旋圖詩以贈滔，宛轉循環以讀之，詞甚悽婉，凡八百四十字。」子山《趙國公集序》：「大雅扶輪，小山承

〔註1〕「■■■■■■■■■」，稿本、天圖本、讀秀本作「乃母子不必指夫婦也」。

蓋。」 《晉書・后妃傳》：「左貴嬪名芬，少好學，善綴文，名亞於兄思。」《莊子》：「失其故步。」故里秦淮，早駕木蘭之楫；僑居明聖，重來油壁之車。風景依然，湖山非故。趙明誠金石之錄，卷軸亡存；蔡中郎齏臼之詞，紙筆猶在。予覽其篇什，擷彼風華，體寄七言，詩成四律。愧非劉柳聞白雪之歌，謬學徐陵敘玉臺之詠云爾。秦淮，見《玉〔註2〕京墓》。 《三輔黃圖》：「昭帝時，以文梓為船，木蘭為柁。」李詩：「木蘭之枻沙棠舟。」《字典》：「旅寓曰僑居。」按：明聖湖即西湖。《錢塘記》：「明聖湖在縣南三里。」 油壁車，見《青門曲》。 《世說》：「風景不殊，舉目有江山之異。」 《宋史・藝文志》：「趙明誠《金石錄》三十卷。」《通考》：「明誠，宰相挺之子。其妻易安居士李氏為作後序。」 卷軸，見《壽王鑑明》。 中郎，見《又詠古》。《世說》：「魏武與楊脩嘗過曹娥碑下，碑背有『黃絹幼婦，外孫齏臼』八字。脩曰：『齏臼，受辛也，於字為辭。所謂絕妙好辭也。』」《丹鉛錄》引《世說注》：「曹娥碑在會稽，而魏武、楊脩未嘗過江。」俟考。 《南史・劉溉傳》：「舉動風華，善於應答。」 《晉書・王凝之妻謝氏傳》：「字道韞，奕之女也。嫠居會稽，家中莫不嚴肅。太守劉柳聞其名，請與談議。道韞素知柳名，亦不自阻，乃簪髻素褥，坐於帳中。柳束脩整帶，造於別榻。柳退而歎曰：『實頃所未見。瞻察言氣，使人心形俱服。』」按：白雪借用宋玉答問，兼用道韞詠雪事，詳第四首注。 《南史・徐陵傳》：「字孝穆。」《隋書・經籍志》：「《玉臺新詠》十卷，徐陵撰。」

　　落日輕風雁影斜，蜀箋書字報秦嘉。絳紗弟子稱都講，碧玉才人本內家。神女新詞填杜若，如來半偈繡蓮花。妝成小閣薰香坐，不向城南斗鈿車。此四首仿玉谿生體，而第一首尚露梅村本色，寫閨字處多，寫詠字處少。結句見嚴子身份。張如哉曰：「第一首指嚴子，故有報秦嘉語。下三首兼詠元文，當是元文未歸劉孝廉時。」○雁影，見《海戶曲》。 《續博物志》：「元積使蜀，營妓薛濤造十色彩箋以寄。」《宋史・吳越世家》：「蜀牋盈丈。」《玉臺新詠》：「漢秦嘉，字士會，隴西人。為郡上計掾。其妻徐淑寢疾，還，不獲面別，贈詩三章，妻亦答詩。」 絳紗，見《贈馮訥生》注。《後漢書・侯霸傳》：「師事九江太守房元，治《穀梁春秋》，為元都講。」 庾詩：「定知劉碧玉，偷嫁汝南王。」才人、內家，見《永和宮詞》。 宋玉有《神女賦》。填詞，見《琵琶行》。《楚辭》：「山中人兮芳杜若。」 如來，見《鐵獅歌》。半偈，見《得願雲書》。張如哉曰：「此句暗用長齋繡佛事。」《華嚴經》：「蓮花世界，是盧舍那佛成道之國。」 王詩：「妝成只是薰香坐。」小閣，見《西田》詩。 城南，見《琵琶行》。杜牧之詩：「繡鞅瓏璁走鈿車。」

―――――――――――――

〔註2〕「玉」，乙本誤作「王」。

　　王貽上《觀吳巖子書扇》詩：「紈扇凝香小字斜，似同金椀寄秦嘉。景陽宮畔文君井，明聖湖頭道韞家。繡閣新詞名漱玉，朱絲妙格字簪花。煙波風雨錢塘路，望斷西陵油壁車。」龔孝升《至白下，吳巖子以詩見貽，展玩之餘，輒為遙和，兼送其卜居湖上》：「送春猶及柳絲風，杜宇情多繞故宮。草長六橋香欲去，花飛三月夢初逢。青溪煙雨知何代，後庭玉樹紛難再。啼鳥應改舊朱樓，當車人影雙雙在。萬事飄零豈自由，鷗彝一艇還綢繆。博山簾捲開芳詠，無數紅蘭正並頭。九天咳唾明珠墜，玉鉤敲醒鸚哥醉。閨閣文章事已奇，江山罨畫家如寄。千秋逸韻落晴湖，廡下何須更傚吳。為著風流高士傳，敢題金粉麗人圖。」

其二

　　晴樓初日照芙蕖，姑射仙人賦子虛。紫府高閒詩博士，青山遺逸女尚書。賣珠補屋花應滿，刻燭成篇錦不如。自寫雒神題小像，一簾秋水鏡湖居。此首寫詠字為多，高朗入妙。○杜牧之詩：「晴樓入野煙。」常建詩：「初日照高林。」子建《洛神賦》：「皎如太陽升朝霞，灼若芙蕖出綠波。」《莊子》：「藐姑射之山，有神人居焉。」《〈文選・子虛賦〉注》：「相如遊梁，乃著《子虛賦》。」《十洲記》：「青丘有風山，山恒震聲。有紫府宮，天真仙女遊於此地。」蘇詩：「數行誰似高閒？」《〈魏志・甄皇后傳〉注》：「后年九歲，喜書，視字輒識，數用諸筆硯。兄謂后言：『汝當習女工。用書為學，當作女博士耶？』」《唐詩紀事》：「文宗好五言，自製品格，多同蕭代，而古調清峻，嘗欲置詩博士。」《北史・潘徽傳》：「事多遺逸。」《魏略》：「明帝選女子知書可付信者六人，以為女尚書，典省外奏事。」　杜詩：「侍婢賣珠回，牽蘿補茅屋。」《南史・王僧孺傳》：「竟陵王子良嘗夜集學士，刻燭為詩，四韻者則刻一寸，以此為率。」　《雒神賦序》：「臣聞河雒之神，名曰宓妃。然則君王之所見也，毋乃是乎？」小像，詳《長平輓詩》。　韓持國詩：「一簾花雨自黃昏。」秋水，《莊子》篇名。鏡湖，見《送田霦淵》。

　　王貽上《觀卞篆生書扇》詩：「雙峰南北盡紅藥，畫靜瓊閨敞碧虛。鸚鵡雕龍初教賦，櫻桃小閣獨攤書。名篇綺密知難並，諸妹天人總未知。若許他年尋白社，丹青簾外藕花居。」自注：扇有白社丹青之句。張如哉曰：「貽上題書扇詩，俱次梅村原韻。此首云卞篆生，未知篆生即元文別字否？諸妹天人，或元文之姊妹行歟？」

其三

五銖衣怯鳳皇雛，珠玉為心冰雪膚。綠屬侍兒春祓禊，紅牙小妹夜摀蒱。瓊窗日暖櫻桃賦，粉篦風輕蛺蝶圖。頻斂翠蛾人不識，自將書札問麻姑。詠字於點染處得之，與第一首同妙，不沾煞。○《博異志》：「貞觀中，岑文本於山頂避暑，有叩門云：『上清童子。』岑問曰：『衣服皆輕細，何土所出？』答云：『此上清五銖服。』又問曰：『此聞六銖者天人衣，何五銖之異？』答云：『尤細者則五銖也。』」《洞冥記》：「東方朔曰：『臣過萬林之野，獲九色凰雛。』」張如哉曰：「九子鸞雛。」鬥玉釵，見《青門曲》。《莊子》：「肌膚若冰雪。」《南史·東昏侯紀》：「潘氏乘小輿，宮人皆露裩，著綠絲屬。」侍兒，見《老妓行》。春祓禊，見《畫蘭曲》。岑參詩：「紅牙鏤馬對摴蒱。」《真誥》：「北元中玄道君，太保玉郎李靈飛之小妹。」【溫飛卿詩：「景陽妝罷瓊窗暖。」■■■■】〔註3〕柳文暢詩：「日暖江南春。」按：《群芳譜》有張莒《紫宸殿前櫻桃樹賦》，似非此詩所指，或泛舉賦櫻桃詩者耳。傅武仲《羽扇賦》：「搖輕篦以致涼。」蛺蝶圖，見《宮扇》。白詩：「忽聽黃鶯斂翠蛾。」又：「養在深閨人不識。」《古詩》：「遺我一書札。」《神仙傳》：「王方平遣人召麻姑曰：『王方平敬報，久不到民間，今來在此，想姑能暫來語否？』」顧逋翁詩：「近得麻姑書信否？」張如哉曰：「札問麻姑，含滄桑之感，即《序》中湖山非故意。」

董以寧（字交友）《卞元文過昆陵，寓吳氏水閣，因次梅村韻》：「畫堂燕子正初雛，荔子紅衫映雪膚。細語淺斟銀鑿落，迎涼閒賭玉摀蒱。閨中筆陣留書札，鏡裏眉峰是畫圖。縱有箜篌聽不得，青溪愁絕蔣家姑。」宗元鼎（字定九）《和卞元文百柳園對雪，即看小韞妹學畫》：「懸思風雪際，嬌怯應難支。倚欄憐衣薄，搴梅倩妹持。茗香消旅況，筆墨是心知。無那園中絮，飄如二月時。」張如哉曰：「梅村詩紅牙小妹，當即是此詩所云小韞妹也。而貼上《題下篆生書扇》亦云『諸妹天人總未如』，或小韞妹即篆生與？抑篆生即元文與？俟考。」又曰：「梅村又有《瑜芬侍兒》詩〔註4〕，不言姓卞，而萬年少則有《贈卞瑜芳》詩，豈瑜芬亦姊妹與？抑芬芳實一人與？俟考。」

其四

石城楊柳碧城鸞，謝女詩篇張女彈。鸚鵡歌調銀管細，琅玕字刻玉

〔註3〕【】內文字，稿本、天圖本、讀秀本作「梁簡文帝詩：『何時玉窗裏，夜夜更縫衣』」。
〔註4〕原題作《瑜芬有侍兒明慧從江上歸則言去矣》。

—736—

釵寒。雙聲宛轉連珠格，八體濃纖倒薤看。閒整筆床攤素卷，棠梨花發倚闌干。此首亦寫詠字為多，與其二同妙。　張如哉曰：「歌調承張女彈字，刻承謝女詩，宛轉承歌調，濃纖承字刻，逐句分承說下。銀管是蕭管之管，玉釵謂字體也。」○《古樂府》：「莫愁在何處，莫愁石城西。」又：「暫出白門前，楊柳可藏烏。」李義山《碧城》詩：「女床無樹不棲鸞。」《晉書・列女傳》：「雪驟下，謝安曰：『何所似也？』道韞曰：『未若柳絮因風起。』」潘安仁《笙賦》：「輟張女之哀彈。」《文選注》：「蓋古曲，未詳所起。」《採蘭雜志》：「河間王琛有妓曰朝雲，善歌。又有綠鸚鵡，善語。朝雲每歌，鸚鵡和之，聲若出一。琛愛之，號為綠朝雲。」《北夢瑣言》：「湘東王筆有三品。德行精粹者，用銀筆書之。」　琅玕，見《讚佛詩》其三。司馬長卿《美人賦》：「玉釵掛臣冠。」《法書苑》：「顏魯公與懷素同學書於鄔兵曹。或問曰：『張長史見公孫大娘舞劍器，始得低昂迴翔之狀。兵曹有之乎？』懷素以古釵腳對。」《南史・謝莊傳》：「王元謨問：『何者為雙聲？何者為疊韻？』答曰：『互獲為雙聲，碻磝為疊韻。』」宛轉，見《七夕即事》。《〈文選・演連珠〉注》：「所謂連珠者，興於漢章之世，班固、賈逵、傅毅三子受詔作之。」《北史・江式傳》：「秦有八體：一曰大篆，二曰小篆，三曰符書，四曰蟲書，五曰摹印，六曰署書，七曰殳書，八曰隸書。」《洛神賦》：「穠纖得中。」王愔《文字志》：「倒薤書者，垂支濃直，若薤葉也。」《樹萱錄》：「梁簡文製筆床，以四管為一床。」劉越石詩：「素卷莫啟，幄無談賓。」《群芳譜》：「棠梨，野梨也。」李嘉祐詩：「野棠自發空流水。」李詩：「沉香亭北倚闌干。」

　　張如哉曰：「石城在楚地，後人誤以金陵之石頭城為石城，因傳三山門外有莫愁湖，洪容齋《隨筆》已辨之矣。此詩用石城楊柳，亦以石頭城為石城也。」

海市四首原注：次張石平觀察韻。《三齊記略》：「海上蜃氣，時結樓臺，名海市。」《書影》：「海市有偶一見之四明者，有見之漳州者，蓋不獨登州為然。近子〔註5〕姻張石平少參見於浙，吳梅村諸公皆有詩紀之。」

　　仙人太乙祀東萊，不信蓬瀛此地開。虹跨斷崖通羽蓋，魚吞倒景出樓臺。碧城煙合青蔥樹，赤岸霞蒸絳雪堆。聞道秦皇近南幸，舳艫千里射蛟回。四首變化離奇，雅與題稱。雖非梅村極筆，然他人正自難到。○《史記・封禪書》：「天神貴者太乙。」又：「公孫卿言：『見神人東萊山，若云欲見天子。』遂至東萊，宿留之。」又：「自威、宣、燕昭使人入海，求蓬萊、方丈、瀛洲。」劉子儀詩：「虹跨屋臺晚。」陸魯望詩：「蒼翠無言空斷崖。」《東京賦》：「羽蓋葳蕤。」　魏

────────────

〔註5〕「子」，周亮工《書影》卷五作「予」。

仲先詩:「洗硯魚吞墨。」《漢書·郊祀志》:「遙興輕舉,登遐倒景。」《史記·天官書》:「海旁蜃氣象樓臺。」 碧城,見前首。梁簡文帝詩:「溶溶紫煙合。」青蔥,見《行路難》注。 《魏志·陳思王傳》:「南極赤岸,東臨滄海。」劉伯溫詩:「日炙霞蒸似錦紅。」《漢武內傳》:「仙家上藥,有玄霜、絳雪。」 《史記·秦始皇紀》:「始皇出遊,望於南海,方士徐市等入海求神藥,數歲不得,乃詐曰為大鮫魚所苦,故不得至,願請善射與俱。乃令入海者齎捕巨魚具,而自以連弩候大魚出射之。」《漢書·武帝紀》:「南巡狩,自潯陽浮江,親射蛟江中,獲之,舳艫千里。」張如哉曰:「此合用秦皇、漢武事。」

其二

灝氣空濛萬象來,非煙非霧化人裁。仙家困為休糧閉,河伯宮因娶婦開。金馬衣冠蒼水使,石鯨風雨濯龍臺。鑿空博望頻回首,天漢乘槎未易才。中四對仗極工。○浩氣,見《縹緲峰》補注。杜詩:「空濛辨魚艇。」萬象,見《攀清湖》。 《史記·天官書》:「若煙非煙,若雲非雲,鬱鬱紛紛,蕭索輪囷,是謂卿雲。」《列子》:「周穆王時,西極之國有化人來。王執化人之袪,騰而上者,中天乃止。」 仙家困,見《石公山》。杜彥之詩:「自言因病學休糧。」 河伯娶婦,見《再觀打冰》。 金馬,見《洗象圖》。《吳越春秋》:「禹登衡嶽,夢見赤繡衣男子,自稱蒼水使者,曰:『聞帝使文命於此,故來候之。』」 《西京雜記》:「昆明池刻玉石為鯨魚,每至雷雨,常鳴吼,鬐尾皆動。」濯龍臺,見《海戶曲》。 《漢書·張騫傳》:「封騫為博望侯,然騫鑿空。」 天漢,見《織女》。《荊楚歲時記》:「漢武帝令張騫使大夏,尋河源,乘槎經月,而至一處,有城郭狀,宮中有織婦,見一丈夫牽牛渚次飲之。還問君平,曰:『某年某月,客星犯牽牛宿。』正此人到天河時也。」《晉書·王珣傳》:「王掾當作黑頭公,皆未易才也。」

其三

東南天地望中收,神鬼蒼茫百尺樓。秦時長松移絕島,梁園修竹隱滄洲。雲如車蓋旌旗繞,峰近香爐煙靄浮。卻笑燕齊迂怪士,祇知碣石有丹丘。對仗既齊,聲響尤壯,較前兩首更覺一氣貫注。○杜詩:「漂泊西南天地間。」 蒼茫,見《歸雲洞》。《三國志·陳登傳》:「劉備曰:『欲臥百尺樓上。』」《史記·封禪書》:「秦襄公作西畤,文公作鄜畤,宣公作密畤,靈公作吳陽上畤祭黃帝,作下畤祭炎帝,獻公作畦畤。」《戰國策》:「墨子曰:『荊有長松文梓。』」杜詩:「絕島容煙霧。」 《圖經》:「梁孝王有修竹園。」《南史·袁粲傳》:「嘗作五言詩,言『訪

跡雖中宇，循寄乃滄洲』，蓋其志也。」　魏文帝詩：「西北有浮雲，亭亭如車蓋。」王
詩：「青山盡是朱旗繞。」　香爐峰，見《閬園・序》。張文昌詩：「闌干宿靄浮。」《封
禪書》：「海上燕齊迂怪之方士。」　碣石，見《東萊行》。《楚辭》：「仍羽人於丹丘兮，
留不死之舊鄉。」

其四

　　激浪崩雲壓五湖，天風吹斷海城孤。千門聽擊馮夷鼓，六博看投玉女
壺。蒲類草荒春徙帳，滄溟月冷夜探珠。誰知曼衍魚龍戲，翠蓋金支滿具
區。後半首更為入妙，非梅村不能。○元詩：「激浪誠難泝。」木玄虛《海賦》：「崩雲
泄雨，浤浤汨汨。」《注》：「言波浪飛灑，似雲之崩。」五湖，見《贈雪航》。　天風，
見《彈琴歌》。岑參詩：「北風吹斷天山草。」蘇詩：「環觀海嶽城。」　《史記・武帝
紀》：「作建章宮，度為千門萬戶。」馮夷，見《二十五日》詩。《洛神賦》：「馮夷擊
鼓。」　《史記・滑稽傳》：「六博投壺，相引為曹。」《神異經》：「東荒山中有大石
室，東王公居焉，恆與一玉女投壺。」張見賾詩：「已見玉女笑投壺，復睹仙童欣六
博。」　《漢書・宣帝紀》注》：「蒲類，匈奴中海名，在燉煌北。」李頎詩：「故園寒
草荒。」按：徙帳，謂逐水草移徙也。　《漢武內傳》：「諸仙玉女，聚居滄溟。」薛元
卿詩：「月冷疑秋夜。」李詩：「沉泉笑探珠。」張如哉曰：「用李義山『滄海月明珠有
淚』。」　《漢書・西域傳・贊》：「極漫衍魚龍角抵之戲。」《注》：「漫衍者，即張衡《西
京賦》所云『巨獸百尋，是為漫延』者也。魚龍者，舍利之獸，先戲於庭極，畢乃入
殿前激水，化成比目魚，跳躍漱水，作霧障日，畢，化成黃龍八丈，出水散戲於庭，
炫耀日光。《西京賦》云『海鱗變而成龍』，即為此色也。」　《淮南子》：「遊於江潯海
裔，馳要嫋，建翠蓋。」杜詩：「金支翠旗光有無。」具區，見《退谷歌》。

別丁飛濤兄弟《國朝詩別裁集》：「丁澎，字飛濤，浙江仁和人。順治乙未進士，
官禮部郎中。有《扶荔堂集》。」林熙庵《丁藥園外傳》：「詩賦古文辭名播江左，其後
仲弟景鴻、季弟燦皆以詩名世，目之曰三丁。」

　　把君詩卷過扁舟，置酒離亭感舊遊。三陸雲間空想像，二丁鄴下自
風流。湖山意氣歸詞苑，兄弟文章入選樓。為道故人相送遠，藕花蕭瑟
野塘秋。起結寫別字，中四切飛濤兄弟。○白詩：「把君詩卷燈前讀。」　陳伯玉詩：
「秋日隱離亭。」舊遊，見《虎丘圖》。　三陸，見《贈吳錦雯》。雲間，見《哭志衍》。
想像，見《西田》詩。　《魏志・陳思王植傳》注》：「丁儀，字正禮，沛郡人也。廙，
字敬禮，儀之弟也。」元裕之詩：「鄴下風流在晉多。」　意氣，見《蕩子行》。詞苑，

見《呈李太虛》。　《一統志》：「文選樓在揚州府治東南，相傳梁昭明太子撰《文選》於此。」　張文昌詩：「秋風白蘋花。」白詩：「野塘水邊畸岸側。」

贈馮子淵總戎《江南通志》：「鎮守江南江北狼山總兵官馮武卿，浙江人。順治八年任。」岑參詩：「登壇近總戎。」

令公專閫擁旄旌，雕鶚秋風賜錦袍。十二銀箏歌芍藥，三千練甲醉葡萄。若耶溪劍凝寒水，秦望樓船壓怒濤。自是相門雙戟重，野王父子行能高。投贈之什，後半篇意更周匝。○令公，見《西田賞菊》。《史記·馮唐傳》：「閫以外者，將軍制之。」擁旄，見《送杜弢武》注。　杜詩：「雕鶚在秋天。」王少伯詩：「簾外春寒賜錦袍。」　傅休奕《箏賦》：「絃柱十二，擬十二月。」銀箏，見《畫蘭曲》。《詩》：「惟士與女，伊其相謔，贈之以芍藥。」　三千練甲，見《再觀打冰》。《漢書·西域傳》：「大宛左右，以葡萄為酒。」　若耶溪劍，見《行路難》。《越絕書》：「欲知泰阿，觀其鈲，巍巍翼翼，如流水之波。」　《一統志》：「秦望山在紹興府會稽縣東南。秦始皇登之，以望南海。」樓船，見《臨頓兒》。孟貫詩：「江上秋風捲怒濤。」　《史記·孟嘗君傳》：「相門有相，將門有將。」《唐書·襄城公主傳》：「門列雙戟而已。」《漢書·馮奉世傳》：「字子明，上黨潞人也。長子譚。譚弟野王。野王字君卿。上使尚書選第中二千石，而野王行能第一。」又：「杜欽素高野王父子行能。」

> 「按：《明史·宰輔表》，天啟間馮氏入相者止銓一人，而《元飆傳》『故與馮銓通譜誼』，元飆，慈谿人，相門雙戟，子淵蓋其子姓歟？」俟考。

丁亥之秋王煙客招予西田賞菊踰月蒼雪師亦至今年予既臥 〔註6〕**病同遊者多以事阻追敘舊約為之慨然因賦此詩**丁亥，順治四年。孟詩：「北窗猶臥病。」

露白霜高九月天，匡床臥疾憶西田。黃雞紫蟹堪攜酒，紅樹青山好放船。秔稻將登農父喜，茱萸遍插故人憐。舊遊多病難重省，記別蒼公又一年。從今年起，以丁亥結，便覺通首俱是追敘舊約也。紅樹句可作摘句圖。○《詩》：「白露為霜。」《醉翁亭記》：「風霜高潔。」　匡牀，見《贈願雲師》。　李詩：「黃雞啄黍秋正肥。」羅昭諫詩：「盈盤紫蠏千卮酒。」　許仲晦詩：「紅葉青山水急流。」放船，見《鴛湖曲》。　秔稻，見《閬園》詩。　王詩：「遍插茱萸少一人。」　舊遊，見《虎丘夜集圖》。杜詩：「多病也身輕。」

〔註6〕此系程穆衡之說，見《梅村詩箋》。

友人齋說餅《槃悅厄談》：「友人齊說餅之為張氏園。」吳叔庠《餅說》：「臣當此景，惟能說餅。」

　　舍北溪南樹影斜，主人留客醉黃花。水溲非用淘槐葉，蜜餌寧關煮蕨芽。閣老膏環常對酒，徵君寒具好烹茶。食經二事皆堪注，休說公羊賣餅家。從友人齋起，餘皆說餅。○杜詩：「舍南舍北皆春水。」又：「白馬江寒樹影稀。」　李詩：「但使主人能醉客。」黃花，見《東皋歌》。　《詩》：「釋之叟叟。」《釋文》：「叟叟，淘米聲也。」《唐六典》：「太官令掌供膳之事，夏月加冷淘粉粥。」杜有《槐葉冷淘》詩。　《楚辭》：「粔籹蜜餌，有餦餭些。」《注》：「粔籹，以蜜和米麪煎作之。」陸務觀詩：「山童新采蕨芽肥。」　《唐書・楊綰傳》：「中書舍人年久者為閣老。」《國史補》：「宰相相呼為堂老，兩省相呼為閣老。」《齊民要術》：「膏環，一名粔籹，屈令兩頭相就，膏油煮之。」　徵君，見《九峰草堂歌》。《續晉陽秋》：「桓玄好畜書畫，客至，嘗出而觀之。客食寒具，油污其畫，後遂不復設寒具。」《集韻》：「寒具，環餅也。」《宣和畫譜》：「周昉寓意丹青，有《烹茶圖》。」　食經，見《蛤蜊》。《周禮》：「內宰使各有屬，以作二事。」此借用。　《〈三國志・裴潛傳〉注》：「鍾繇不好《公羊》而好《左氏》，謂左氏為太官，而謂公羊為賣餅家。」

　　　　《艮齋雜說》：「陳眉公每事好製新樣，人輒效法，猶宋人之號東坡巾也。其所坐椅曰眉公椅，所製衣曰眉公布，所說餅曰眉公餅。」按：徵君句應指眉公，不知閣老為誰耳。阮紫坪曰：「近姑蘇市中有制餅者，名太師餅，又名瑤泉餅。相傳申瑤泉相公最嗜此物，因此得名。」詩中第五句疑指此。程迓亭曰：「此詩成於張石公園中。石公，大司空張輔之孫，園即學山園也。今太倉市有太師餅、眉公膏，相傳出自王荊石、陳仲醇家。見《鎮洋縣志》。」

贈李峩居御史原注：督學江南。　程迓亭曰：「李嵩陽，字元珮，號峩居。」《壬夏日錄》：「嵩陽，河南封丘人。庚午舉人。順治六年，督學江南。」

　　中條山色絳帷開，宛雒春風桃李栽。地近石經緣虎觀，家傳漆簡本蘭臺。花飛驛路生徒滿，潮落江城鐘磬來。置酒一帆黃浦月，登臨早訪陸機才。起二句似峩居曾司鐸於晉豫間者，俟考。三句峩居故里。四句御史，後半首督學江南也。○《一統志》：「中條山在解州南，山狹而長。西華嶽，東太行，此山居中，故曰中條。」絳帷，見《贈馮訥生》注。　《古詩》：「遊戲宛與雒。」《事文類聚》：「狄仁傑嘗薦姚崇、桓彥範、敬暉數人，率為名臣。或謂仁傑曰：『天下桃李，盡在公門。』」　石經虎觀，見《送子俶青琱》。　漆簡，見《遣悶》漆經注。蘭臺，見

《送龔孝升》。　杜詩：「岸花飛送客。」柳子厚詩：「驛路看花處。」新生，見《壽王鑑明》。　潮落，見《贈吳錦雯》。李詩：「江城含變態。」鍾磬，見《贈願雲師》。　一帆，見《塗松晚發》。《明統志》：「黃浦在松江府城東南一十八里。」　登臨，見《送志衍入蜀》。陸機，見《茸城行》。

穆大苑先臥病桐廬初歸喜贈按：梅村《贈穆苑先》詩：「兵火桐江遇故人，釣臺長嘯凌千尺。」指正在桐廬時。又云：「失腳倒墮烏犍牛，偶來帝鄉折左臂。」則指桐廬言歸，又往碻山之時，非此時之臥病也。又，《送穆苑先南還》四首，是梅村赴召後在京而送之者。此詩編在過淮諸首以前，則在梅村未赴召之先矣。

　富春山下趁歸風，客病孤舟夜雨中。千里故園惟舊友，十年同學半衰翁。藥爐愧我形容槁，腹尺輸君飲啖工。卻向清秋共消損，一尊無恙笑顏紅。首句自桐廬歸，次句臥病初歸也，三四交誼，後半寫出喜字。○富春，見《讀西臺記》。王詩：「漾舟信歸風。」　杜詩：「老病有孤舟。」　許仲晦詩：「舊友北來頻。」　梅村《苑先墓誌》：「就苑先齋中讀書，同時遊處者四人。」衰翁，見《贈杜退之》。　張文昌詩：「掃灑書室試藥鑪。」《楚辭》：「形容枯槁。」《〈三國志·荀彧傳〉注》：「禰衡見荀有腹尺，〔註7〕因答曰：『文若可借面弔喪，稚長可使監廚請客。』其意以為荀但有貌，趙健啖肉也。」《宋書·始安王休仁傳》：「休仁弟飲噉極日。」　清秋，見《贈家侍御》。子建《請招降江東表》：「銷損天日，無益聖朝。」　沈休文詩：「勿言一尊酒。」無恙，見《下相懷古》。李詩：「一食駐元發，再食留紅顏。」

壽陸孟鳧七十原注：陸為潯州司李。藤峽，在潯州。常熟有桃源澗。《蘇州府志》：「陸銑，字孟鳧，常熟人。崇禎四年歲貢生，養利州知州。」《一統志》：「潯州府，在廣西布政司西南九百五十里。大藤峽，在潯州府桂平縣西北六十里。」《蘇州府志》：「虞山普仁禪院東有天潭谷，下為桃源澗。」

　楓葉蘆花霜滿林，江湖蕭瑟鬢毛侵。書生藤峽功名薄，漁父桃源歲月深。入市蹇驢晨賣藥，閉門殘酒夜橫琴。舊遊烽火天涯夢，銅鼓山高急暮砧。首句紀時。次句暗寫壽字，而江湖蕭瑟引起下文。三句遊宦之地，四句歸隱之所，薄字、深字即蕭瑟意。五六俱就歸隱說，七八回映遊宦也。○白詩：「楓葉蘆花秋瑟瑟。」霜林，見《送孫令修》。　杜詩：「更憶鬢毛斑。」　書生，見《壽龔芝麓》。《明史·韓雍傳》：「雍曰：『當全師直搗大藤峽。』峽有大藤如虹，橫亙兩

厓間，雍斧斷之，改名斷藤峽。勒石紀功而還。」按：此句暗用之。陸士衡詩：「但恨功名薄。」　漁父，《莊子》篇名。淵明有《桃花源記》。此借用。陸樹聲（字與吉）詩：「家住煙蘿日月深。」　蹇驢，見《雪中遇獵》。《神仙傳》：「壺公者，入市賣藥，口不二價。」　陸士衡詩：「甕餘殘酒，膝有橫琴。」　舊遊，見《虎丘夜集圖》。烽火，見《閩州行》。天涯，見《送何省齋》。《一統志》引《寰宇記》：「象州有銅鼓山，下有銅鼓灘。」《方輿勝覽》：「在武仙縣西十里。武仙故城，在今潯州府武宣縣東。」又：「銅鼓嶺，在潯州府貴縣南五十里。」杜詩：「白帝城高急暮砧。」

其二

講授山泉繞戶庭，苧翁無事為中泠。偶支鶴俸分魚俸，閒點茶經補水經。千里程鄉浮大白，一官勾漏養空青。歸來松菊荒涼甚，買得雙峰縛草亭。太白、空青，對偶清新。○《漢書·夏侯勝傳》：「勝每講授。」《易》：「山下出泉，蒙。」又：「不出戶庭，无咎。」《唐書·陸羽傳》：「隱苕溪，自稱桑苧翁。」《群芳譜》引歐陽永叔曰：「世傳陸羽《茶經》，其論水曰：『山水上，江水次，井水下。』至張又新為《煎茶水記》，始云：『劉伯芻以揚子江為第一。』」王貽上《古夫于亭雜錄》：「唐劉伯芻品水，以中泠為第一，惠山、虎丘次之。」按：此是苧翁未嘗切指中泠也。《一統志》：「中泠泉在鎮江府丹徒縣北金山下。大江至金山，分為三瀘，亦曰三泠，此居其中。」《墨莊漫錄》：「皮日休《新秋即事》詩云：『酒坊吏到常先見，鶴俸符來每探支。』鶴俸之說，曾丈彥和有《西齋自遣》詩，云：『寧羨一囊供鶴料。』注云：『唐幕府官俸，謂之鶴料。』彥和用事，必有所據。」　茶經，見《西田》詩陸羽。水經，見《廿五日》詩注。　千里程鄉，見《閬園·序》。浮白，見《哭志衍》。　一官，見《哭志衍》。勾漏，見《壽龔芝麓》。《本草》：「空青生益州山谷及越巂山有銅處，銅精薰則生空青，其腹中空，能化銅錢鉛錫作金。」　松菊，見《九峰歌》。《北山移文》：「石逕荒涼徒延佇。」　庾詩：「熊耳對雙峰。」草亭，見《送沈友聖》。

壽申少司農青門 《明史·申時行傳》：「中極殿大學士孫紹芳，進士，戶部左侍郎。」《蘇州府志》：「紹芳，字維烈。」《通考》：「司農，官名，秦曰治粟內史，漢景帝更名大司農。」

相門三戟勝通侯，兄弟衣冠盡貴遊。白下高名推謝朓，黃初耆德重楊彪。千山極目風塵暗，一老狂歌天地秋。還憶淮沚開制府，江聲吹角古揚州。櫽括青門一生。三四更為工妙。○《唐書·崔琳傳》：「世號三戟崔家。」通侯，見《楚兩生·序》。　貴遊，見《贈陸生》。梅村《申少觀壽序》：「余初筮仕，

得交於鄉先達申大司馬及其弟大參。大參有九子，青門是長兄，官比部，其季弟曰進士維久。」《六朝事蹟》：「白下本江乘之白石壘，唐武德元年罷金陵縣，築城於此，因其舊名曰白下。」《一統志》：「白下故城在上元縣北。」《南史‧謝朓傳》：「字玄暉，少好學，有美名，陳郡陽夏人。」《魏書》：「黃初二年，公卿朝朔旦，並引故漢太尉楊彪，待以客禮。」《書》：「遠耆德。」千山，見《贈願雲師》。極目，見《蕩子行》。風塵，見《哭志衍》。《詩》：「不憖遺一老。」狂歌，見《鐵崖墓》。《水經》：「淮水東過壽春縣北，淝水從縣東北流注之。」《一統志》：「壽春故城，今鳳陽府壽州治。」《字典》：「淝本作肥。」《明史‧職官志》：「總督漕運兼提督軍務巡撫鳳陽等處兼管河道一員，景泰二年，因兼巡撫淮、陽〔註8〕、盧、鳳四府、徐、和、滁三州，治淮安。」按：《明‧職官志》，總督初稱提督軍務，嘉靖七年改為總制，十九年避制字，改為總督。制府之稱，蓋由此與？江聲，見《送苑先》。吹角，見《松山》。哀揚州，見《閩州行》。《申少觀壽序》：「青門早達，洊歷名藩，開府揚州，垂紳揭節。兄弟中至光顯矣。」

其二

脫卻朝衫上釣船，餘生投老白雲邊。買山向乞分司俸，餉客還存博士錢。世事煙霞娛晚歲，黨人名字付殘編。扁舟百斛烏程酒，散髮江湖任醉眠。此首點入壽字，如鴻爪點雪。○脫朝衫，見《壽龔芝麓》。餘生，見《送周子俶》。投老，見《西田》詩。買山，見《東萊行》。白詩：「莫求致仕具分司。」《玉篇》：「餉，饋也。」按：博士錢用退之《進學解》「三年博士」及「月費俸錢」句。王詩：「世事浮云何足問。」煙霞，見《讀西臺記》。晚歲，見《贈吳雪航》。《後漢書‧黨錮傳‧論》：「黨人之議，由此始矣。」殘編，見《送何省齋》。李長吉詩：「鱸魚千頭酒百斛。」烏程酒，見《閬園‧序》。《後漢書‧袁閎傳》：「遂散髮絕世。」《晉書‧阮籍傳》：「方據案醉眠。」

宴孫孝若山樓賦贈孝若，見《吾谷行》注。

千章喬木俯晴川，高閣登臨雨後天。明月笙歌紅燭院，春山書畫綠楊船。郗超好客真名士，蘇晉翻經正少年。最是風流揮玉麈，煙霞勝處著神仙。起結切定山樓。三四宴時之景。後半讚美孝若，而宴字自在其中。○千章，見《海戶曲》。張千壽詩：「煙靄遶晴川。」岑參詩：「高閣逼諸天，登臨近日邊。」

〔註8〕「陽」，《明史》卷七十三《職官志二》作「揚」。

王詩:「空山新雨後。」　白詩:「笙歌歸院宇。」柳子厚詩:「席上燒紅燭。」　春山,見《題河渚圖書》。畫船,見《九友歌》注。綠楊,見《避亂》。　《晉書·郗超傳》:「字景興,一字嘉賓。凡所交友,皆一時美秀。寒門後進,亦拔而友之。」《史記·孟嘗君傳》:「馮驩聞孟嘗君好客。」名士,見《維夏北行》。　杜《飲中八仙歌》:「蘇晉長齋繡佛前,醉中往往愛逃禪。宗之瀟灑美少年。」翻經,見《代具師答》。　揮塵,見《後東皋歌》注。　《晉書·王恭傳》:「孟昶窺見之,歎曰:『此真神仙中人也。』」

琴河感舊並序

　　楓林霜信,放棹琴河。忽聞秦淮卜生賽賽到自白下,適逢紅葉。余因客座,偶話舊遊。主人命犢車以迎來,持羽觴而待至。停驂初報,傳語更衣,已託病痁,遷延不出。知其憔悴自傷,亦將委身於人矣。《一統志》:「琴川,在蘇州府昭文縣治。縣治前後橫港凡七,若琴絃然。昭文輿常熟同城。」感舊,見《過南廂園叟》。《玉京傳》:「有傳其復東下者,主於海虞一故人,生偶過焉。尚書某公者,張具請為生,必致之。眾客皆停杯不禦。已,報曰:至矣。有頃,廻車入內宅,屢呼之,終不肯出。生悒怏自失,殆不能為情,歸賦四詩以告絕。」　王少伯詩:「孤舟微月對楓林。」霜信,見《宿破山寺》。　嵇叔夜詩:「放櫂投竿。」　秦淮,見《玉京墓》。《續本事詩》:「袁宏道中郎有《傷周生》詩,自注:吳人呼妓為生。」　白下,見《壽申青門》。　杜牧之詩:「霜葉紅於二月花。」按:此句兼用《太平廣記》「方知紅葉是良媒」。　《魏志·王粲傳》:「賓客盈座。」舊遊,見《虎丘圖》。　犢車,見《彈琴歌》。　《漢書·班婕妤傳》:「酌飛羽觴兮銷憂。」　停驂,見《送友聖》。《史記·外戚世家》:「是日,武帝起更衣,子夫侍尚衣軒中,得幸。」《左傳·昭二十年》:「齊侯疥,遂痁。」《玉篇》:「痁,瘧疾也。」　《神女賦》:「遷延引身,不可親附。」　白《琵琶行·序》:「委身為商人婦。」予本恨人,傷心往事。江頭燕子,舊壘都非;山上蘼蕪,故人安在?久絕鉛華之夢,況當搖落之辰。相遇則唯看楊柳,我亦何堪;為別已屢見櫻桃,君還未嫁。聽琵琶而不響,隔團扇以猶憐。能無杜秋之感,江州之泣也?漫賦四章,以志其事。《恨賦》:「於是僕本恨人。」　往事,見《野望》。　李嘉祐詩:「江燕初歸不見人。」舊壘,見《白燕吟》。　蘼蕪、鉛華,並見《玉京墓》。　搖落,見《讚佛詩》。《枯樹賦》:「桓大司馬聞而歎曰:『昔年移柳,依依漢南;今看搖落,悽愴江潭。樹猶如此,人何以堪。』」　李詩:「別來幾春未還家,玉窗五見櫻桃花。」　羅昭諫《贈雲英》詩:「我未成名君未嫁,可能俱是不如人。」　白詩:「我聞琵琶已歎

息。」　《晉書‧樂志》:「《團扇歌》者,中書令王瑉與嫂婢有情,婢素善歌,而瑉好捉白團扇,故製此歌。」　杜秋,見《老妓行》。　白《琵琶行》:「就中泣下誰最多,江州司馬青衫濕。」

白門楊柳好藏鴉,誰道扁舟蕩槳斜。金屋雲深吾谷樹,玉杯春暖尚湖花。見來學避低團扇,近處疑嗔響鈿車。卻悔石城吹笛夜,青驄容易別盧家。此首是因客座話話舊遊也。吾谷尚湖,暗寫主人,其為孝若兄弟與?詩格亦仿義山。張如哉曰:「五六是犢車迎來,羽觴待至也。學避、疑嗔,已逗不出意。」○《古樂府》:「暫出白門前,楊柳可藏烏。」　陸魯望詩:「本是吳吟蕩槳郎。」　《漢武故事》:「帝笑曰:『若得阿嬌,當以金屋貯之。』」吾谷,見《吾谷行》。　謝玄暉詩:「渠椀送佳人,玉杯邀上客。」謝靈運詩:「含悲忘春暖。」《一統志》:「尚湖,在常熟縣西南四里。」　團扇,見《序》。　卸車、石城,見《西泠閨詠》。吹笛,見《喟周子俶》。　《古樂府》:「郎騎青驄馬。」東方曼倩《非有先生論》:「談何容易。」《南畿志》:「莫愁湖在三山,門外有妓莫愁,家湖上,故名。」

其二

油壁迎來是舊遊,尊前不出背花愁。緣知薄倖逢應恨,恰便多情喚卻羞。故向閒人偷玉箸,浪傳好語到銀鉤。五陵年少催歸去,隔斷紅牆十二樓。此首是命犢車以迎來,遷延不出也。中四句曲折濃至。○油壁,見《玉京墓》。　尊前,見《老妓行》。　杜牧之詩:「贏得青樓薄倖名。」　又:「多情恰似總無情。」張如哉曰:「『喚』字本白詩『千呼萬喚』,『卻羞』本《會真詩》『為郎憔悴卻羞郎』。」　玉箸,見《永和官詞》。　杜詩:「將詩莫浪傳。」薛元卿詩:「布字改銀鉤。」　白詩:「五陵年少爭纏頭。」韓詩:「催歸日未西。」　李義山詩:「本來銀漢是紅牆,隔得盧家白玉堂。」《漢書‧郊祀志》:「方士有言:黃帝時為五城十二樓,以候神人。」

張如哉曰:「唐女道士李冶詩:『莫怪闌干垂玉箸,只因惆悵對銀鉤。』玉箸謂淚,銀鉤謂書。『故向閒人偷玉箸』,即《序》中之『已託病痁』;『浪傳好語到銀鉤』,即《序》中之『傳語更衣』也。」

其三

休將消息恨層城,猶有羅敷未嫁情。車過捲簾勞悵望,夢來攜袖費逢迎。青山憔悴卿憐我,張如哉曰:「山作作衫。」紅粉飄零我憶卿。記得橫塘秋夜好,玉釵恩重是前生。此首是「江頭燕子,舊壘都非;山上薔薇,故

人安在」也，逼真義山手筆。○李義山詩：「傾城消息隔重簾。」《楚辭》：「增城九重，其高幾里。」《注》：「增同層。」李後主詩：「層城無復見嬌姿。」《古樂府》：「羅敷自有夫。」張文昌《節歸吟》：「君知妾有夫。」又：「恨不相逢未嫁時。」《本事詩》：「韓翊少負才名，天寶末舉進士，鄰有李將妓柳氏。李每邀韓同飲，酒酣，謂韓曰：『秀才當今名士，柳氏當今名色，以名色配名士，不亦可乎？』卒授之。淄青節度侯希逸奏為從事，以世方擾，不敢以柳自隨，置之都下。後翊隨希逸入朝，尋訪不得，已為立功番將沙吒利所劫，寵之專房。翊悵然不能割。會入中書，至於城東南角，逢犢車，緩隨之。車中問曰：『得非青州韓員外邪？』曰：『是。』遂披簾曰：『某柳氏也。夫身沙吒利，無從自脫。明日尚此路還，願更一來取別。』明日如期而往，犢車尋至，車中投一紅巾苞小合，則實以香膏，嗚咽言曰：『終身永訣。』車如電逝。韓不勝情，為之雪涕。有虞侯將許俊，年少被酒，乃急裝，乘一馬，牽一馬而馳，逕趨沙吒利之第，會吒利已出，即以入曰：『將軍墜馬，且不救。遣取柳夫人。』柳驚出，即以韓北〔註9〕示之，挾上馬，絕馳而去。以柳氏授韓曰：『幸不辱命。』」謝玄暉詩：「停驂君悵望。」　李詩：「且留琥瑰枕，或有夢來時。」攜袖，■■〔註10〕似用霍小玉事耳。詳七言絕句《夢鞋》。逢迎，見《揖山樓》。　李義山詩：「看山對酒君思我，聽鼓離城我訪君。」王介甫詩：「青衫憔悴北歸來。」小青詩：「卿須憐我我憐卿。」　紅粉，見《贈李雲田》。飄零，見《遇劉雪舫》。　橫塘，見《圓圓曲》。李重規詩：「自有橫陳會，應憐秋夜長。」　司馬長卿《美人賦》：「玉釵掛臣冠。」智大師偈：「欲知前世因。」

其四

長向東風問畫蘭，玉人微歎倚闌干。乍拋錦瑟描難就，小疊瓊箋墨未乾。弱葉懶舒添午倦，嫩芽嬌染怯春寒。書成粉篋憑誰寄，多恐蕭郎不忍看。玩此詩，蓋玉京遷延不出，因梅村索其畫蘭，而以畫扇見寄也。中四句形容曲盡，情思入妙。○《玉京傳》：「道人畫蘭，好作風枝婀娜，一落筆盡十餘紙。」　玉人，見《永和宮詞》。倚闌干，見《西泠閨詠》。　李義山詩：「錦瑟無端五十弦。」　韓致光詩：「小疊紅箋書恨字。」《修真錄》：「族雪道君有顯色天膏，封以軟玉油箋。」劉夢得詩：「新賜除書墨未乾。」　謝偃《高松賦》：「紛弱葉以凝照。」陸務觀詩：「午倦便高枕。」　周美成《詠茶》詩：「荷葉甌深稱嫩芽。」錢瑞文詩：「芳心猶卷怯春寒。」　揚

〔註 9〕「北」，稿本、天圖本、讀秀本作「扎」。孟棨《本事詩》作「札」。
〔註10〕「■■」，稿本、天圖本、讀秀本作「未詳」。

子《方言》：「自關而東謂之篚，自關而西謂之扇。」《全唐詩話》：「崔郊有婢，既貧，鬻於連帥，郊思慕無已。其婢因寒食來從事家，值郊立於柳陰，崔贈之以詩曰：『侯門一入深如海，從此蕭郎是路人。』」張正言詩：「多恐君王不忍看。」

辛卯元旦試筆原注：除夕再夢杏花。按：辛卯，順治八年。

十年車馬盛長安，仙仗傳籌曙色寒。禁苑名花開萬樹，上林奇果賜千官。春風紫燕低飛入，曉日青驄緩轡看。舊事已非還入夢，畫圖金粉碧闌干。此與《與友人譚遺事》一首相似。十年舊事，起結點睛，莫認作熱中一流。○岑參詩：「玉階仙仗擁千官。」王詩：「絳幘雞人報曉籌。」李長吉詩：「飛窗複道傳籌飲。」皇甫孝常詩：「曙色漸分雙闕下。」　禁苑，見《退谷歌》。名花，見《詠山茶花》。　上林，見《海戶曲》。《後漢書·桓榮傳》：「詔賜奇果，受者皆懷之，榮獨舉手捧之以拜。」王詩：「芙蓉闕下會千官。」　顧逋翁詩：「紫燕西飛欲寄書。」　曉日，見《謁張石平》。青驄，見《哭志衍》。《唐書·崔湜傳》：「緩轡諷詩。」　白詩：「舊事思量在眼前。」薛陶臣詩：「絳節幾時還入夢。」　金粉，見《送沈繹堂》。

　　　　　陳臥子詩：「禁苑起山名萬壽，復宮新戲號千秋。」三四清麗，堪與為偶。

雜感

聞說朝廷罷上都，中原民困尚難蘇。雪深六月天圍塞，雨漲千村地入湖。瀚海波濤飛戰艦，禁城宮闕起浮圖。關山到處愁征調，願賜三軍所過租。《雜感》六首，多詠時事。此首述民困也。三四天災，五六人事，結句祝願之意。○《元史·世祖紀》：「中統四年，升開平府為上都。」《宣鎮舊志》：「元上都城在鎮城東北七百里，凡省院官署七十除，俱至元中所建。明初，俱廢。」按：此則上都之罷已久，與首句聞說字不合。《一統志》：「宣化府，元初為宣寧府。中統四年，改宣德府，屬上都路。」而《宣化縣志》：「順治八年，裁宣府巡撫，並於宣大總督兼理。」詩蓋以裁宣府巡撫為罷上都，非專指開平也。時梅村尚在江南，故云聞說耳。《史記·平原君傳》：「民困兵盡。」《書》：「後來其蘇。」　歐陽永叔詩：「六月雪飛灑石矼。」謝玄暉詩：「天國靜且閒。」　馬虞臣詩：「洪河雨漲出關遲。」千村，見《閬州行》。《宣化縣志》：「順治八年，宣府大雨雹。」　《史記·匈奴傳》：「驃騎封於狼居胥山，禪姑衍，臨翰海而還。」《注》：「翰與瀚同。」杜詩：「波濤萬頃推琉璃。」戰艦，見《茸城行》。　顏延年詩：「朝駕守禁城。」劉越石詩：「顧瞻望宮闕。」浮圖，見《贈蒼雪》。　關山，見《琵琶行》。《後漢書·杜詩傳》：「舊制：發兵皆以虎符。其餘征調，竹使而已。」　《漢書·文帝紀》：「其除田之租稅。」

其二

　　簫鼓中流進奉船，司空停索導行錢。八蠶名繭盤花就，千縑奇文舞鳳旋。褲褶射雕砂磧塞，筐箱市馬玉門邊。秋風砧杵催刀尺，江左無衣已七年。此首憂杼軸也。三四寫製作之奇，五六見運用之廣，結句點睛。○漢武帝《秋風辭》：「汎樓船兮濟汾河，橫中流兮揚素波，簫鼓鳴兮發棹歌。」《舊唐書・張萬福傳》：「德宗召萬福，馳至渦口，立馬岸上，發進奉船。」　司空，見《東萊行》。導行錢，見《馬草行》。　《吳都賦》：「鄉貢八蠶之絲。」《注》：「一歲八蠶繭，出日南也。」唐太宗詩：「盤花卷燭紅。」　千縑奇文，見《織婦詞》。李巨山詩：「叢臺舞鳳驚。」　袴褶，見《琵琶行》。射雕，見《雪中遇獵》。砂磧，見《送杜弢武》。　筐箱，見《遇南廂園叟》。《五代史・四夷錄》：「明宗時，沿邊置場市馬，諸夷皆入市中國。」玉門。見《行路難》。　《古子夜秋歌》：「佳人理寒服，萬結砧杵勞。」杜詩：「寒衣處處催刀尺。」　江左，見《送周子俶張青琱》。《詩》：「無衣無褐。」

　　　　此詩即七古內《織婦詞》之意。

其三

　　居庸千尺薊門低，八部雲屯散馬蹄。日表土中通極北，河源天上接安西。金城將吏耕黃犢，玉壘山川祭碧雞。世會適逢須粉飾，十年辛苦厭徵鼙。此首紀遠略也。起結皆偃武之意。中四句測日、窮河、屯田、祠祀，想見規模之遠。○《〈後漢書・光武紀〉注》：「上谷郡居庸縣有關。」《一統志》：「居庸關在昌平州西北，去延慶州五十里。」《十道志》：「居庸關亦名薊門關。」　《後漢書・南奴傳》：「建武二十四年春，八部大人共議立比為呼韓邪單于，以其大父嘗依漢得安，故欲襲其號，於是欵五原塞，願永為蕃蔽。」《哀江南賦》：「冀馬雲屯。」馬蹄，見《行路難》。　《後漢書・律曆志》：「以比日表，以管萬事。」《書・召誥》：「王來召，上帝自服於土中。」蔡《注》：「洛邑天地之中，故謂之土中。」《周禮》：「以土圭之法，測土深，正日影，以求地中。」鄭《注》：「土圭之長，尺有五寸，以夏至之日，立八尺之表，其景適與土圭等，謂之地中。」《晉書・天文志》：「天形南高而北下，日出高故見，日入下故不見。天之居如倚蓋，故極在人北，是其證也。極在天之中，而今在人北，所以知天之形如倚蓋也。」　《漢書・張騫傳》：「漢使窮河源。」李詩：「黃河之水天上來。」《舊唐書》：「安西都護府，貞觀末置於西州，顯慶二年移府，理高昌故地。三年，又徙治龜茲國。」　金城，見《贈吳雪航》。將吏，見《翠峰寺遇友》。黃犢，見《西田》詩。　玉壘，見《燕窩》。碧雞，見《洗象圖》。　《文中子》：「謂仲長子光

曰：『山林可居乎？』曰：『會逢其適也，焉知其可？』」《莊子》：「為丹青則藻繪王猷，粉飾治具。」　辛苦，見《遇劉雪舫》。杜詩：「不意書生耳，臨衰厭鼓鼙。」

其四

急峽天風捲怒濤，穿雲棧石度秋毫。雞豚絕壁人煙少，珠玉空江鬼哭高。縱火千付驅草木，齎糧百日棄弓刀。綿州卻報傳烽緊，峒戶溪丁轉戰勞。此首單指征蜀之事。○杜詩：「高江急峽雷霆鬥。」天風，見《彈琴歌》。怒濤，見《贈馮子淵》。　雲棧，見《行路難》。杜詩：「碭石小秋毫。」《隋書‧豆盧勣傳》：「其山絕壁千尋。」李詩：「不與秦塞通人煙。」　按：潼川府中江縣有郪江，一名玉江。又：蓬溪縣有珠玉溪。然詩意只泛言耳，觀上句可見。陸魯望詩：「空江波浪黑。」鬼哭，見《閬州行》。《漢書‧李陵傳》：「鹵從上風縱火。」千村，見《閬州行》。《晉書‧苻堅載記》：「北望八公山，草木皆類人形。」《史記‧吳起傳》：「親裹齎糧，與士卒同甘苦。」弓刀，見《避亂》。《一統志》：「綿州在四川布政司東北七十里。」虞伯玉詩：「稱使不傳烽。」　許仲晦詩：「峒丁多跣石。」杜詩：「水散巴渝下五溪。」轉戰，見《讀史雜詩》其四。

《一統志》：「順治八年，吳三桂握重兵屯保寧，久無功。四川巡撫郝浴劾其縱兵剽掠，包藏異志。未幾，東西川俱陷，三桂棄保寧，退走綿州。浴聞警，一晝夜七馳檄，邀三桂還。賊薄保寧，勢張甚。浴以忠義激發將士，與賊戰，遂大破之，即密陳三桂跋扈狀。」此詩前四句言川被寇禍而三桂無功，五六寫三桂驕懦之狀，第七句刺其棄保寧而掠綿州，第八句以轉戰之勞歸之峒戶溪丁，正是為三桂作斧鉞之筆也。　汪鈍菴《郝公墓志》：「順治中，吳三桂等入川，奉詔統東西兩路兵，駐劄川南，以圖進取。定州郝公以御史巡按川中，三桂方挾王爵，驕橫日甚，而部下尤滛殺不法。三桂銜公。既而東西兩路兵俱為賊所敗，三桂等遁至綿州。公適監省試於保寧，賊劉文秀前鋒且抵城下。保寧士民洶懼，因遣使飛檄走邀三桂等赴捄，責以大義，謂不死於賊，必死於法。三桂等不得已，始自綿州至。」按：此詩末一句正刺其在綿州滛掠之事，見其肆毒於溪峒也。當與《即事》第十首參看。

其五

武安席上見雙鬟，血淚青娥陷賊還。只為君親來故國，不因女子下雄關。取兵遼海哥舒翰，得婦江南謝阿蠻。快馬健兒無限恨，天教紅粉定燕山。此首亦詠吳逆。詳《圓圓曲》三四句。若為吳逆分辨者，正是斧鉞之筆也。

未句斷定，即「全家白骨成灰土，一代紅粧照汗青」之意。○武安，見《老妓行》。白詩：「窈窕雙鬟女。」　血淚，見《閻州行》。青娥，見《老妓行》。　雄關，見《松山哀》。　遼海，見《詠山茶·序》。《唐書·哥舒翰傳》：「其先蓋突騎施酋長哥舒部之裔，祿山反，守潼關。」《一統志》：「范文程，字憲斗，漢軍鑲黃旗人。順治元年，大軍將徵明，文程請嚴紀律，秋毫無犯。會吳三桂乞師，召文程於湯泉決策，乘勢進兵。」《太真外傳》：「新豐有女伶謝阿蠻，善舞《凌波曲》，舊出入宮禁，貴妃厚焉。後上自成都還，復幸華清宮，從官嬪御多非舊人，上命阿蠻舞《凌波曲》，舞罷，上悽然垂涕。」《釵小志》：「河間王侍兒朝雲善吹箎，諸羌叛，王令朝雲假為老嫗吹，羌皆流涕，復降。語曰：『快馬健兒，不如老婦吹箎。』」《古詩》：「健兒須快馬。」　紅粉，見《贈李雲田》。《唐書·薛仁貴傳》：「將軍三箭定天山。」燕山，見《送龔孝升》。

　　按：圓圓，《明史》作陳沅。又，哥舒無取兵遼海事。謝阿蠻出自新豐，非江南也。蓋取兵遼海，乃三桂之實事，而哥舒本降將軍，故以為比。初，嘉定伯周奎納圓圓於椒庭，侍周后側。莊烈問所從來，后對以茲女吳人，且善崑伎。莊烈念國事，不甚顧，命遣還，仍入周邸，而三桂得以為婦。故以蠻之女伶善舞，出入宮禁為此耳。　潘皆山曰：「鈕玉樵《觚賸》載圓圓事甚悉，以為吳門名妓。周嘉定伯營葬歸蘇，以重貲購得之，載而北，納於椒庭。旋遣還，仍歸周邸，後乃獻之吳三桂。陸雲士《圓圓傳》則以為玉峰歌妓，三桂慕其名，聘以千金，已先為田畹所得，繼乃贈吳。毛西河《後鑒錄》云：『三桂與戚畹、田弘遇遊，觀所買金陵娼陳沅者而悅之，請聘以千金，不許。弘遇死，始以千金買他姬易之。』諸說小異。此詩謂『武安席上見雙鬟』，則吳逆真於田畹席中見之矣。第一以為吳門人，一以為金陵人，未知孰是。」

其六

　　萬里從王擁節旄，通侯青史姓名高。禁垣遺直看封事，絕徼孤忠誓佩刀。元祐黨碑藏北寺，辟疆山墅記東皋。歸來耕石堂前夢，書畫平生結聚勞。此首詠瞿式耜，詳《東皋草堂歌》。　前半首括式耜全傳，後半首記其軼事。「萬里」、「歸來」，起結相應。○丘希範《與陳伯之書》：「擁旄萬里，何其壯也。」《易》：「或從王事，無成有終。」黃魯直詩：「西河擁節旄。」　通侯，見《楚兩生·序》。青史，見《遣悶》。　《舊唐書·權德輿傳》：「直禁垣，數旬始歸。」《左傳·昭十四年》：「叔向，古之遺直也。」封事，見《贈吳雪航》。《明史·瞿式耜傳》：「崇禎元年，擢戶科給事中。」　顏師古《漢書注》：「徼猶塞也，東北謂之塞，西南謂之徼。」

韓詩：「休垂絕徼千行淚。」孤忠，見《登數峰閣》。《漢書·蘇建傳》：「武引佩刀自刺。」《明史·瞿式耜傳》：「順治三年九月，大兵破汀州，式耜與丁魁楚等議立由櫛，以十月十日監國肇慶，進式耜吏部右侍郎、東閣大學士，進文淵閣大學士兼兵部尚書。桂林獲全，封臨桂伯。」　馬純《陶朱新錄》：「元祐奸黨：文臣曾仕執政官二十七人，司馬光等；曾仕待制官四十九人，蘇軾等；餘官一百七十七人，秦觀等；為臣不忠曾仕宰臣二人，王珪、章惇。」胡翰《書州元祐黨籍碑後》：「宋蔡京立元祐黨籍碑於端禮門外，以星變毀。其後黨人子孫更以為榮，重摹刻之。」北寺，見《後東皋歌》。　《世說》：「王子敬自會稽經吳，聞顧辟疆有名園，徑往其家。」韋端己詩：「謝公山有墅。」《楚辭》：「魂兮歸來。」耕石書畫，見《後東皋歌》注。

題王端士北歸草梅村《太倉十子詩序》：「以王揆端士為第二。」北歸草。《感舊集》補傳：「端士號芝廛，順治乙未進士，有《壬辰北歸居楓橋別業》詩。」

讀罷新詩萬感興，夜深挑盡草堂燈。玉河嗚咽聞嘶馬，金殿淒涼見按鷹。南內舊人逢庾信，北朝文士識崔㥄。蹇驢風雪蘆溝道，一慟昭陵恨未能。通首從北歸著筆。三四耳聞目見，自當有好詩作出也。五六比擬。結句就未歸時言之，波瀾〔註11〕更遠。○新詩，見《楚兩生行》。謝靈運詩：「萬感盈朝昏。」　杜詩：「夜深殿突兀。」挑燈，見《後東皋歌》。　玉河，見《洗象圖》。嗚咽，見《琵琶行》。韓致光詩：「外使進鷹初得按，中官過馬不教嘶。」　江總持詩：「流泉灌金殿。」　南內，見《永和宮詞》。《書》：「亦惟圖任舊人共政。」　權載之《祭李祭酒文》：「光耀北朝。」《唐書·藝文志》：「張隲《文士傳》五十卷。」《北齊書》：「崔㥄，字長孺，清河東武城人也。歷觀群書，兼有詞藻。」劉夢得詩：「北朝文士重徐陵。」　蹇驢，見《雪中遇獵》。蘆溝，見《鐵獅歌》。　一慟，見《閬州行》。陸務觀詩：「孤忠無路哭昭陵。」

贈糧儲道步公原注：乾州人。　糧儲道，見《謁張石平》。《陝西通志》：「步文政，乾州人，副使。崇禎十六年進士。」《一統志》：「乾州在陝西布政司西北一百六十里。」

臨湘家世擁旄旌，策馬西來劍佩高。華嶽風雲開間氣，乾陵草木壯神皋。山公盡職封章切，蕭相憂時饋運勞。青史通侯餘事在，江南重見舊人豪。從步字起，西來字開下二句。華嶽、乾陵切乾州，正是西來也。五句疑由吏部外轉者。六句切糧儲道，餘事重見，回應起處。○《吳志·步隲傳》：「字子山，

臨淮淮陰人也。赤烏九年，代陸遜為丞相。黃武二年，封臨湘侯。」擁旌旄，見《送杜弢武》注。　鮑詩：「虛容還劍佩。」　《一統志》：「太華山在華州華陰縣南，即西嶽也。」《楚辭》：「求間氣之所由。」　《一統志》：「唐高宗乾陵在乾州西北。」《西京賦》：「實惟地之奧區神皋。」　山公，見《鴛湖曲》。按：《漢書》有露章。此用封章，當如封事之封。　蕭相，見《退谷歌》。《漢書·蕭何傳》：「計戶轉漕給軍。」《唐書·鄭珣瑜傳》：「珣瑜為河南尹，韓全義將兵伐蔡，河南主運餽，珣瑜儲之陽翟，以給官庫，百姓不知徭運勞。」　青史通侯，見《雜感》。《漢書·敘傳》：「著作者，前列之餘事。」　人豪，見《行路難》。按：二句跟步隲說。

吳詩補注

卷十一

梅村

草堂開朱慶餘詩：「行人遠見草堂開。」

西田賞菊

人曾衣白對衣黃《鑿悅巵談》：「王子彥即席箋此句以為衣字去聲，梅村謂無可易，不忍棄也。」醉酒師彭澤按：此兼用《南史‧潛傳》「九月九日出宅邊叢菊中坐，逢弘送酒至，即便就酌，醉而後歸也」。〇移植劉越石詩：「蘭桂移植。」

和王太常西田雜興韻程《箋》：「原唱七首。」

相見稀馮延巳詞：「夢見雖多相見稀。」看人圍見《畫蘭曲》補注。竹塢李文饒詩：「逶迤過竹塢。」〇鷺立灘頭韋端己詩：「灘頭鷺占清波立。」祠下張受先《太倉州志》：「王文肅公祠在儒學東南，俗呼馬路西，萬曆三十八年建。」春曉臺程《箋》：「春曉臺在王煙客樂郊園中。」按：前注非是。

壽王子彥五十

解摴蒱《晉書‧王獻之傳》：「年數歲，嘗觀門生摴蒱，曰：『南風不競。』門生曰：『此郎亦管中窺豹，時見一斑。』」張如哉曰：「與下句哺醷俱切王姓。」〇兩賢《史記‧季布傳》：「高祖急顧丁公曰：『兩賢豈相厄哉？』」此借用。程《箋》：「兩賢謂其祖敬美及伯祖元美。」獨處《詩》：「誰與獨處？」

姜如須從越中寄詩次韻

不堪<small>注應刪。</small>

同許九日顧伊人洞庭山館聽雨

曉閣<small>沈雲卿詩：「梅檀曉閣金輿度。」</small>

過甫里謁顧公因遇雲門具和尚<small>戒顯《現果隨錄》：「甫里許孟宏請晦山關梅花墅為海藏菴，張受先遺書曰：『原達勝人，宜居勝地。』」</small>

宗風<small>見《讚佛詩》。漢月《居易錄》：「《三峰藏禪師語錄》：『及五宗原末、法中龍象，其提智證傳，闡發臨濟、汾陽三元三要之旨，而欲遠嗣法於寂音，亦天童之諍子也。』」</small>寒鐘<small>許仲晦詩：「寒鐘暮雨天。」</small>佛日<small>杜詩：「老夫貪佛日。」</small>

與友人譚遺事

講武小平津<small>程《箋》：「《通鑑》：『建武三年，北魏孝文帝講武於小平津。』」</small>

追悼

更殘<small>吳子華詩：「燈燼惜更殘。」</small>

謁范少伯祠

文種<small>見《胥王廟》注。</small>

題登封兩烈婦井梧遺恨詩

二女峰<small>按：《劉阮洞記》：「有雙石，如綰鬟髻，遂名之曰雙友峰。」梅村蓋合《堯典》字而借用之也。《一統志》：「少室山其峰三十有六。」《河南府志》詳載峰名。《河南府續志》三十六峰外，又有三峰，而無二女峰。</small>從容<small>謝君直《卻聘書》：「從容就義難。」</small>

鴛湖感舊

富貴何常<small>《漢書·蓋寬饒傳》：「富貴無常，忽則易入。」</small>燕去妓堂<small>張如哉曰：「翻用燕子樓關盼盼事。」</small>雨侵<small>《北齊書·邢邵傳》：「加以風雨，所侵漸至虧墜。」</small>煙深<small>鮑詩：「煙暗越嶂深。」</small>記得<small>劉夢得詩：「記得雲間第一歌。」</small>

登數峰閣禮浙中死事六君子

舊友詳《喜穆苑先歸》。盛事《隋書·韓擒傳》:「天下盛事,何用過此?」漢家見《宮扇》補注。

陳青雷以半圖索題走筆戲贈程迓亭曰:「青雷,杭州人。」

溪山見《避亂》其四。平分風月蘇詞:「自從添個,風月平分破。」隨意子山《蕩子賦》:「細草橫階隨意生。」

題西泠閨詠

湖山非故子瞻謝表:「湖山如故。」紙筆《後漢書·董祀妻傳》:「乞給紙筆。」篇什《晉書·樂志》:「咸工篇仕。」○落日輕風杜詩:「落日放船好,輕風生浪遲。」絳紗弟子李義山詩:「絳紗弟子音塵絕。」張如哉曰:「裴景仁《前秦記》:『韋逞母宋氏就家立講室書堂,生員百二十人,隔絳紗幔而受業焉。』與《贈馬訥生》之絳紗不同。《集覽》非是。」○博士《後漢書·鄧后紀》:「十二通《詩》、《論語》,不問居家之事。母嘗非之,曰:『汝不習女工以供衣服,乃更務學,寧當舉博士邪?』」按:《魏志注》所引,或疑非甄后事實,蓋取鄧后事以附益之耳。女尚書按:《〈後漢書·陳蕃傳〉注》:「女尚書,宮內官也。」《集覽》引《魏略》,謂始於明帝,非是。花應滿宋延清詩:「杜陵城北花應滿。」錦不如盧允言詩:「苔花錦不如。」○詩篇杜詩:「陶冶賴詩篇。」

海市程《箋》:「魏際端《海市記》以為海塩放生菴所見,故第一首起結皆明其為海塩所見,非登州也。第三首亦明其在越。」

霞蒸韓《詩》:「川原遠近蒸紅霞。」○望中見《閬州行》補注。神鬼太白《明堂賦》:「巧奪神鬼。」

別丁飛濤兄弟

湖山見《西泠序》補注。按:此用《魏志》「陳元龍湖海之士,豪氣不除」也。

贈馮子淵總戎

寒水魏文帝《與吳質書》:「沉朱李於寒水。」

追敘西田賞菊舊約

臥疾見《贈文園公》。農父《書》:「農父若保。」按:此如《史記》田父之父。

故人憐杜詩：「萬一故人憐。」重省《廣韻》：「省，蕃也。」按：此如《書》「屢省」之省。

贈李羲居御史

地近出《管子》，「地」作「埊」。家傳《陳書·江總傳》：「家傳賜書數千卷。」置酒見《王郎曲》。

穆大苑先臥病桐廬初歸喜贈

客病孤舟劉商詩：「楚客經年病，孤舟人事稀。」

壽陸孟陳七十

歲月深白詩：「同事空王歲月深。」

壽申青門

投老白雲邊杜詩：「送老白雲邊。」黨人名字付殘編程《箋》：「《明史·許譽卿傳》：『溫體仁諷吏部尚書謝陞劾譽卿與福建布政使申紹芳營求美官，體仁擬斥譽卿為民、紹芳提問遣戍。』」

琴河感舊

傳語李涉詩：「三寸紅箋替傳語。」委身於人《會真記》：「崔已委身於人。」程《箋》：「將適鄭建德允生。」藏鴉王元禮詩：「楊柳半藏鴉。」雲深見《圓圓曲》。近處疑嗔杜詩：「慎莫近前丞相嗔。」背花愁呂溫詩：「不解對花愁。」閒人姚合詩：「世間杯酒屬閒人。」傳好語白詩：「素書傳好語。」隔斷鄭獬詩：「野色更無山隔斷。」○張如哉曰：「周美成詞：『想寄恨書中■，銀鉤空滿。斷腸聲裏，玉筯還垂。』用李季蘭詩語也。」○微歎簡文帝詩：「微歎還成戚。」乍拋姚合詩：「乍拋衫笏覺身輕。」描難就閨秀孔少娥詩：「一段芳華描不就。」

辛卯元旦試筆

萬樹白詩：「長洲苑柳綠萬樹。」低飛見《送趙友沂》補注。碧欄干周密（字公謹）詞：「碧欄倚偏〔註1〕誰人說。」

〔註 1〕「偏」當作「徧」。

雜感

罷上都 程《箋》:「順治十年,以遼東為遼陽府,先曾以遼東為東京也。」按:《大清一統志》:「順治十年,設遼陽府,領遼陽、海城二縣。十四年罷府為遼陽縣,康熙四年改為遼陽州,屬順天府。東京城在遼陽州東北八里,天命七年名曰東京,十年遷都瀋陽,東京設城守章京。」而梅村於順治十年被徵,去東京設城守章京之時已遠,《雜感》諸首又在被徵以前,尚未知十四年罷府為縣之事。觀篇首「聞說」字,仍指裁宣府巡撫為合。瀚海 程《箋》:「《高澹人集》:『吉林烏喇因造船於此,其地亦名船廠。其江即松花江,合灰扒、混同〔註2〕二江入海。國初徙直省流人數千戶居此,修造船艦,雙帆樓櫓與京口戰船相類。』」○八部雲屯散馬蹄 程《箋》:「《高澹人集》:『張家口外皆國家畜牧之場,其官牧餘地分授八旗放牧,各據一場,每夏加遣人員督率之。』」曰表土中通極北 程《箋》:「西洋曆成,順治十年頒曆,始置蒙古各部落於書首。」河源天上接安西 程《箋》:「《高澹人集》:『本朝遣視河,從塞外至東勝州,經君子濟折而南,經清水堡之東,則出套再八中原矣。』」又詳見《池北偶談》。○峒戶溪丁《宋史·交阯傳》:「發溪峒丁壯討捕之。」○得婦《幽明錄》:「遼東馬仲叔、王志都相知至厚。叔先亡,忽見形,謂都曰:『念卿無婦,當為卿得婦。』」

贈糧儲道步公

封章揚子雲《趙充國頌》:「屢奏封章。」憂時見《文恪墓》補注。

補注拾遺

題西泠閨詠

青山逸遺女尚書 張如哉曰:「吳巖子著詩,名《青山集》。」紅牙小妹 張如哉曰:「卞元文妹名德基,善畫。元文著有《繡閣詩集》。其歸劉孝廉,年已賦摽梅,卒年三十四。妹德基後亦嫁劉峻度,見《詩觀集》。」○瓊窗日暖櫻桃賦 張如哉曰:「亦是用太白『別來幾春未還家』。『玉牕五見櫻桃花』,蓋為卞元文摽梅未嫁而言,猶《琴河感舊序》之『為別已屢見櫻桃,君還未嫁』也。《集覽》謂泛指,誤。」頻斂翠峨人不識 張如哉曰:「暗翻用魯漆室女,非欲嫁意。」

〔註2〕「同」,乙本誤作「司」。

吳詩集覽　卷十二上

黎城靳榮藩介人輯

七言律詩二之上

題鴛湖閨詠鴛湖，見《鴛湖曲》。　袁子才曰：「其為黃皆令詠乎？『夫婿長楊』，譏其天壤王郎之恨。『比左芬』，謂貌不如耳。」張如哉曰：「王貽上有《觀黃皆令書扇》詩，次梅村《題鴛湖閨詠》原韻，知的為黃皆令作也。」徐電發《續本事詩》：「黃皆令，名媛介，鴛水人。歸楊世功。以詩文擅名，書畫亦佳絕。」

石州螺黛點新妝，小拂烏絲字幾行。粉本留香泥蛺蝶，錦囊添線繡鴛鴦。秋風搗素描長卷，春日鳴箏製短章。江夏只今標藝苑，無雙才子掃眉娘。結句言掃眉之人，即無雙才子，非平列也。○《南部煙花記》：「煬帝宮中，爭畫長蛾。司宮吏日給螺子黛五斛，出波斯國。」陳後主詩：「新粧豔質本傾城。」【■■■■■■■■■■■■■■■■■】〔註1〕《國史補》：「宋亳間有織成界道絹素，謂烏絲欄。」　粉本，見《題志衍畫》。花蕊夫人《宮詞》：「紅錦泥窗遶四廊。」《字典》：「蜀人謂糊窗曰泥窗。」梁簡文帝詩：「花留蛺蝶粉。」按：粉本言畫，則當如王仲初《宮詞》「拓得滕王蛺蝶圖」也。　《漢武內傳》：「王母巾笈中有一卷書，盛以紫錦之囊。」杜詩：「刺繡五紋添弱線。」元裕之詩：「鴛鴦繡出從君看。」　班婕妤《擣素賦》：「對秋風而掩鏡。」　王少伯詩：「樓頭小婦鳴箏坐。」顏延年詩：「頌灑雖短章。」《漢書·黃香傳》：「京師號曰：天下無雙，江夏黃童。」〔註2〕　韓詩：「藝苑手秘

〔註1〕【】內文字，稿本、天圖本、讀秀本作「《唐書·吐蕃傳》：『有大拂廬、小拂廬。』此借用」。

〔註2〕按：出《後漢書》卷一百十上《文苑列傳上》。作「《漢書》」誤。沈德潛《吳詩精華錄》正作「後漢書」，此處恐係漏鈔。

寶。」　杜牧詩：「掃眉才子知多少，管領春風總不如。」《粧臺記》：「漢武帝令宮人掃八字眉。」

　　　按：《一統志》：「汾州府永寧州，漢置離石縣。後周建德六年，改曰石州。」然不產螺黛。而《山海經》波斯西域國去中國萬里，其非永寧州可知。李義山詩：「東南日出照高樓，樓上離人唱石州。」以石州為商調，亦與此詩不合。或曰：義山詩下句云：「總把春山掃眉黛。」梅村遂連用為石州螺黛與？　王貽上《觀黃皆令書扇》詩：「歸來堂裏罷愁粧，離隱歌成淚數行。才調祇因同衛鑠，風流底許嫁文鴦。蕭蘭宮挑裁新賦，香茗飄零失舊章。今日貞元搖落客，不將巧語憶秋孃。」自注：皆令有《離隱詩》。黃皆令《離隱詩序》：「予產自清門，歸於素士。兄姊媛貞，雅好文墨，自幼慕之。乙酉逢亂，轉從吳閶，羈遲白下。後入金沙，閉跡牆東，雖衣食取資於翰墨，而聲影未出乎衡門。古有朝隱、市隱、漁隱、樵隱，予殆以離索之懷，成其肥遯之志焉。爰作長歌，題曰《離隱》云。」

其二

　　休言金屋貯神仙，獨掩羅裙淚泫然。栗里縱無歸隱計，鹿門猶有賣文錢。女兒浦口堪同住，新婦磯頭擬種田。夫婿長楊須執戟，不知世有杜樊川。張如哉曰：「觀《離隱詩序》，固是自分慕縞者，而亦不無非偶之感。獨掩羅裙，詞微而顯，故阮亭詩有『風流底許嫁文鴦』句。而袁子才亦謂『長楊執戟，譏其天壤王郎之恨』也。」○《古詩》：「金屋羅神仙。」《會真記》：「且疑神仙之徒，不謂從人間至矣。」　子山《蕩子賦》：「紗窗獨掩。」羅裙，見《吾谷行》。泫然，見《離橋莊歌》。栗里，見《閬園》詩。　鹿門，見《贈蔡羽明》。杜詩：「本賣文為活。」　黃魯直詞：「新婦磯頭眉黛愁，女兒浦口眼波秋。」　夫婿，見《青門曲》。揚子雲《長楊賦序》：「雄從自射熊館還，上《長楊賦》。」子建《與楊德祖書》：「昔揚子雲，先朝執戟之臣。」張文昌詩：「良人執戟明光裏。」《唐書・藝文志》：「杜牧《樊川集》二十卷。」

　　　《梅村詩話》：「黃媛介，嘉興儒家女也，能詩善畫。其夫楊興公聘後，貧不能娶，流落吳門。媛介詩名日高，有以千金聘為名門妾者，其兄堅持不肯。余詩云：『不知世有杜樊川。』指其事也。」按：此則「長楊執戟」亦用唐人《貞女吟》「良人執戟明光裏」耳。〔註3〕

────────────

〔註3〕此一節，稿本、天圖本、讀秀本作「張如哉曰：杜牧之詩：『家在城南杜曲旁，兩枝仙桂一時芳。禪師都未知名姓，始覺空門意味長。』結句暗用之」。

其三

絳雲樓閣敞空虛，女伴相依共索居。學士每傳青鳥使，蕭娘同步紫
鸞車。新詞折柳還應就，舊事焚魚總不如。記向馬融譚漢史，江南淪落
老尚書。按：此詩所詠，多指絳雲樓事。柳如是始末，鈕玉樵《觚賸》紀之甚詳。
詩中女伴、蕭娘，蓋即指如是也。絳雲樓以禮部家居，故用學士、焚魚、江南、尚書
語耳。　張如哉曰：「絳雲是藏書之樓，意皆令轉從吳閶時，曾為尚書邀請，留伴柳氏
居絳雲樓，故云『每傳青鳥使』、『同步紫鸞車』也。折柳承蕭娘說，指柳氏。焚魚承
學士說，指尚書。結句擬皆令於曹大家，並以寄慨也。」〇絳雲樓，見《陸天乙畫》。
《倉頡篇》：「敞，高顯也。」　女伴，見《彈琴歌》。索居，見《半圖》。　學士，見
《汲古閣歌》。《史記・司馬相如傳》：「亦幸有三足烏為之使。」《注》：「三足烏，青鳥
也，主為西王母取食。」　蕭娘，出《南史・臨川王宏傳》。揚子雲《反離騷》：「既亡
鸞車之幽藹兮，焉駕八龍之委蛇。」　許堯佐《章臺柳傳》：「柳氏，韓翊姬也。天寶
末，盜覆二京，柳氏寄跡法靈寺。翊遣使間行求柳氏，以練囊盛麩金而題之曰：『章臺
柳，章臺柳，昔日青青今在否？縱使長條似舊垂，也應攀折他人手。』」《南史・柳
琰傳》：「譖前世舊事。」杜詩：「碧山學士焚銀魚，白馬卻走身巖居。」　張如哉曰：
「《後漢書・列女傳》：『扶風曹世叔妻者，同郡班彪之女也，名昭，一名姬。兄固著《漢
書》，其《八表》及《天文志》未及竟而卒。帝詔昭就東觀藏書閣踵而成之。時《漢書》
始出，多未能通者。同郡馬融伏於閣下，從昭受讀。後又詔融兄續繼昭成之。』」納柳
氏在鴛湖舟中，則皆令與柳舊為女伴矣。《後漢書・蔡邕傳》：「繼成漢史。」　淪落，
見《避亂》其五。張復之詩：「淮陽閒殺老尚書。」

離隱之目本自新樣，「栗里縱無歸隱計」，若砭其隱字，正是剔清離字也。故
此首云「女伴相依共索居」。「索居」上有「相依」字，「共」字亦奇。

其四

誰吟紈扇繼詞壇，白下相逢吳綵鸞。才比左芬年更少，婿求韓重遇
應難。玉顏屢見鶯花度，翠袖須愁煙雨寒。往事只看予薄命，致書知已
到長干。此慰其義命自安之意。溫柔敦厚，立言有體。〇班婕妤有《紈扇詩》。杜
牧之詩：「今代風騷將，誰登李杜壇。」　白下，見《壽申青門》。《一統志》：「唐太
和末，書生文簫寓南昌府紫極宮。一日，遊西山，與吳綵鸞相遇，因約與歸。簫貧，
不自給，綵鸞為寫孫愐《唐韻》，日得一部，鬻之，得錢五緡。如是十載，稍為人知。
乃往越王山，各跨一虎，陟峰巒而去。」　鍾仲偉《詩品》：「鮑昭嘗答孝武云：『臣

妹才自亞於左芬，臣才不及太沖爾。』」崔顥詩：「自矜年最少，復依壻為郎。」　壻求韓重，見《青門曲》紫玉注。　玉顏，見《彈琴歌》。鶯花，見《贈李雲田》。　杜詩：「天寒翠袖薄。」煙雨，見《鴛湖曲》。　薄命，見《玉京墓》。　長干〔註4〕，見《行路難》。

> 嘉興李良年（字武曾）《黃皆令歸吳，楊世功索詩送行》：「曾因廡下棲吳市，忽憶藏書過若耶。愁殺鴛鴦湖口月，年年相對是天涯」；「盛名多恐負清閒，此去蘭陵好閉關。柳絮滿園香茗坼，侍兒添墨寫青山。」

補禊

　　壬辰上巳，蔣亭彥、篆鴻、陸我謀於鴛湖禊飲，余後三日始至。同集有道開師、朱子容、沈孟陽，徵詩以補禊事，余分得知字。壬辰，順治九年。《漢書·禮儀志》：「是月上巳，官民皆絜於東流水，曰洗濯祓除去宿垢為大絜。」禊飲，見《畫蘭曲》。　《嘉興府志》：「蔣玉立，字亭彥，嘉善人。拔貢。有《泰茹堂集》。」按：志稱玉立弟雲翼，字鳴大，甲午舉人；璪，字禹書，辛卯副榜，有武塘三蔣之目。篆鴻，即云翼也。《嘉興府志》：「陸野，字我謀。平湖庠生。為當湖七子領袖。」程迓亭曰：「道開名自扃，蒼雪弟子，嗣法於中峰者。」《圖繪寶鑑》：「僧自扃，號道開，結廬於吳門山塘。詩字並佳，又善山水，得意外之趣。」《明詩綜》：「朱茂晭，字子蓉，秀水縣學生。有《鏡雲亭集》。」按：《梅村集》俱作子容。

　　春風好景定昆池，散誕天涯卻誤期。溱洧漫搴芳杜晚，雒濱須泛羽觴遲。右軍此會仍堪記，白傅重遊共阿誰。故事禊堂看賜柳，年來無復侍臣知。首句鴛湖禊飲，次句後三日始至也。晚字、遲字承誤字說。下五六寔寫補字，用事切而運筆虛。結句所感者深。○蘇詩：「一年好景君須記。」《唐書·安樂公主傳》：「嘗請昆明池為私沼，帝曰：『先帝未有以與人者。』主不悅，自鑿定昆池，延袤數里。」　散誕，見《二十五日》詩。詞名有《誤佳期》。　《鄭風·溱洧》篇《傳》：「鄭國之俗，三月上巳之辰，採蘭水上，以祓除不祥。」芳杜，見《西泠閨詠》杜若注。　子山《哀江南賦》：「王子洛濱之戲。」《續齊諧記》：「三日曲水始於周公城洛邑，因流水以泛酒，故逸詩云：『羽觴隨波。』」　《晉書·王羲之傳》：「乃以為右軍將軍、會稽內史。嘗與同志宴集於會稽山陰之蘭亭。」杜詩：「明年此會知誰健。」　樂天《詩序》：「開成二年三月三日，河南尹李待價禊於洛濱，前一日啟留守裴令公，公明日詔太子太傅白居易等一十五人合宴於舟中。」《古詩》：「家中有

〔註4〕「干」，乙本誤作「于」。

阿誰。」　《晉起居注》：「泰和六年三月三日，臨流杯池，依東堂小會也。」《酉陽雜俎》：「唐制：三月三日賜侍臣細柳圈，言帶之免蠆毒。」　唐文宗詩：「無復侍臣知。」

過朱買臣墓原注：在嘉興東塔雷音閣後，即廣福講院。　《一統志》：「朱買臣墓在嘉興縣東三里東塔寺後，其妻墓在縣北十八里，一名羞墓。東塔寺在嘉興縣東三里，相傳漢朱買臣故宅，梁天監中建寺。」《蘇州府志》：「朱氏墓碣在吳縣西穹窿山旁，俗傳云買臣之墓，非也。」《嘉興府志》引《隋唐佳話》：「洛陽平鄉路有漢丞相長史朱買臣墓。」今按：《河南府志》作平御路，云「東封之歲得買臣墓誌銘」，而藝文內亦不載其銘也。

　　翁子窮經自不貧，會稽連守拜為真。是非難免三長史，富貴徒誇一婦人。小吏張湯看踞傲，故交莊助歎沉淪。行年五十功名晚，何似空山長負薪。通首皆喚醒翁子語。起二句言書中有粟，貴不足異。三四言恩怨太明，氣量過窄也。五六言升沉無定，以起結句之意。結句言成名不足為榮，負薪不足為辱也。翁子利達之士，故宜以此醒之。○《漢書·朱買臣傳》：「字翁子，吳人也。家貧，好讀書。」梁武帝詩：「弱冠窮六經。」《史記·郭解傳》：「此其家不貧。」《買臣傳》：「會邑子嚴助貴倖，薦買臣。詔見，說《春秋》，言《楚辭》，帝甚悅之。上拜買臣會稽太守。」又，《王尊傳》：「雖拜為真，未有殊絕褒賞。」又，《〈孝平紀〉注》：「如淳曰：『諸官吏初除，皆試守一歲迺為真，食之俸。』」　《史記·酷吏傳》：「始長史朱買臣為大中大夫用事，而湯乃為小吏，跪伏使買臣等前。及湯為御史大夫，買臣坐法廢，守長史，見湯，湯坐床上，丞史遇買臣弗為禮。王朝，齊人也，以術至右內史。邊通，官再至濟南相。故皆居湯右，已而失官，守長史。湯數行丞相事，知此三長史素貴，常凌折之，以故三長史合謀知湯陰事。於是上使趙禹責湯，湯乃為書謝曰：『謀陷湯罪者，三長史也。』遂自殺，乃盡案誅三長史。」　《買臣傳》：「擔束薪，行且誦書，其妻亦負戴相隨。妻羞之，求去。買臣笑曰：『我年五十當富貴，今已四十餘矣。』妻憤怒曰：『如公等，終餓死溝中耳。』買臣不能留，即聽去。久之，拜為太守。會稽聞太守且至，發民除道。入吳界，見其故妻。妻夫治道，買臣駐車，呼令後車載其夫妻到太守舍，置園中，給食之。居一月，妻自經死。買臣乞其夫錢，令葬。」　《左傳·襄二十四年》：「皆踞轉而鼓琴。」《疏》：「踞謂坐其上也。」　盧昇之詩：「白璧故交輕。」《正字通》：「漢明帝諱莊，改莊助為嚴助，莊光為嚴光。」沉淪，見《遇雪舫》。　《淮南子》：「蓬伯玉行年五十，而知四十九年之非。」　空山，見《贈文園公》。

原評：三四語可括本傳，詩如此作，方不落套。　按：三語括《史記》，四語括《漢書》，真如椽之筆也。　按：《漢書·嚴助傳》：「上問助居鄉里時，助對曰：『家貧，為友婿富人所辱。』上問所欲，願為會稽太守，即以拜之。」是助已以會稽人為會稽守，而所薦之買臣又以會稽人為會稽守，故云連守。　龐元英《談藪》引朱謙之詩：「會稽乞得無他念，祇為追求詫故妻。」即第四句意。

題朱子葵鶴洲草堂

《明詩綜》：「朱茂時，字子葵，秀水縣學生。承蔭，官至貴陽知府。有《咸春堂遺槁》。」子葵《鶴洲夜歸》詩：「秋月清於水，孤舟放鶴歸。不知荷葉露，風卷上人衣。」

別業堂成綠野邊，養雛丹頂已千年。仙人收箭雲歸浦，道士開籠月滿天。竹下縞衣三徑石，雪中清唳五湖田。裴公舊宅松陰在，不數孤山夜放船。通首點染鶴字。綠野、裴公，起結相應。○別業，見《西田》詩。杜有《堂成》詩。《唐書·裴度傳》：「於午橋創別墅，名曰綠野堂。　杜詩：「誰言養雛不自哺。」陸務觀詩：「鶴養多年丹頂深。」宋子虛詩：「洞中養只千年鶴。」　《會稽記》：「射的山南有白鶴山，此鶴為仙人取箭。漢太尉鄭弘嘗採薪，得一箭，頃有神人至，問何所欲。弘曰：『嘗患若耶溪載薪為難，願旦南風，暮北風。』後果然。」雲歸，見《謁剖公》。　宋延清詩：「六翮開籠任爾飛。」《古詩》：「三五明月滿。」　子瞻《後赤壁賦》：「適有孤鶴，橫江東來。翅如車輪，玄裳縞衣。」三徑，見《遣悶》。　朱子《畫鶴》詩：「清唳九霄聞。」五湖，見《贈家侍御》。　按：《唐書》：「裴度，河東聞喜人。」其宅應在絳州。《一統志》：「午橋莊在洛陽縣南十里，即唐裴度所居綠野堂也。」則又為遊宦後之宅。鶴洲草堂不在晉、豫，而用綠野裴公字者，《一統志》「裴休故宅在嘉興府秀水南四里。休，唐宰相，後捨宅為真如寺」，鶴洲當在其旁。又，子葵為太傅文敏公國祚之裔，故以晉公為比，不云晉公而云裴公也。杜詩：「杖黎長松陰。」李詩：「松高白鶴眠。」《宋書·林逋傳》：「隱居孤山，畜兩鶴，縱之則飛入雲霄。逋常泛艇遊西湖寺，有客至，童子延客坐，開籠縱鶴，良久，逋必棹小舟歸。」放船，見《駕湖曲》。

按：《明詩綜》：「朱子蕃《人日過伯兄貴陽守放鶴洲別業，是宋朱希真園林舊址，壁上題高工部詩戲作》：『舊業朱三十五，曾種梅花滿枝。恰喜草堂人日，高三十五題詩。』」跋云：「希真、達夫俱行三十五。」而《竹垞詩話》亦云：「城南放鶴湖，相傳為唐相別業。」然《新》、《舊唐書》俱不言休流寓吳下，《元嘉禾志》、《明府志》俱未之載，而以洲名為宋南渡時禮部郎中朱敦儒所題云云，其

說與子蕃合。然竹垞《放鶴州探梅》詩有云「為園傳故相」，自注：「唐相裴休別業」，則竹垞亦未嘗專主〔註5〕前說也。《一統志》成於《詩綜》、《詩話》之後，今從之。

題孫銘常畫蘭

誰將尺幅寫瀟湘，窮谷無人吹氣香。斜筆點芽依蘚石，雙鉤分葉傍篔簹。謝家樹好臨芳砌，鄭女花堪照洞房。我欲援琴歌九畹，江潭搖落起微霜。通首點染蘭字。瀟湘、江潭，起結相應。○瀟湘，見《玉京墓》。《左傳·昭四年》：「深山窮谷。」《家語》：「芝蘭生於深林，不以無人而不芳。」《洞冥記》：「帝所幸宮人名麗娟，吹氣勝蘭。」　杜詩：「石欄斜點筆。」僧清洪詩：「待月伴雲眠蘚石。」　雙鉤，見《觀通天帖》。篔簹，見《清風使節圖》。《語林》：「謝太傅問諸子姪曰：『子弟何預人事，而正欲使其佳？』車騎答曰：『譬如芝蘭玉樹，欲使生階庭耳。』」芳砌，見《畫蘭曲》。《左傳·宣三年》：「鄭文公有賤妾曰燕姞，夢天使與己蘭，曰：『以是為而子。』既而文公見之，與之蘭而御之。」《楚辭》：「嫭容修態，絙洞房些。」《子華子》：「孔子援琴寫志。」按：孔子有《倚蘭操》。九畹，見《彈琴歌》。《枯樹賦》：「今看搖落，悽愴江潭。」《楚辭》：「微霜降而下淪兮。」

送林衡者歸閩梅村《送林衡者還閩序》：「衡者名佳璣，興化之莆田人。」

五月關山樹影圓，送君吹笛柳陰船。征途鵾鳩愁中雨，故國桄榔夢裏天。夾漈草荒書滿屋，連江人去雁飛田。無諸臺上休南望，海色秋風又一年。首句紀時，次句點出送字，三四歸閩，五六寫到歸閩以後，結句從對面寫送字，與起處相應。○關山，見《圓圓曲》。樹圓，見《揖山樓》。　柳陰，見《西田》詩。　征途，見《黃子羽》。阮詩：「鵾鳩發哀音。」岑參詩：「到來函谷愁中月，歸去磻溪夢裏山。」　桄榔，見《哭志衍》。《宋史·儒林傳》：「鄭樵，字漁仲。好著書，居夾漈山，學者稱夾漈先生。」《一統志》：「鄭樵故宅在興化府仙遊縣東北霞溪前。夾漈草堂在興化府莆田縣西北鄰林山。」韓詩：「城闕連雲草樹荒。」杜詩：「床上書連屋。」　按：連江縣在福州府東北九十里。《胡笳十八拍》：「雁飛高兮邈難尋。」《一統志》：「漢閩越王無諸墓在閩縣南二里，有廟在南台山。」　李詩：「雞聲海色動。」高達夫詩：「霜鬢明朝又一年。」

〔註5〕「主」，乙本誤作「王」。

　　按：《離騷》：「恐鵜鴃之先鳴兮，使夫百草為之不芳。」《文選注》：「鵜鴃，一名買鵊。」林西仲曰：「鵜鴃，即《詩》所謂『七月鳴鵙』者。」《爾雅·釋鳥》：「鵙，伯勞也。」《漢書·揚雄傳》：「徒恐鶗鴂之將鳴兮，故先百草為之不芳。」顏師古《注》引《離騷》曰：「鴂，鴃字也。鵜鴃，一名買鵊，一名子規，一名杜鵑。鶗字或作鵜。」《廣韻》：「鵜鴃，子規也。」《集韻》：「鸍鶙，子巂也。鵜鴃，或作鶗鴂。」《異物志》：「杜鵑，一名巂周。」《禽經》：「巂周，子規也。」又曰：「江介曰子規，蜀右曰杜宇。」《呂氏春秋》作巂燕。《埤雅》：「杜鵑，一名怨鳥。」《玉篇》：「鵜，亦布穀也。」《本草》又有秭歸、催歸、周燕、陽雀諸名。《史記·曆書》：「百草奮興，秭鴂先滜。」徐廣曰：「秭音姊，鴂音規，子巂鳥也，一名鵜。」《索隱》：「案：《大戴禮》作瑞雉。」《老學庵筆記》：「吳人謂杜宇為謝豹。」合觀眾說，則鵜鴃、秭鴂、鶗鴂皆子規之別名矣。然《史記》所云「百草奮興，秭鴂先滜」與《離騷》之「鵜鴃先鳴，百草不芳」迥不相合。考《史記》之先滜，指孟春時。師古《漢書注》謂子規常以立夏鳴，鳴則眾芳皆歇。而李時珍則謂春暮即鳴，至夏尤甚，田家候之，以興農事。似調停《史記》、《漢書》之說者。時珍又辨服虔注《漢書》以鶗鴂為伯勞之誤。今按：《孟子》鴃舌之鴃作鴂，趙《注》以為博勞。《楚辭》之鴃作鴂，偏旁互有左右。而《本草綱目》列伯勞、杜鵑為二，則林西仲蓋承服子慎之說而誤者。李肇《國史補》謂鴂為布穀，與《玉篇》合。《〈後漢書·襄楷傳〉注》：「布穀，一名戴紝，一名戴勝。」《月令》：「季春之月，戴勝降於桑。」夫洛陽鵙啼，宋人尚以為異，何緣於編《月令》時以子規紀時乎？則布穀自與鵜鴃為二，肇蓋承顧希馮、蕭愷之說而誤者。

送文學博以蒼公招同住中峰寺原注：二公皆云南人。

　　西風驅雁暮雲哀，頭白衝寒到講臺。莫問間關應路斷，偶傳消息又兵來。一峰對月茅庵在，二老論心石壁開。揀取梅花枝上信，明年移向故園栽。首句是蒼公招，次句是學博住寺。三四就學博說，而蒼公亦在其中。五六是同住，結句就學博說，與三四對照。蓋此詩本為送學博作也。○鮑詩：「北風驅雁天雨霜。」　衝寒，見《別孚令》。講臺，見《虎丘圖》。　間關，見《呈李太虛》。《南史·張邵傳》：「水陸路斷。」　《拾遺記》：「任末或依林木之下，編茅為菴。」　溫飛卿詩：「論心若合符。」李詩：「浪打天門石壁開。」　梅信，見《送詹司李》。

鄧元昭奉使江右相遇吳門卻贈梅村《贈檢討鄧公墓誌》：「其未舉子也，遍禱於山川，夢日而生，故名之曰旭，字以元昭。」　《國朝詩別裁集》：「元昭，江南壽州

人。順治丁亥進士，官翰林院檢討。著有《林屋詩集》。」江右，見《清風使節圖》。吳門，見《遇劉雪舫》。

五湖春草隱征笳，畫舫圖書泊晚沙。人謂相如初奉使，客傳高密且還家。黑貂對雪潯陽樹，綠酒看山茂苑花。回首石渠應賜馬，玉河從獵雁行斜。首句從吳門點入奉使。次句畫舫圖書，跟征笳說下，晚泊跟五湖說下。三四言奉使暫歸，兼點染鄧字也。五句江右，六句吳門。結句以京師對照，用意更為周匝。玉河、五湖，若相映帶。○《史記・樂書》：「胡笳似觜栗而無孔，後世鹵薄用之。」　畫舫，見《贈文園公》。杜牧之詩：「煙籠寒水月籠沙，夜泊秦淮近酒家。」　相加奉使，見《送志衍入蜀》注。　高密，見《又詠古》。　《戰國策》：「黑貂之裘敝。」杜有《對雪》詩。潯陽，見《送李友梅》。　陶詩：「綠酒開芳顏。」看山，見《商倩郊居》。《吳都賦》：「佩長洲之茂苑。」　石渠，見《凌煙圖》。《史記・李斯傳》：「中廐之寶馬，臣得賜之。」　玉河，見《洗象圖》。從獵，見《讚佛》詩。溫飛卿詩：「碧霄煙闊雁行斜。」

雪夜苑先齋中飲博達旦《五代史・馬希範世家》：「飲博讙呼。」《漢書・劉向傳》：「或不寐達旦。」

扶杖衝泥逐少年，解衣箕踞酒壚邊。愁燒絳蠟消千卷，愛把青樽擲萬錢。痛飲不甘辭久病，狂呼卻笑勝高眠。丈夫失意須潦倒，劇孟平生絕可憐。衝泥、酒壚，暗寫雪字。解衣箕踞，跟逐少年說下，而已引入飲博之興矣。中四句將飲博達旦錯綜寫出，結句歸注苑先。○扶杖，見《後東皋歌》。衝泥，見《送何省齋》。《史記・游俠傳》：「多少年之戲。」　解衣，見《六真歌》。箕踞，見《行路難》其十八。《晉書・王戎傳》：「嘗經黃公酒壚下過，顧謂後車客曰：『吾昔與嵇叔夜、阮嗣宗酣暢於此，今日視之雖近，邈若山河。』」　白詩：「花房絳蠟珠。」《荊州記》：「小酉山石穴中有書千卷。」　青尊，見《嘲張南垣》。萬錢，見《送周子俶》。　杜詩：「痛飲狂歌空度日。」許仲晦詩：「久病先知雨。」　狂呼，見《行路難》。高眠，見《洞庭山館聽雨》。　失意，見《琵琶行》。潦倒，見《送何省齋》。　《史記・游俠傳》：「雒陽有劇孟，以任俠顯，行大類朱家而好博。」《莊子》：「可憐哉！」

　　張如哉曰：「《類篇》：『壚，賣酒區也。』《漢書・食貨志》：『令官作酒，率開一壚以賣。』又，《司馬相如傳》：『文君當壚。』《史記・相如傳》作『當鑪』，《晉書・阮籍傳》作『當壚』，《王戎傳》作『酒壚』。後人多書作壚，無作爐者。爐乃鑪、壚之俗字也。」

其二

　　相逢縱博且開顏，興極歡呼不肯還。別緒幾年當此夜，狂名明日滿人間。松窗燭影花前酒，草閣雞聲雪裏山。殘臘豈妨吾作樂，盡教遊戲一生閒。開顏歡呼，從前首潦倒可憐翻出，而不肯還即寫出達旦也。三四烘染達旦。又，苑先豪於遊，妙切身份，兼見交情。五句以飲字串夜字，六句以夜字串雪字。結到作樂，與開顏相應，一生又拓開說，則不止達旦矣。○高達夫詩：「千場縱博家仍富。」李詩：「開顏酌美酒。」　興極，見《嘲張南垣》。韓詩：「隔牆聞歡呼。」　韓致光詩：「別緒靜悄悄。」　狂名，見《送沈友聖》。　薩天錫詩：「松窗燈下火。」杜詩：「半扉開燭影。」許仲晦詩：「花前酒一樽。」　杜詩：「五月江深草閣寒。」韋應物詩：「門對寒流雪滿山。」　李頻詩：「零落梅花過殘臘。」《集韻》：「臘或作臈。」《晉書·向秀傳》：「莊周內外數十篇，秀欲注，嵇康曰：『此書詎須注，正自妨人作樂耳。』」　遊戲，見《讚佛》詩。

癸巳春日禊飲社集虎丘即事

癸巳，順治十年。禊飲，見《補禊》。虎丘，見《楚兩生·序》。程迓亭曰：「癸巳春社，九郡人士至者幾千人。第一日慎交為主。慎交社，三宋為主，右之德宜、疇三德宏、既庭實頻，佐之者尤展成伺、彭雲客瓏也。次一日同聲為主。同聲社，主之者章素文在茲，佐之者趙明遠炳、沈韓倬世奕、錢宮聲仲諧、王其長發也。太啟如王維夏昊、郁計登禾、周子儆肇，則聯絡兩社者，凡以繼張西銘虎丘大會。詩中『茂先往事』、『蘭臺家世』，指西銘。『執友』，如張受先、陳大士、周介生、楊維斗輩。『諸郎』，如大樽子○○〔註6〕、維斗子俊三輩也。營丘，謂李舒章雯。三首獨言松江，故以五茸城領起。『文章興廢』，謂幾社挽回風氣。『兄弟飄零』，謂宋子建讓木也。『陳驚坐』，謂大樽。『顧陸』，顧修遠、陸子元也。四首『絳惟』，仍指西銘。『少弟』，謂西銘弟無近王治。『故人』，謂王子彥瑞國。『盧陵』，指李太虛也。」袁子才曰：「顧陸，顧偉南、陸子元也。」張如哉曰：「顧開雍，字偉南，華亭人。顧宸，字修遠，無錫人。」俟考。

　　楊柳絲絲逼禁煙，筆床書卷五湖船。青溪勝集仍遺老，白袷高談盡少年。筍屐鶯花看士女，羽觴冠蓋會神仙。茂先往事風流在，重過蘭亭意惘然。首句紀時，次句紀地。三四社集，而仍字、盡字已寓惘然之意。五六是現在禊飲之盛。結句俯仰今昔，即從上文轉出，又與三四關合，即通首俱靈矣。○楊柳絲絲，見《詠山茶花》。《汝南先賢傳》：「太原舊俗，以介子推焚骸，一月寒食，莫敢煙爨。」《唐書·陸龜蒙傳》：「升舟設蓬席，齎束書、茶灶、筆床、釣具。」五湖，

〔註6〕「○○」，稿本、天圖本作「闇公」。

見《送何省齋》。　青溪，見《清風使節圖》。又，《南史・劉瓛傳》：「住在檀橋，瓦屋數間，上皆穿漏。學徒敬慕，不敢指斥，呼為青溪焉。」梁簡文帝《與廣信侯書》：「每憶華林勝集，亦叨末位。」《史記・樊酈傳・贊》：「吾適豐沛，問其遺老。」　白裕，見《和西田韻》。高談，見《哭志衍》。　筍屐，見《題虎丘圖》。鶯花，見《送李雲田》。　羽觴，見《補禊》。冠蓋，見《送何省齋》。杜詩：「神仙中人不易得。」　茂先，見《九峰草堂歌》。　《一統志》：「蘭亭在紹興府山陰縣西南二十七里。」李義山詩：「只是當時已惘然。」

其二

蘭臺家世本貽謀，高會南皮話昔遊。執友淪亡驚歲月，諸郎才調擅風流。十年故國傷青史，四海新知笑白頭。脩禊只今添俯仰，北風杯酒酹營丘。此首感愾處多，即所謂「重過蘭亭意惘然」也。貽謀、昔遊，引起執友諸郎。五句承執友說，六句承諸郎說。結句因西銘而並及同社亡友也。○蘭臺，見《送龔孝升》。《詩》：「貽厥孫謀。」　高會，見《遇劉雪舫》。魏文帝《與吳質書》：「每念昔日南皮之遊，誠不可忘。」　執友，見《送遠圖・序》。　元詩：「武陵花謝憶諸郎。」才調，見《永和宮詞》。李義山詩：「酒壚從古擅風流。」　青史，見《又詠古》。　新知，見《送龔孝升》。　《蘭亭序》：「修禊事也。」又：「俯仰之間，已為陳跡。」　酹酒，見《陳徵君祠》。營丘，見《九友歌》。《松江府志》：「李雯，字舒章，華亭人。崇禎壬午舉人。國朝官中書舍人。」

其三

訪友扁舟掛席輕，梨花吹雨五茸城。文章興廢關時代，兄弟飄零為甲兵。茂苑聽鶯春社飲，華亭聞鶴故園情。眾中誰識陳驚座，顧陸相看是老成。說見上。○掛席，見《觀通天帖》。　白詩：「梨花一枝春帶雨。」五茸，見《茸城行》。　崔國輔詩：「一身猶未理，安得濟時代。」　茂苑，見《贈鄧元昭》。戴幼公詩：「聽鶯憶舊遊。」陸務觀詩：「社飲可欠我，寄書約鄰翁。」　華亭聞鶴，見《茸城行》。　《漢書・陳遵傳》：「字孟公。時列侯有與遵同姓字者，每至人門，曰陳孟公，坐中莫不震動。既至而非，因號其人曰陳驚坐。」　顧陸，見《洗象圖》。此借用。《詩》：「雖無老成人，尚有典刑。」

其四

絳帷當日重長楊，都講還開舊草堂。少弟詩篇標赤幟，故人才筆繼青

箱。抽毫共集梁園制，布席爭飛曲水觴。近得廬陵書信否，寄懷子美在滄浪。起句指西銘，次句連粖菴在內。三四指粖菴子彥。五六指同集者。結句蓋問訊太虛。○絳帷，見《贈馮訥生》注。長楊，見《讚佛詩》。 都講，見《西泠閨詠》。 魏伯起《移梁朝文》：「少弟升岡。」《史記·淮陰侯傳》：「立漢赤幟二千。」《南史·謝朓傳》：「會稽孔顗，粗有才筆，未為時知。」青箱，見《觀通天帖》。 抽毫，見《闈園詩·序》。梁園，見《東皋歌》。 《禮》：「若非飲食之客，則布席。」《蘭亭序》：「引以為流觴曲水。」 顧逋翁詩：「近得麻姑書信否？」《醉翁亭記》：「廬陵歐陽修也。」《蘇州府志》：「滄浪亭在郡學之東。」《石林詩話》：「廣陵王錢元璙池館，慶曆間，蘇舜欽子美得之，傍水作亭，曰滄浪。」歐陽永叔《滄浪亭》詩：「子美寄我滄浪吟，邀我共作滄浪篇。滄浪有景不可到，使我東望心悠然。」

陳鍔（字霜赤）《中秋山塘文讌追和梅村先生禊集原韻》：「採蘭祓禊自年年，勝事風流擅昔賢。地屬名區應共賞，人逢元度更誰先。右軍亭子山陰楊，短簿祠堂學士篇。俯仰古今還繼轍，長空萬里月華鮮」；「樽前一夕即千秋，氣合椒蘭盡勝儔。授簡鄒枚慚作賦，忘年孔李憶同遊。雉壇人散春風杳，虎觀經橫落月愁。從此南皮高會後，楚騷不必動離憂。」沈歸愚師《塔影園文讌》第四首：「地是野王文讌地，時當白帝駐車時。千秋懷古每如此，四國名流某在斯。深喜蘇環真有子，還希杜甫願多師。只慚老我摧頹甚，空艷梅村修禊詩。」《歸愚年譜》：「乾隆十四年己巳八月，虎丘塔影園文讌，遠近交至。予成詩四律，以續梅村文讌之後。」

投贈督府馬公《江南通志》：「總督馬國柱，奉天人，順治四年任。」袁子才曰：「梅村之出，大由馬君促之。此詩紀事。」按：魏環極《寒松堂集》：「國柱字擎宇。」

伏波家世本專征，畫角油幢細柳營。上相始興開北府，通侯高密鎮西京。江山傳箭旌旗色，賓客圍棋劍履聲。勞苦潯陽新駐節，舳艫今喜下湓城。首句是馬督府。次句跟專征說。三四正寫督府。五六是府中之盛，督府兼轄江〔註7〕西。末句蓋馬公新自江西回江寧也。○伏波，見《茸城行》。專征，見《送杜弢武》。 王詩：「畫角發龍吟。」白詩：「碧油幢引下西川。」《漢書·周亞夫傳》：「河內守亞夫為將軍，軍細柳。」 《史記·陸賈傳》：「賈謂陳平曰：『足下位為上相，食萬戶侯，可謂極富貴無欲矣。』」始興，見《觀通天帖》。山謙之《南徐州志》：「舊徐州都督以東為稱，晉氏南遷，徐州刺史王舒加北中郎將，北府之號，自此始

也。」《宋書・謝晦傳》：「昔荀中郎二十七為北府都督。」　通侯，見《楚兩生・序。》高密，見《又詠古》。西京，見《鐵獅歌》。　傳箭，見《遇南廂園叟》。　《三國志・費禕傳》：「來敏至禕許別，求共圍棋。」《史記・蕭相國世家》：「乃令蕭何賜劍履上殿。」　又，《項羽紀》：「勞苦而功高如此。」潯陽，見《讀史雜詩》。《後漢書・鄧禹傳》：「輒停車主節，以勞來之。」白詩：「駐節語依依。」　舳艫，見《海市》。溢城，見《呈李太虛》。

其二

　　十年重到石城頭，細雨孤帆載客愁。累檄久應趨幕府，扁舟今始識君侯。青山舊業安常稅，白髮衰親畏遠遊。慚愧推賢蕭相國，邵平只合守瓜丘。此首就自己說，前半首是相見本晚，後半首申明己意，想見梅村身份與子美投贈哥舒開府不同。○杜牧之詩：「重到笙歌分散地。」石城頭，見《哭志衍》。　杜詩：「春帆細雨來。」李易安詞：「載不動許多愁。」　累檄，見《雁門尚書行・序》補注。幕府，見《讀西臺記》。　《史記・李斯傳》：「此真君侯之事。」　舊業，【見《閬園詩》。■】〔註8〕《晉書・吐谷渾傳》：「國無常稅。」　衰親，見《攀清湖》注。　司馬子長《報任安書》：「推賢進士為務。」蕭相，見《退谷歌》。　邵平瓜，見《讀史雜詩》注。杜詩：「每見秋瓜憶故丘。」

自歎

　　誤盡平生是一官，棄家容易變名難。松筠敢厭風霜苦，魚鳥猶思天地寬。鼓枻有心逃甫里，推車何事出長干。旁人休笑陶弘景，神武當年早掛冠。自投贈馬督府以下，皆梅村應召時途中作，而此詩全作解嘲語也。名高之累，第二句切言之，正是自歎處。「松筠」句思貞苦節，「魚鳥」句欲得安居，五六句言丁嗣父艱尷，願歸隱井，再出金陵，真可不必。末二句言南渡時一月早歸，非熱中膴仕者比也。敢厭、猶思、有心、何事、休笑、早掛，字字解嘲，而以自歎命題，便與怨天人者不同。○一官，見《哭志衍》。　棄家，見《送沈友聖》。容易，見《琴河感舊》。《史記・貨殖傳》：「范蠡變名易姓。」　《禮》：「如竹箭之有筠也，如松柏之有心也。」劉文房詩：「得罪風霜苦，全生天地仁。」　《梁書・忠壯世子方等傳》：「嘗著論曰：魚鳥飛浮，任其志性，若使吾終得與魚鳥同遊，則去人間如脫屣耳。」岑參詩：「九州天地寬。」　《楚辭》：「鼓枻而去。」甫里，見《贈徐子能》。《唐書・陸龜

〔註8〕【 】內文字，稿本、天圖本、讀秀本作「見《壽王子彥》」。

蒙傳》：「或號天隨子、甫里先生。」　推車，見《壽王鑑明》。長干，見《贈李雲田》。《梁書・陶弘景傳》：「字通明，蘭陵人。永明中，脫朝服，掛冠神武門。」

登上方橋有感原注：橋時新修，極雄壯，望見天壇，崩圮盡矣。　《一統志》：「上方橋在江寧府上元縣東南。明天地壇在上元縣洪武門外。」《明史・禮志》：「明初建圜丘於正陽門外、鍾山之陽。」《江寧府志》：「順治三年九月，內院洪承疇、操院陳錦、守道林天擎、知府李正茂重修上方橋，於八年二月橋成。」

　　石梁天際偃長壕，勢壓魚龍敢遁逃。壯麗氣開浮廣術，虛無根削插崩濤。秋騰萬馬鞭梢整，日出千軍挽餉勞。回首泰壇鍾磬遠，江流空繞斷垣高。前半首登上方橋，後半首轉合有感。○張見隨詩：「石梁雲外立。」天際，見《石公山》。《廣韻》：「壕，城下池也。」　韓詩：「雷風戰鬥魚龍逃。」　《漢書・高祖紀》：「蕭何曰：『天子以四海為家，非壯麗無以重威。』」《說文》：「術，邑中道也。」虞伯生詩：「辟除正廣術，區井表深濬。」　虛無插根，見《縹緲峰》。　萬馬，見《雁門尚書行》。鞭梢，見《贈穆大苑先》。　杜詩：「筆陣獨掃千人軍。」《漢書・高帝紀》：「老弱罷轉餉。」　《禮》：「燔柴於泰壇，祭天也。」鍾磬，見《贈願雲師》。　謝玄暉詩：「大江流日夜。」王介甫詩：「頹垣斷塹有平沙。」

鍾山《明史・地理志》：「應天府東北有鍾山，山南有孝陵衛。」

　　王氣消沉石子岡，放鷹調馬蔣陵旁。金棺移塔思原廟，原注：金棺為誌公，在雞鳴寺。玉匣藏衣記奉常。原注：太常有高廟衣冠。楊柳重栽馳道改，櫻桃莫薦寢園荒。原注：時當四月。聖公沒後無抔土，姑孰江聲空夕陽。起二句點出孝陵，三四是明時之鍾山，五六是本朝之鍾山，七八寄慨獨深，有感於南渡監國者也。梅村詩於此等處最工。　《遇南廂園叟》「夾道栽垂楊」，指明季言之。此詩「楊柳重栽」，則入本朝矣。○《南史・周宏正傳》：「且王氣已盡。」消沉，見《茸城行》。《三國志・諸葛恪傳》：「建業南有長陵，名曰石子岡。」《大清一統志》：「石子岡在江寧縣南十五里，週二十里。」　《遼史・道宗紀》：「御製《放鷹賦》。」李正己詩：「新開金埒看調馬。」《一統志》：「吳大帝蔣陵在上元縣北二十二里。」金棺移塔，見《遇南廂園叟》。《史記・叔孫通傳》：「願陛下為原廟渭北，衣冠月出遊之，益廣多宗廟，大孝之本也。」　玉匣，見《永和宮詞》。奉常，見《琵琶行・序》。　《曲禮集說》：「馳道，人君驅馳車馬之路。」謝玄暉詩：「飛甍夾馳道，垂楊蔭御溝。」《明史・禮志》：「薦新：四月，櫻桃、杏、鰣、雉。」又：「洪武八年，學士樂韶鳳等言：漢諸廟寢園有便殿，日祭於寢，月祭於廟。」《後漢書・劉玄傳》：

「玄字聖公，光武族兄也。」按：玄即更始帝降後封長沙王者。玄本傳：詔大司徒鄧禹葬之於霸陵。而云無抔土者也，亦借用語耳。抔土，見《鴛湖曲》。《一統志》：「姑孰故城，即今太平府當塗縣治。」《明史・福王傳》：「辛卯夜，由崧走太平，趨黃得功軍。癸巳，由崧至蕪湖。」詳《讀史雜感》第八首。李君虞詩：「魏國山河半夕陽。」

按：韓元少《有懷堂集・南巡聖德詩》：「鍾山弓劍地，兩度翠華廻。玉牒申躬獻，瑤函讀御裁。老瑠呈日角，遺種閔雲來。總為隆唐宋，天言冠史才。」可以見本朝待前明之厚矣。

臺城《綱目質實》：「臺城在鍾阜側。今胭脂井南至高陽基二里，為軍營及民蔬圃者皆是。」《大清一統志》：「故臺城在上元縣治玄武湖側。」《容齋隨筆》：「世謂禁省為臺，故謂禁城為臺城。」

形勝當年百戰收，子孫容易失神州。金川事去家還在，玉樹歌殘恨未休。徐鄧功勳誰甲第，方黃骸骨總荒丘。可憐一片秦淮月，曾炤降幡出石頭。此悲南京之覆也。首句思明初創業之艱。次句歎福王亡國之易。「容易」二字，括盡福王君臣。三句言成祖靖難，雖非明祖之意，然猶父傳於子。四句言福王荒淫，則天命去之矣。五句城內非舊。六句城外改觀。七八借月憑弔，煙波無限。詩中變化之境也。○《南史・劉善明傳》：「淮南近畿之形勝。」百戰，見《楚兩生行》。　容易，見《琴河感舊》。《史記・孟子傳》：「騶衍以為中國名曰赤縣神州。」　《明史・恭閔帝紀》：「燕兵犯金川門，谷王橞及李景隆叛，納燕兵，都城陷。」　許仲晦詩：「玉樹歌殘王氣終。」明建文帝詩：「野老吞聲哭未休。」　徐鄧，見《遇南廂園叟》。駱賓王詩：「俄聞衛霍有功勳。」甲第，見《送杜弢武》。　《明史・方孝孺傳》：「字希直，一字希古，寧海人。金川門啟，燕兵入，帝自焚。是日孝孺被執下獄，命磔諸市。」又，《黃子澄傳》：「名湜，以字行，分宜人。燕師起，王泣誓將吏曰：『陷害諸王，非由天子意，乃姦臣齊泰、黃子澄所為也。』京城陷，磔死。」《漢書・項羽傳》：「願賜骸骨歸。」羅昭諫詩：「三分孫策竟荒丘。」　李詩：「長安一片月。」秦淮，見《閬州行》。　李詩：「曾照吳王宮里人。」韓詩：「降幡夜豎。」劉夢得詩：「千尋鐵鎖沉江底，一片降幡出石頭。」

原評：此借臺城詠南渡事，若出義山〔註9〕手，猶隱躍言之。　句句貼定金陵，是詩律細處。不曰金陵，而曰臺城，是用意深處。結句直似弔臺城者，故曰

〔註9〕「山」，乙本誤作「出」。

化境也。按:《一統志》「方孝孺墓在江寧縣聚寶山」,而《蘇州府志》「黃子澄墓在崑山縣馬鞍山之陽」,詩蓋連類及之耳。

呂履恒(字元素)《金川門詠史》:「金川北望日黃昏,聞道燕師入此門。不見古公傳季歷,祇知太甲是湯孫。風雷豈為鴞鴞變,江漢難招杜宇魂。南渡降旗何面目,西山省恨舊乾坤。」

國學 《明史·選舉志》:「初改應天府學為國子學,後改建於雞鳴山下,既而改學為監。」

松柏曾垂講院陰,後湖煙雨記登臨。桓榮空有窮經志,伏挺徒增感遇心。四庫圖書勞訪問,六堂絃管聽銷沉。白頭博士重來到,極目蕭條淚滿襟。首句曾字,次句記字,寄懷已深。三四之空有、徒增,即從此出也。桓榮、伏挺,蓋以自比。然四庫雖重,而六館非昔,徒下博士之淚而已。梅村曾官司業,故言之深切。○杜詩:「西掖梧桐樹,空留一院陰。」《大清一統志》:「宋天禧初,知昇州丁謂言:『城北有後湖,宜復舊制,疏為陂塘以蓄水。』」《江寧府志》:「先師廟,天印在前,玄武湖居後,鍾山峙左,雞鳴環右。玄武湖之水循宮牆而南,合於青溪。秦淮之水入青溪,而北抵於雞籠。皆合襟於前,以為聖宮護衛。」杜牧之詩:「多少樓臺煙雨中。」 桓榮,見《壽王鑑明》。窮經,見《朱買臣墓》。《南史·伏挺傳》:「字士操。梁天監初,除中軍參軍事。居宅在潮溝,於宅講《論語》,聽者傾朝。挺三世同時,聚徒教授,罕有其比。除南臺書侍御史,被劾,懼罪,乃變服出家。後遇赦,乃出還俗。侯景亂中卒。」江有《擬劉文學楨感遇》詩。 四庫,見《汲古閣歌》。圖書,見《觀通天帖》。《左傳·昭元年》:「子產曰:『畫以訪問。』」 六堂,見《遇南廂園叟》。李義山詩:「內殿張絃管。」銷沉,見《茸城行》。《漢書·百官表》:「武帝建元五年,初置五經博士。」 杜詩:「長使英雄淚滿襟。」

觀象臺 見《遇南廂園叟》。

候日觀雲倚碧空,一朝零落黍離同。昔聞石鼓移天上,原注:元移石鼓於大都。今見銅壺沒地中。黃道只看標北極,赤烏還復紀東風。郭公枉自師周髀,千尺荒臺等廢宮。原注:渾儀,郭守敬所造。 首句題面,次句題意,三句賓,四句主,五句見帝京之盛,六句言甫臺空在也,結句醒出,合起句意。○《洪範傳》:「天子立靈臺,所以觀天文之變而候日月。」《左傳·桓五年》:「凡分至啟閉,必書雲物。」梁簡文帝詩:「朝光蕩碧空。」 一朝零落,見《行路難》。《詩》:「彼黍離離。」 石鼓,見《二十五日》詩注。《一統志》:「石鼓初在陳

倉陳倉野中，唐鄭餘慶取置鳳翔縣學而亡其一。宋皇祐四年，十數乃足。大觀二年，自京兆移汴梁。靖康二年，金輦至燕，置王宣撫家，復移大興府學。元大德末，虞集為大都教授，得之泥草中，始移今所，在國子監。」沈雲卿詩：「漢家城闕疑天上。」陸士衡《刻漏賦》：「挈金壺以南羅。」王仲初詩：「未明排仗到銅壺。」按：沒地字出《左傳·隱十一年》鄭莊公語。　《明史·天文志》：「星既依黃道行，而赤道與黃道斜交，其度不能無增減者，勢也。」又：「北極出地度分，北京四十度，南京三十二度半。」　赤烏，見《九峰草堂歌》。《春秋·莊公二十有四年》：「郭公。」此借用。《晉書·天文志》：「漢靈帝時，蔡邕於朔方上書，言宣夜之學絕無師法，周髀術數具存。」又：「蔡邕所謂周髀者，即蓋天之說也。髀者，股也。股者，表也。」《明史·天文志》：「洪武十八年，設觀象臺於雞鳴山。二十四年，鑄渾天儀。所用簡儀，則郭守敬遺制。」　荒臺，見《海戶曲》。　《大清一統志》：「明故宮在上元縣紫禁城內。」

雞鳴寺《大清一統志》：「雞鳴山，本名雞籠山。」《南畿志》：「寺在雞籠山，洪武初為普濟禪師廟，後改為寺。後瞰玄武湖，前俯京城，登覽之勝處也。」

　　雞鳴寺接講臺基，扶杖重遊涕淚垂。學舍有人鋤野菜，僧僚無主長棠梨。雷何舊席今安在，支許同參更阿誰。惟有誌公留布帽，高皇遺筆讀殘碑。原注：寺壁有石刻高廟御筆題贊誌公像。　此首以第二句為眼目，而第二句又以重字為眼目。有人、無主，寫出荒涼；安在、阿誰，感慨繫之。見寺都非昔，惟有殘碑如舊耳。皆重遊時目中之景，意中之語也。〇講臺，見《題虎丘圖》。　扶杖，見《後東皋歌》。王仲宣詩：「中心孔悼，涕淚漣洏。」　《後漢書·儒林傳·序》：「學舍頹敝，鞠為園蔬。」杜彥之詩：「時挑野菜和根煮。」　僧僚，見《送純祐淛幕》。子山《小園賦》：「有棠梨而無館。」許仲晦詩：「寢園無主野棠開。」　《南史·雷次宗傳》：「字仲倫，豫章南昌人也。宋元嘉十五年，徵至都，開館於雞籠山，以儒學總監諸生。時國子學未立，上留意藝文，使丹陽尹何尚之立元學，太子率更令何承天立史學，司徒參軍謝玄立文學，凡四學，並建。」杜詩：「梁王安在哉。」《世說》：「支道林、許掾諸人共在會稽王齋頭，遁為法師，許為都講。」段柯古詩：「當時乏支許，何人契深致。」《傳燈錄》：「仁慧大師上堂曰：『我與釋迦同參。』」阿誰，見《壬辰補禊》。　《南史·釋寶誌傳》：「沙門釋寶誌者，不知何許人，有於宋太始中見之，出入鍾山，往來都邑，武帝乃迎入華林園。少時，忽重著三布帽，亦不知於何得之。俗呼為誌公。」　末句，見《遇南廂園叟》。殘碑，見《讚佛》詩。

功臣廟《明史‧太祖紀》:「二年春正月乙巳,立功臣廟於雞籠山。」《大清一統志》:「明洪武二十年建。」與史異。

　　畫壁精靈間氣豪,鄂公羽箭衛公刀。丹青賜額豐碑壯,棨戟傳家甲第高。鹿走三山爭楚漢,雞鳴十廟失蕭曹。英雄轉戰當年事,采石悲風起怒濤。此首皆寫功臣廟之壯麗,惟於末二句見感慨,與前後諸首小異。○畫壁,見《西田和韻》。按:《精華錄訓纂》:「死者塑其象,生者虛其位。」而此云畫壁,蓋借用語耳。《隋書‧音樂志》:「精靈畢臻。」《春秋演孔圖》:「正氣為帝,間氣為臣,秀氣為人。」　杜詩:「猛將腰間大羽箭。」又:「襃公鄂公毛髮動。」《舊唐書》:凌煙功臣二十四人,衛國公李靖第一,鄂國公尉遲敬德第七。《新唐書》:鄂國公敬德第六,衛國公靖第七。按:常遇春初封鄂國公,鄧愈初封衛國公。然玩其詩意,借唐將以為比耳。且常、鄧久贈王爵矣。　王仲初詩:「賜額御書金字貴。」豐碑,見《讀西臺記》。　棨戟,見「壽龔芝麓」。傳家,見「觀法帖」。甲第,見「送杜弢武」。《史記‧淮陰侯傳》:「蒯通曰:『秦失其鹿,天下共逐之。今楚漢分爭,使天下無罪之人肝腦塗地,父子暴骸骨於中野,不可勝數。』」按:此比士誠、友諒之戰也。士誠、友諒皆未至金陵,然二雄滅後,金陵乃安耳。《一統志》:「三山在江寧縣西南。」　顧寧人《亭林集》:「雞鳴山下有功臣十廟。」杜詩:「指揮若定失蕭曹。」　英雄,見《蟋蟀盆歌》。轉戰,見《讀史雜詩》。　《明史‧太祖紀》:「至正十五年,諸將請直趨集慶。太祖曰:『取集慶必自采石始。采石重鎮,守必固。牛渚前臨大江,彼難為備,可必克也。』六月乙卯,乘風引帆,直達牛渚。常遇春先登,拔之,采石兵亦潰,緣江諸壘悉附。」別詳《采石磯》。悲風,見《鴛湖曲》。怒濤,見《贈馮子淵》。

玄武湖《建康志》:「宋元嘉中,蔣陵湖有黑龍見,改名玄武湖。」樂史《寰宇記》:「湖在上元縣北七里,周回四十里。」

　　覆舟西望接陂陀,千頃澄潭長綠莎。六代樓船供士女,百年版籍重山河。原注:湖置黃冊庫,禁人遊玩。平川豈習昆明戰,禁地須通太液波。煙水不關興廢感,夕陽聞已唱漁歌。原注:時已有漁舟,非復昔日之禁矣。　起二句點出湖景。三四見其為黃冊重地也。五六作為問答之詞。結句煙波無限,妙與三四反對。○《大清一統志》:「覆舟山在上元縣東北十里。」陂陀,見《洗象圖》。《後漢書‧黃憲傳》:「汪汪若千頃陂。」沈雲卿詩:「碧水澄潭映遠空。」元詩:「雨打桐花蓋綠莎。」　衛萬詩:「六代帝王都。」按:六代,吳、晉、宋、齊、梁、陳。樓船,見《董山兒》。《周禮‧天官》:「小宰聽閭里以版圖。」《注》:「版,戶籍也。」《明

史・食貨志》：「上戶部者冊面黃紙，故謂之黃冊。」《上元縣志》：「中有舊洲、新洲及龍引、蓮萼等洲，置庫於洲上，以貯天下之圖籍。」《五代史・唐臣傳》：「周德威曰：『平川廣野，騎兵所長。』」《漢書・西南夷傳》：「越巂昆明國有滇池，方三百里。漢使求通身毒國，為昆明池所閉。欲伐之，故作昆明池，以習水戰，在長安西南，周回四十里。」《三國志・高柔傳》：「乃敢獵吾禁地。」《漢書・武帝紀》：「帝作大池漸臺二十餘丈，名曰太液池。」柳文暢詩：「太液滄波起。」　溫飛卿詩：「五湖煙水獨忘機。」　漁歌，見《礬清湖・序》。《漁洋文略》：「登塔望後湖，湖亦號昆明池，故明貯天天下版籍之所。今網罟弗禁，夕陽頹澹，野水縱橫，中惟荷葉田田千頃，鳧鷺將子，十百成群，嗟喋波間而已。」

秣陵口號秣陵，見《馬草行》。鮑有《還都口號》。

車馬垂楊十字街，河橋燈火舊秦淮。放衙非復通侯第，原注：中山賜宅改作公署。廢圃誰知博士齋。易餅市傍王殿瓦，換魚江上孝陵柴。無端射取原頭鹿，收得長生苑內牌。此首感愾淋漓，如聽雍門之琴。蓋前七首各舉一事而言，此則觸緒興懷，萬感交集也。結句有彈指現須彌之趣。○《大清一統志》：「鎮淮橋在江寧府城南門外，即古朱雀桁所，橫跨秦淮，長十有六丈。」燈火，見《塗松晚發》。　放衙，見《簡姜明府》。通侯，見《楚兩生・序》。中山宅，詳《遇南廂園叟》。袁子才曰：「中山宅今為布政司署，其外宅曰西園，屬吳氏，六朝松在焉。」　廢圃，見《過王庵感興》。博士，見《國學》。　《原化記》：「賀知章謁賣藥王老，問黃白術，持一大珠遺之。老人得珠，即令易餅與賀。賀心念：『寶珠何以市餅？』老叟曰：『慳吝未除，術何由成？』」杜詩：「蒼鼠竄古瓦，不知何王殿。」　《一統志》：「明太祖孝陵，在上元縣東北朝陽門外，當鍾山之陽。本朝亦設陵戶守衛。康熙二十八年，特諭嚴禁樵牧。」　韓詩：「原頭火燒靜兀兀。」《碧里雜存》：「初作孝陵於鍾山之陽，因山多鹿，禁人捕獵，而設孝陵衛於山下，特置牧馬千戶所，益取義鹿馬，欲其蕃息耳。」《明皇雜錄》：「明皇狩至咸陽原，有大鹿。張果老曰：『昔武帝畋於山林，獲此鹿。將捨去之日，命東方朔以鍊銅為牌，刻成文字，繫於左角下，驗之不謬。』」鄭賓仙詩：「長生鹿瘦銅牌垂。」《蚓庵瑣語》：「明朝南京陵內畜鹿數千，項懸銀牌。人有盜宰者，抵死。崇禎末年，余解糧到京，往遊陵上，猶見銀牌鹿來林木中，始信唐世芙蓉園獲漢時宜春苑銅牌白鹿為不誣也。」

原評：梅村詠前朝事，滄桑悲感，俱近盛唐。　按：金陵遺事，多有篇詠。錢秉鐙（字幼光）《金陵即事》：「秋山無樹故崚嶒，幾度支筇未忍登。荒路行愁

逢匹馬，舊交老漸變高僧。鐘樓自吼南朝寺，佛墖還然半夜燈。莫向雨花臺北望，寒雲黯澹是鐘陵。」趙沄（字雙白）《白門雜感》：「滿眼飛花落御溝，霜鐘聲斷景陽樓。官家詔促蛾眉選，府第妝成鳳侶愁。不道金蓮纔學步，無端瓊樹已先秋。琵琶泣向關山月，何處香魂葬玉鉤。」彭孫遹（字駿孫）《金陵懷古》：「杜宇啼殘百感生，西風建業舊神京。詩成狎客遺簪會，酒泛諸郎按曲聲。江外羽書空絡繹，禁中刀勅正縱橫。大官別有長生藥，不假天台刺史行」；「萬里山陵萬古愁，南司北部總悠悠。屠沽自立宮中市，籠養爭除關內侯。肯向人間求故劍，誰從闕下問泉鳩。姑孰幕府空貔虎，一夕龍車不可留。」黃與堅（字庭表）《金陵雜感》：「敕選長家降墨封，玉車輕轞進昭容。花開並蒂鴛鴦燬，酒醉同心琥珀濃。蕭寺鼓鼙驚翡翠，蔣山風雪葬芙蓉。飄零故劍秋江上，回首長於冷暮鐘」；「龍虎仇山百戰雄，朔風吹浪下艨艟。雕戈壓陣黃沙斷，鐵鎖沉江赤燒空。鳲鵲觀消春雪裏，鳳凰臺冷暮雲中。由來帝業終荒草，銅狄何曾戀漢宮。」阮旻錫（字疇生）《金陵懷古》：「風吹蘆荻作秋聲，夢裏猶疑舊戰爭。烽火久銷京口戍，寒潮還打石頭城。長江自昔稱天塹，滄海何年洗甲兵。我本煙波垂釣客，孤舟今夜月空明。」胡會恩（字孟綸）詩：「建業曾傳半壁安，秦淮嗚咽暮濤寒。六朝寂寞青山〔註10〕在，十廟陰沉畫壁殘。禾黍故墟屯鐵馬，煙花南部失雕闌。隔江玉樹歌聲斷，更有哀絃向月彈。」章靜宜（字湘御）詩：「雞鳴山上滿青莎，玄武湖邊空碧波。草沒故陵埋石馬，月鳴荒徑泣銅駝。六宮〔註11〕夜雨棠梨落，萬里秋江葦荻多。猶有南朝城堞在，景陽遺恨獨悲歌。」汪沅（字右湘）《讀南渡野史作》：「過江名士競從龍，佐命先邀五等封。闉外新開都護府，師中群噪大司農。文章江令嫻歌譜，遊宴長星勸酒鍾。忽訝雙眉愁不展，佳伶稀選未央宮」；「龍盤虎踞石頭城，跋扈親麾漢水兵。相國臨戎防北伐，將軍卷裏急南征。華林但問蝦蟆語，葛嶺惟聞蟋蟀聲。燕子春燈韜略在，不須司馬更連營。」石為崧（字五中）《秋日坐秦淮水榭聞故老談金陵遺事》：「木落江南秋暮天，開元訴罷轉茫然。荊榛曾記從龍日，鼙鼓還傳失鹿年。夜月照殘樓十二，金風吹冷殿三千。憑誰坐說長江險，玉樹歌終亦可憐。」包彬（字文在）《金陵雜感》：「萬峰青拜故宮前，王氣收時總黯然。西下戈鋋飛畫鷁，北來笳鼓駭啼鵑。春風淚灑桃花扇，夜月歌殘燕子箋。彈盡淒涼天寶曲，江南愁殺李龜年。」

〔註10〕「山」，底本、乙本誤作「出」，據稿本、天圖本、讀秀本改。
〔註11〕「宮」，乙本誤作「官」。